ANDREA ROHRBERG, ALEXANDER SCHUG
Die Ideenmacher
Lustvolles Gründen in der Kultur- und Kreativwirtschaft.
Ein Praxis-Guide

Andrea Rohrberg ist Mitgründerin und Gesellschafterin der Unternehmensberatung synexa consult in Essen und leitet das Büro Berlin-Brandenburg.
Alexander Schug (Dr. phil.) ist selbstständiger Historiker, Gründer der Vergangenheitsagentur (Berlin) und des Vergangenheitsverlags.

Andrea Rohrberg, Alexander Schug

Die Ideenmacher

Lustvolles Gründen in der Kultur- und
Kreativwirtschaft. Ein Praxis-Guide

[transcript]

Bibliografische Information der Deutschen Nationalbibliothek

Die Deutsche Nationalbibliothek verzeichnet diese Publikation in der Deutschen Nationalbibliografie; detaillierte bibliografische Daten sind im Internet über http://dnb.d-nb.de abrufbar.

Umschlaggestaltung: Kordula Röckenhaus, Bielefeld
Umschlagabbildung: © s11 / photocase.com
Lektorat: Kai Reinhardt, Bielefeld
Satz: Alexander Masch, Bielefeld
Druck: Majuskel Medienproduktion GmbH, Wetzlar
ISBN 978-3-8376-1390-2

Gedruckt auf alterungsbeständigem Papier mit chlorfrei gebleichtem Zellstoff.

Besuchen Sie uns im Internet: *http://www.transcript-verlag.de*

Bitte fordern Sie unser Gesamtverzeichnis und andere Broschüren an unter:
info@transcript-verlag.de

→ INHALT

→ Einleitung

Die Kultur- und Kreativwirtschaft boomt. Auch wenn es sie schon immer gab: erst seit einigen Jahren wird sie – vom romantischen Image befreit – als eigenständige Wirtschaftsbranche gesehen, die Arbeitsplätze bereitstellt, Umsätze generiert, Innovationen liefert und volkswirtschaftlich bewertet wird. Die vielen Kulturwirtschaftsberichte in Deutschland, Österreich und der Schweiz[1] sowie zunehmend auch die Untersuchungen einzelner Regionen und Städte sind gute Indikatoren für diese immer noch relativ neue Sichtweise.[2]

Was ist mit »Kultur- und Kreativwirtschaft« überhaupt gemeint? Auch wenn es – nicht zuletzt in den Kulturwirtschaftsberichten – unterschiedliche Definitionen gibt, hat sich mittlerweile, insbesondere durch die Verständigung der Wirtschaftsministerien der Länder, in Deutschland eine mehr oder weniger einheitliche Klassifikation der Branche im deutschsprachigen Raum herausgebildet, der auch wir uns anschließen wollen, wenn wir von der Kultur- und Kreativwirtschaft schreiben. Zur Kultur- und Kreativwirtschaft gehören demnach zwölf Bereiche:

- Musikwirtschaft (u.a. Musiker, Komponisten, Konzertveranstalter, Betreiber von Theatern etc.),
- Buchmarkt (Schriftsteller, Journalisten, Buchverlage, Buchhandel etc.),
- Kunstmarkt (bildende Künstler, Restauratoren, Kunsthandel, Museen etc.),
- Filmwirtschaft (Schauspieler, Artisten, Film-/TV-Herstellung, Verleih, Kinos etc.),
- Rundfunkwirtschaft (Rundfunkveranstalter, Herstellung von Rundfunkprogrammen etc.),
- Darstellende(r) Kunst/Markt (Kleinkunstbühnen, Hilfsdienste des Kultur- und Unterhaltungswesens, weitere Kultur-/Unterhaltungseinrichtungen wie bspw. Zirkus),
- Designwirtschaft (Industriedesign, Produkt-/Grafikdesign, Kommunikationsdesign/Werbegestaltung etc.),
- Architekturmarkt,
- Werbemarkt (Werbung/Werbevermittlung etc.),
- Software-/Games-Industrie,
- Pressemarkt (Verlegen von Adressbüchern, Zeitungsverlag, Zeitschriftenverlag, Korrespondenz- und Nachrichtenbüros etc.),
- Sonstige (Tanzschulen, Bibliotheken, Archive, botanische und zoologische Gärten sowie Natur- oder Vergnügungsparks etc.).[3]

Das breite Spektrum der Tätigkeitsfelder legt bereits nahe, dass es bei »Kultur« und »Kreativität« eben nicht nur ums Künstlerische geht. Vielmehr sind beide als Wirtschaftsfaktoren anzusehen – gleichzeitig stehen sie jedoch in einem spannungsreichen Verhältnis zur Wirtschaft. Das macht diese Branche so besonders. Vor allem Sparten wie die Freie Kunst werden aufgrund ihrer Geschichte und durch ihr bis heute vorhandenes Selbstverständnis als autonome, zweckfreie, nicht-kommerzielle Sphären gesehen. Bis heute wirkt gerade in Deutschland die Kritik der 1960er Jahre und der Frankfurter Schule mit ihren Protagonisten Adorno und Horkheimer nach: »Kulturindustrie« war für sie ein negativ beladener Begriff und letztlich ein unauflösbarer Widerspruch. Kultur hatte für sie schließlich nur dann einen Wert, wenn sie kommerziell nicht verwertbar war, wenn sie sich dem Durchschnittsdenken entzog und den Erwartungen des Publikums verweigerte.

Die Realität sah und sieht anders aus. Jegliche Kultur hat unserer Meinung nach auch immer einen ökonomischen Anteil, der manchmal sogar den Kern kulturellen Schaffens ausmacht. Und wer sich heute dieser Realität entzieht, leistet sich den Luxus zu ignorieren, dass die Kultur- und Kreativwirtschaft einer der Innovationstreiber unserer wissensbasierten Ökonomie ist – in seiner wirtschaftlichen Wertschöpfung annähernd so bedeutend wie die Automobilindustrie.[4]

Wer diese Perspektive auf den Kulturbereich als gotteslästerlich empfindet und etwa die große Kunst, Musentempel und Orte der Kontemplation untergehen sieht, dem sei zum Trost gesagt: Sie sind offensichtlich einer schon seit Jahrhunderten wirksamen großartigen Illusion erlegen, einer Vermarktungsstrategie, die wie kaum eine andere zur gesellschaftlichen Norm wurde und lange unhinterfragt bestand. Denn jeder große Künstler war auch ein Vermarktungsgenie und musste – wenn nicht mäzenatisch gefördert – arbeiten, verkaufen, sein Publikum finden und dieses immer wieder bei Laune halten. Goethe sah das ganz unternehmerisch. Für ihn war klar: »Wer aber nicht eine Million Leser erwartet, sollte keine Zeile schreiben.«[5] Mehr Marktorientierung vom Heroen deutschen Kulturempfindens kann man sich nicht empfehlen lassen.

Also: Ja, Kulturprodukte haben einen Doppelcharakter. Aber das ist letztlich eine kulturpolitische Diskussion, die uns nicht so sehr interessiert. Vielmehr haben wir ein Phänomen festgestellt, das uns zum Schreiben dieses Buches (natürlich in Erwartung der eine Million Leser/-innen) angestiftet hat: Wir selbst agieren in Netzwerken und kennen Menschen aus der so genannten Kultur- und Kreativwirtschaft, die unglaublich viele Ideen haben, sich Projekte ausdenken, mit ihren Gedanken und Texten erstaunen – aber nicht den Zugang zu ihrem Markt finden und somit auch nicht davon leben können. Genau darum soll es uns gehen. Es reicht leider nicht aus, geniale Gedanken zu haben, spektakuläre Performances zu entwickeln, unglaublich gute Ideen für neue Games zu skizzieren etc. Man muss diese Ideen auch umsetzen, sein Publikum finden und dieses Publikum dazu bringen, Geld für seine Leistungen auszugeben. Eine Idee ist schließlich nichts ohne ihre Realisierung. Und zur Realisierung einer Idee gehört ein Mindestmaß an strategischem, unternehmerischem Denken. Von diesem Standpunkt aus ist es nicht weit zum Unternehmertum und zur eigenen Selbstständigkeit. Wir glauben, dass die berufliche Selbstständigkeit tatsächlich sowohl die ideale Form der Selbstartikulation als auch der Lebensunterhaltung für viele Kultur- und Kreativschaffende ist.

Selbstständigkeit ist heute bereits eine weit verbreitete Realität innerhalb der Branche, die zum überwiegenden Teil sehr kleinteilig organisiert ist. Zu 80 Prozent ist sie von Einzelunternehmen geprägt, die in der Regel keine Mitarbeiter/-innen beschäftigen.[6] Blickt man auf alle Berufstätigen in den Kulturberufen, so fällt ein außergewöhnlich hoher Anteil an Selbstständigen auf – durchschnittlich liegt die Selbstständigenquote bei circa. 25 Prozent, während der branchenübergreifende bundesweite Durchschnitt bei lediglich zehn Prozent liegt.[7] Das sind nur Durchschnittszahlen. Eine für die Enquete-Kommission des Deutschen Bundestages zur Lage der Kultur in Deutschland erhobene Studie ergab 2003, dass die Selbstständigkeit innerhalb verschiedener Sparten sehr unterschiedlich ausgeprägt ist: Freie Künstler/-innen haben mit 94 Prozent den höchsten Anteil an den Selbstständigen. Dolmetscher/-innen und Lektor/-innen sind überwiegend (zu 58 Prozent) selbstständig, Musiker/-innen zu 48 Prozent, während Bibliothekarinnen/Bibliothekare, Archivarinnen/Archivare und Geisteswissenschaftler/-innen besonders niedrige bzw. gar keine prozentualen Anteile von Selbstständigkeit aufweisen.[8]

Was bedeutet das? Erstens: Mit hoher Wahrscheinlichkeit werden die meisten, die in der Kultur- und Kreativwirtschaft aktiv werden wollen, selbstständig arbeiten müssen. Für einige Berufsgruppen scheint das sogar eine schlichte Notwendigkeit zu sein. Zweitens: Die hohen Selbstständigenzahlen zeigen aber auch, wie wichtig eine entsprechende Vorbereitung ist, damit die Selbstständigkeit erfolgreich wird.

Nur wo lernen freie Künstler/-innen oder Grafikdesigner/-innen erfolgreiches Unternehmertum? Erst zaghaft bilden sich Ausbildungsangebote im Kulturmanagement heraus, die auch das Unternehmertum zum Ausbildungsziel haben. Die geringen Ausbildungsmöglichkeiten sind ein Defizit – vor allem auch deshalb, weil das Unternehmertum zwar weit verbreitet, das unternehmerische Denken der neuen Kulturunternehmer/-innen aber vielfach unterentwickelt ist. Selbstorganisation, Businessplan-Erstellung, Führung oder der Umgang mit Zahlen sind nur einige Themen, die wir in diesem Buch ansprechen, die aber für viele Kulturunternehmer/-innen ein rotes Tuch sind.

In diesem Zusammenhang lässt sich eine paradoxe Beobachtung machen:

Die Kultur- und Kreativwirtschaft ist zwar zu einem großen Teil eine Welt von Unternehmerinnen und Unternehmern. Diese Selbstständigen verdienen aber im Durchschnitt erstaunlich wenig Geld, sind von Prekariat und Selbstausbeutung bedroht. Klischees vom Unternehmertum werden da schnell in Frage gestellt – und eines unserer Ziele ist deshalb auch, sich bewusst von Bildern der Unternehmer/-innen als junge, dynamische, geldscheffelnde Menschen zu verabschieden. Unternehmertum wird manchmal schließlich nur zur rhetorischen Kaschierung einer simplen Tatsache: Der Staat zieht sich aus der Finanzierung der Kultur zurück, die neuen Kulturunternehmer/-innen bleiben zwangsläufig sich selbst überlassen, beginnen nach den Regeln des Markts zu funktionieren, sich selbst zu führen und zu managen und die Logik des Markts zu verinnerlichen.[9] Und das – so stellen sozialwissenschaftliche Studien fest – findet unter Bedingungen statt, die unsicher, überflexibilisiert, temporär und oftmals eben prekär sind.[10]

Optimisten sehen in den prekären Lebensumständen den notwendigen Impuls zur Kreativität – der wertvolle Rohstoff, mit dem die gesamte Branche handelt und wovon sie lebt. Not macht erfinderisch – hofft zumindest die Politik. Aber das ist nicht immer so. Dennoch steht fest, dass die Spannung zwischen Freiheit und Prekariat offensichtlich viele nicht vom Schritt in die Selbstständigkeit abschreckt. Aber wie immer man die Entwicklung hin zum neuen Kulturunternehmertum in den letzten 20 Jahren deutet: Wir glauben, dass ein wichtiger Schritt zur Überwindung möglicher Prekariats- und Selbstausbeutungsgefahren nur der offensive Schritt nach vorne, sprich: das erfolgreiche Unternehmertum sein kann. Der Maßstab des Erfolgs ist dabei nicht das ›große Geld‹, sondern die Fähigkeit, eine Idee, die Sie begeistert, zur Geschäftsidee auszubauen und mindestens zum Lebensunterhalt zu machen. Ökonomisches Wachstum ist dabei für Kreative nur insofern relevant, wie es diesem Grundanliegen dient und wie es ihren Lebensvorstellungen entspricht.

Aber vergessen wir einmal alle Diskussionen zur prekären Lage der Künstler/-innen und Kreativen, vergessen wir die oftmals geringen Verdienstmöglichkeiten – dieses Buch will zu einem lustvollen Gründen anstiften und das Handwerkszeug vermitteln, das es Ihnen erlauben kann, eine erfolgreiche Gründerin oder ein erfolgreicher Gründer zu sein. Lustvolles Gründen und erfolgreiches Unternehmertum heißt aber eben auch, sich mit Standards des Wirtschaftslebens vertraut zu machen, Instrumente und ein Denken zu entwickeln, die den Erfolg begünstigen, da ansonsten die Lust sehr schnell wieder vergeht. Wir begleiten Sie deshalb mit diesem Buch von der Entscheidung zum selbstständigen Arbeiten über die Entwicklung der Geschäftsidee, den Businessplan, Finanzierungsfragen, der passenden Rechtsform, dem Marketing für Ihre Geschäftsidee bis hin zu Fragen der Selbstorganisation, der Führung und Kooperation in Netzwerken sowie des Umgangs mit Geld und der Notwendigkeit des Controllings. Schließlich beschäftigen wir uns in einem Epilog mit der Frage, was Erfolg und auch das Scheitern bedeuten können.

Wir wollen mit dem Buch praxisnah Nutzen stiften. Um diesen Aspekt stark zu machen, haben wir uns mit zahlreichen Gründerinnen und Gründern unterhalten. Die Interviews begleiten Sie durch das ganze Buch. In Infokästen bieten wir Ihnen zusätzliche Informationen, reflektieren mit Ihnen Ihr Vorgehen und führen Checklisten für Ihre Handlungsoptionen an.

Nutzen Sie diesen Gründungsratgeber für die Kultur- und Kreativwirtschaft als Werkzeugkasten und Nachschlagewerk, als Notizbuch und als Ihren Begleiter beim Gründen. Wir empfehlen außerdem, dass Sie parallel ein (analoges oder digitales) Gründungstagebuch führen, in dem Sie Ihre Ideen und Gedanken ordnen sowie To-Do-Listen führen.

Begleiten wird Sie durch diesen Ratgeber übrigens auch die Kunstfigur Johanna, ein literarischer Avatar, die allerdings keine Superheldin mit übermenschlichen Fähigkeiten ist. Johanna ist eine ganz normale Gründerin, Ende 20, mit allen Problemen, die das Gründen mit sich bringt, mit manchen kreativen Ideen und manchem emotionalen Absturz. Sie wird in jedem Kapitel auftauchen und abseits aller Besserwisserei unsere Ratgebertexte reflektieren. Johanna ist jedoch nicht unser Revuegirl, das die Zeit zwischen den Kapiteln mit Denkpausen versüßt. Ihre Gedanken offenbaren vielmehr den Horizont, der oft mit dem Gründen verbunden ist. Schließlich sehen wir das Gründen nicht nur als rationalistischen, formalen Schritt, sondern auch als Ergebnis der Überwindung von Zweifeln, des Hoffens, einer großen Lust nach Selbstständigkeit, der Materialisierung eigener Fantasien oder des Umgangs mit Zwangslagen, an denen niemand beim Gründen vorbeikommt.

Dieser Gründungsratgeber unterscheidet sich in einigen Dingen von ›herkömmlichen‹ BWL-Ratgebern und ist Ihnen vielleicht gerade deshalb, so unsere Hoffnung, von größerem Nutzen.

Andrea Rohrberg – Alexander Schug

→ KAPITEL 1. GRÜNDEN: DER WEG IN DIE SELBSTSTÄNDIGKEIT

Dieses Kapitel zeigt Ihnen, ...

- ... dass die Entscheidung für eine Gründung ein komplexer Prozess ist, bei dem es oft kein eindeutiges »Ja« oder »Nein« gibt. Manchmal ist es einfacher, einfach loszufliegen.
- ... dass Gründen lernbar ist.
- ... dass man als Gründer/-in sich selbst – aber auch andere – manchmal kritisch betrachten sollte.
- ... dass es bestimmte Eigenschaften gibt, die besonders hilfreich beim Gründen in der Kultur- und Kreativwirtschaft sind.
- ... dass bestimmte Fragen aus Ihrem Leben und Ihrem Umfeld Einfluss auf Ihre Entscheidung für oder gegen eine Gründung haben können.

Es ist noch keine Gründerin, noch kein Gründer vom Himmel gefallen: Die Entscheidung zu gründen, ist das Ergebnis eines langen Prozesses, begleitet von Zweifeln, Höhen und Tiefen und einem Ergebnis, das dann nicht einfach da ist, sondern Resultat eines Lernprozesses ist. Gründen ist lernbar. Jede/r kann es. Sie auch. Beim Gründen geht es zunächst nicht um ein Geschäftsmodell, um die Finanzierung einer Idee, ums Marketing oder darum, etwas zu verkaufen. Zu gründen ist eine Entscheidung, die wesentlich früher anfängt und zunächst die eigene Person betrifft: Ihre eigene Lebenseinstellung und Ihre Haltung zum Arbeitsleben stehen auf dem Prüfstand. Zusätzlich sind Freunde, Familie und Kinder betroffen. Und nicht zu unterschätzen: Die Einstellung Ihres Umfeldes und der Gesellschaft zu Existenz- und Unternehmensgründung beeinflusst Sie bei der Entscheidungsfindung. Deswegen räumen Sie zunächst gründlich mit Klischees auf: Sie denken, Gründer/-innen sind Menschen, die ...

- ... sich vor allem für Geld und schnelle Autos interessieren?
- ... allein für ihre Arbeit leben und Freunde nicht wichtig finden?
- ... nicht scheitern dürfen?

Sicher gibt es auch Beispiele dafür. Gründer/-innen und Unternehmer/-innen entsprechen jedoch gerade in der Kultur- und Kreativwirtschaft vielen dieser Klischees nicht. Unserer Erfahrung nach gibt es in diesem Bereich vor allem Menschen, die kreativ sind, die gestalten wollen und die Unternehmertum als

Konzept eines selbstbestimmten Arbeitslebens sehen. Vor Zweifeln ist dabei, wie gesagt, niemand gefeit. Auch Sie werden Ihre Entscheidung zu gründen als langwieriges Abwägen unterschiedlicher externer Einflüsse, aber auch »innerer« Positionen erleben: Bin ich überhaupt als Person für eine Selbstständigkeit oder als Unternehmer/-in geeignet? Kann ich damit umgehen, nicht zu wissen, wie mein Einkommen im nächsten Monat aussehen wird? Bin ich stressresistent genug? Will ich es meiner Familie zumuten, an manchen Wochenenden spontan auf mich zu verzichten, wenn ich noch einen Auftrag fertig stellen muss? Habe ich ein ausreichendes finanzielles Polster, um diesen Schritt überhaupt vollziehen zu können? Kann ich damit leben, Schulden zu haben? Bin ich bereit, *sehr* viel Neues zu lernen? Und vor allem: Wer interessiert sich denn für meine Dienstleistungen und Produkte und würden andere Menschen auch Geld dafür ausgeben?

Die Antworten auf diese Fragen haben eines gemeinsam: Es gibt kein eindeutiges »Ja« oder »Nein«. Und die Antworten können Ihnen weder Bankberater noch Coaches geben. Sie müssen selbst entscheiden – und auf dem Weg zur Entscheidung auch eine Reise zu sich selbst antreten. Sie sind jetzt die zentrale Person auf der Bühne, seien Sie also ehrlich mit sich.

ENTSCHEIDUNGSGRUNDLAGEN ERWEITERN

Weil es keine eindeutigen Antworten auf Ihre vielen Fragen beim Gründen gibt, müssen Sie neben Ihrer eigenen Überzeugung auch versuchen, verschiedene Sichtweisen auf Ihr Vorhaben einzuholen und damit die eigene Entscheidungsgrundlage zu erweitern. Reden Sie über Ihre Pläne und haben Sie keine zu große Angst, dass Sie Ihre Idee »ausplaudern« könnten. Im Austausch mit anderen erfahren Sie, ob Ihre Idee schlüssig ist. Sie bekommen ein differenzierteres Bild von den Chancen und Risiken Ihrer Gründung. Im Gespräch mit Menschen unterschiedlichster Fachrichtungen tauchen zusätzliche Aspekte auf, die Sie bislang noch überhaupt nicht in die eigenen Erwägungen einbezogen haben. So zeigt z.B. ein erstes Gespräch mit potenziellen Kunden, wie Ihre Idee am Markt ankommt. Der Austausch mit einer ehemaligen Kollegin, die bereits gegründet hat, zeigt, wie viel Freiheit, aber auch Verantwortung auf Sie zukommt. Ihr bester Freund wird vielleicht ernsthaft einwenden, dass Sie doch viel zu chaotisch sind, als dass Sie sich selbst als Gründer/-in ausprobieren sollten usw. Grundsätzlich gilt: Es gibt viele Meinungen zu Ihrem Vorhaben. Einige dieser Meinungen decken Themenbereiche ab, an die Sie bislang vielleicht noch nicht gedacht haben. Lassen Sie sich davon nicht verunsichern, sondern nehmen Sie Kritik, Fragen und Bestätigung als Bereicherung auf und verdichten Sie das Koordinatensystem, das Sie sich zurechtlegen, um Ihre persönliche Entscheidung fürs Gründen zu treffen. Zweifel werden dabei übrigens immer eine Rolle spielen und zeigen Ihre gesunde Wahrnehmung zu bestehenden Risiken. Verabschieden Sie sich also von dem Bild von Unternehmern, die dynamisch, jung, erfolgreich und sich ihrer Sache absolut sicher sind. Sicherheit ist schließlich nicht das, was Sie bekommen, wenn Sie gründen. Allerdings müssen Sie ab einem bestimmten Zeitpunkt daran glauben, dass Ihr Vorhaben etwas werden kann. Ihr Glaube muss jedoch auf einer rationellen Grundlage beruhen und darf nicht aus reiner Hoffnung bestehen. Über die Methode ständiger Selbstspiegelung (die irgendwann vielleicht auch mit einem professionellen Coach stattfindet) und über die systematische Auseinandersetzung mit Ihrem eigenen Umfeld nähern Sie sich immer mehr der grundsätzlichen Frage: Bin ich ein Gründertyp?

DIE PERSON DER GRÜNDERIN UND DES GRÜNDERS

Bin ich ein Gründer? Bin ich eine Gründerin? Wir glauben, diese Frage ist ungefähr genauso eindeutig zu beantworten wie die Frage, ob jemand schön ist. Damit werden wir uns nicht weiter beschäftigen. Wir wollen nur klar machen: Bei beiden Fragen ist sehr viel subjektive Ansicht dabei. Wer ist schon schön? Wer ist schon die ideale Gründerpersönlichkeit? Sie können die Berechnung Ihres persönlichen Bodymass-Index deshalb genauso anzweifeln wie das Urteil zahlreicher Eignungstests fürs Unternehmertum.[1] Dennoch: Als Erfolgsfaktor Nummer eins wird in der Gründungsliteratur die Persönlichkeit der Gründer/-innen genannt. Diese Einschätzung wird auch deutlich in der immer wieder als Leitsatz formulierten Aussage von Kapitalgebern: ›lieber in ein erstklassiges Gründerteam mit einer zweitklassigen Idee investieren, als in ein zweitklassiges Gründerteam mit einer erstklassigen Idee‹. Das entspricht in vielerlei Hinsicht auch unseren Erfahrungen: Die Persönlichkeit der Gründer/-innen ist von zentraler Bedeutung – mit ihr steht oder fällt ein Vorhaben.

Allerdings übertreiben es die Studien: Die idealen Gründer/-innen bringen der Literatur zufolge die Fähigkeit mit, Risiken einzuschätzen und zu beherrschen. Sie verfügen über ein deutliches Maß an Durchsetzungsfähigkeit und den Wunsch nach Unabhängigkeit. Sie streben nach Wachstum und Leistung – und verfügen über Kreativität, Flexibilität, intrinsische Motivation, Intuition.[2] Kurz und gut: Sie sind die neuen Superhelden.

Die Realität sieht jedoch meist anders aus: Gibt es immer eine explizite Strategie, wie Risiken zu beherrschen sind? Nein. In der Abwicklung erster Aufträge wird meistens erst deutlich, was die speziellen Risiken der eigenen Dienstleistungen oder des Produktes sind. Was hierbei oft hilft, sind Ratschläge von Kollegen – und der feste Wille, für den Kunden den besten Weg zu finden. Und vor allem ist es wichtig, aus Fehlern zu lernen. Learning by Doing:

Daraus resultiert z.b. der Aufbau von Projektmanagementwissen, eines Controllings oder die Einsicht, dass es hilfreich sein kann, entsprechende Weiterbildungen zu besuchen. Verfügt man von Beginn an über die nötige Durchsetzungsfähigkeit? Nein. Besonders am Anfang, relativ frisch im Arbeitsleben, weiß man nicht immer, was der spezielle Habitus seiner Branche ist. Wie sieht z.b. speziell weibliches Durchsetzungsvermögen aus? Von seinen Eltern lernt man nicht unbedingt, wie man sich als Unternehmer/-in durchsetzt. Auch hier ist es hilfreich, bestimmte Situationen wie z.b. ein Akquisegespräch oder die Projektsteuerung im Austausch mit anderen nachzubereiten und Schlüsse für die Bewältigung ähnlicher Situationen zu ziehen. Als Superheld fühlt man sich also nicht unbedingt.

Hierauf weist auch der Entrepreneurforscher Timmons hin[3]: 80 Prozent der Unternehmer/-innen lernen die erforderlichen Fertigkeiten erst nach dem 21. Lebensjahr. Man wird also nicht als Gründer/-in geboren.

Unsere Vermutung ist, dass viele der eher holzschnittartigen Versuche zur Einschätzung des Gründungserfolges von einem bestimmten Bild von Existenz- und Unternehmensgründung ausgehen, das in der Zwischenzeit nicht mehr der Realität im Gründungsgeschehen entspricht, schon gar nicht der Realität von Gründungen in der Kultur- und Kreativwirtschaft.[4] Interessant sind hier die Erkenntnisse von Timmons: Ein Teil von Unternehmensgründungen wird beispielsweise aus Lifestyle-Gründen[5] heraus realisiert. Andere wiederum gründen, weil sie arbeitslos sind und gar keine andere Wahl haben. Noch etwas macht uns angesichts der Literatur über Gründertypen misstrauisch. Diese Literatur als auch die Personen, die bei Banken, staatlichen Stellen etc. beraten, ob man das Zeug zum Unternehmer hat, reproduzieren oft ihr eigenes klischeebehaftetes Bild von Unternehmertum auf Gründungswillige. Man kennt dieses Phänomen aus Personalauswahlprozessen: Dort besteht die Gefahr, dass die Begutachter/-innen eher geneigt sind, denjenigen größere Erfolgsaussichten zuzuschreiben, die der eigenen Persönlichkeit näher sind.[6] Das hat zum Ergebnis, dass Menschen mit bisher unbekannten und vielleicht innovativen Persönlichkeitsmerkmalen im jeweiligen Umfeld nicht weiterkommen. Gerade für den Bereich der Kultur- und Kreativwirtschaft stellen wir fest, dass die Akteure dieses Felds von Instanzen wie einer Bank vielfach kritisch beäugt werden. Stille Wasser, aber auch bunte Persönlichkeiten, die außerhalb bestimmter Konventionen agieren und denken, bekommen hier schnell ein Problem: Sie werden nicht verstanden, es fehlt dem Umfeld an der Fantasie sich vorzustellen, dass diese Menschen im Wirtschaftsleben selbstständig agieren können. Der schematische Blick auf Unternehmerpersönlichkeiten hat negative Folgen für die Gründungskultur. Deutschland steht mit seiner Gründungstätigkeit im internationalen Vergleich mit 17 weiteren innovationsbasierten Ökonomien auf dem vorletzten Platz.[7]

Was folgt daraus für Sie als Gründer/-in? – Auf keinen Fall entmutigen lassen, wenn man mit dem eigenen Vorhaben auf Zweifel stößt. Jeder Mensch beurteilt vor allem vor dem Hintergrund seiner eigenen Erfahrungen – wissenschaftlich validierte Verfahren hin oder her. Dennoch glauben wir, dass es einige wichtige Eigenschaften gibt, die Sie beim Gründen auf jeden Fall erlernen und kultivieren sollten.

GRÜNDUNGSFÖRDERNDE PERSÖNLICHKEITSMERKMALE IN DER KULTUR- UND KREATIVWIRTSCHAFT

Gibt es bestimmte Eigenschaften, die Sie als Gründer/-in in der Kultur- und Kreativwirtschaft bei diesem Lernprozess besonders unterstützen? Auf den Punkt gebracht begegnen uns vor allem folgende Merkmale bei erfolgreichen Gründerinnen und Gründern:

Freude am Netzwerken

Gründer/-innen der Kultur- und Kreativwirtschaft arbeiten extrem vernetzt.[8] In Ergänzung mit anderen Selbstständigen oder Unternehmen kann Kunden so eine breitere und individuell auf die jeweiligen Bedürfnisse zugeschnittene Leistung angeboten werden – ohne dass man dafür aufwändig und mit hohen Kosten alle Kompetenzen im eigenen Unternehmen vorhalten muss. Das erfordert ein hohes Maß an Kommunikationsfähigkeit, oft unter spezieller Nutzung neuer Kommunikationsplattformen wie Facebook, Xing oder dem eigenen Blog. Menschen, die sich kommunikativ in Netzwerken zurechtfinden, haben es deswegen leichter beim Gründen.

Kreativität als zentrale Ressource

Kreativität ist die Ressource für Leistungen und Produkte in dieser Branche. Sicher gibt es hier auch Unternehmer/-innen, die gut imitieren und koordinieren können und damit ihren Markt gefunden haben. In jedem Fall müssen sie aber ein grundsätzliches Verständnis von Kreativität und deren Bedeutung für den eigenen Markt mitbringen. Das heißt, dass sich neue – und vor allem gute – Ideen z.B. nicht wie die nächste Charge Schrauben aus dem Schrank holen lassen, dass Ideengenerierung und -auswahl häufig einen enormen Aufwand bedeuten und dass Leistungen und Produkte meist sehr eng mit der Persönlichkeit des Erstellenden verbunden sind. Wer sich in diesem stark von Intuition geprägten Bereich nicht heimisch fühlt, sollte also von einer Gründung eher die Finger lassen.

Die Nase für Marktchancen

Eine wichtige Eigenschaft ist auch das Erkennen von Marktchancen. Mit der richtigen ›Nase‹ kann man wahrnehmen, dass momentan der richtige Zeitpunkt und die geeigneten Bedingungen im Umfeld gegeben sind, damit eine bestimmte Leistung oder ein Produkt am Markt Erfolg hat. Dieses Gespür für den Markt setzt allerdings voraus, dass neben der eigenen Verbundenheit mit dem Produkt auch abstrakte Dinge wie Trends, neue Technologien, Preisentwicklungen etc. in die Entscheidung zu einer Gründung einbezogen werden. Das ist teilweise sehr ungewohnt für Kreativschaffende, vielleicht bedeutet es für manche auch einen Tabubruch: Die Kunst ist für die Kunst da und nicht für den Markt, so meinen manche. Wir wollen damit nicht eine sture Kommerzialisierung der Kultur vorantreiben, sondern diesen Aspekt des Gründens als einen wichtigen bei Gründungsüberlegungen einbringen. In Kapitel 2 gehen wir näher darauf ein, wie ein spezifischer und auch passender Umgang mit Marktchancen in der Kultur- und Kreativwirtschaft entwickelt werden kann.

Selbstreflexion und Lernlust

Sie haben es beim Gründen leichter, wenn Sie ein gewisses Maß an Selbstreflexion und die Fähigkeit zum ständigen Lernen mitbringen. Wir selbst haben nie intensiver und vor allem praxisorientierter gelernt, als in unserer Gründungsphase. Deshalb noch mal: Seien Sie bereit, ständig neu dazuzulernen, sich im Netzwerk auszutauschen, Kurse zu belegen (VHS, IHK etc.) und viel Fachliteratur zu lesen, also vor allem selbstorganisiert zu lesen, was auch bedeutet, Lernfelder eigenständig zu definieren. Zum Lernen gehört aber auch das Lernen aus Fehlern. Insbesondere Lehrbücher zum Entrepreneurship[9] aus dem angelsächsischen Raum beschreiben in Beispielen aus der Praxis diesen Lernprozess von Gründerinnen und Gründern über mehrere Versuche von Gründungen hinweg. Zusammen mit einer guten Portion Selbstreflexion können Sie dann immer wieder einen Schritt zurücktreten und die eigenen Aktivitäten aus einer kritischen Distanz betrachten. Diese beiden Fähigkeiten wiederum führen zu Entscheidungen, die mehr als nur die eigene Sichtweise mit einbeziehen. So können Fehler leichter korrigiert, neue Wege zur Umsetzung der Gründungsidee eingeschlagen und ergänzende Kompetenzen einbezogen werden.

Bei der Entscheidung für oder gegen eine Gründung spielt Ihre Person als Gründer/-in also eine zentrale Rolle. Ob Sie die Eigenschaften mitbringen, die Sie beim Gründen unterstützen, können Sie am besten selbst einschätzen. Der Prozess der Gründung ist so lang und vielfältig, dass Sie dabei gar nicht darum herumkommen, sich mit Ihrer eigenen Person auseinanderzusetzen. Dabei kann Sie der Austausch mit anderen unterstützen. Unserer Erfahrung nach ist es vor allem der Spaß an der Gestaltung und der Umsetzung eigener Ideen, der als tragende Energiequelle auch über Täler in der Gründungszeit hinweghilft.

Reflexion – Sind Sie ein Gründertyp?

Beantworten Sie in Ihrem Gründungstagebuch folgende Fragen:
- Welche Stärken zeichnen mich besonders aus?
- In welchen Situationen habe ich meine eigenen Stärken besonders gut erfahren?
- Wo liegen meine Schwächen?
- In welchen Situationen kommen diese Schwächen besonders zu Tage? Wann muss ich besonders aufpassen oder mir Unterstützung von anderen holen?
- Welche meiner Stärken würden mich bei der Umsetzung meiner Gründungsidee besonders unterstützen? Warum?
- Welche meiner Fähigkeiten schätzen andere als besonders hilfreich für meine Gründungsidee ein?
- Was kann ich dafür tun, damit meine Schwächen mein Vorhaben nicht gefährden?

Kurz nachgefragt bei ...

SVEN RUDOLPH, CARSTEN SCHELLING und RALF WEBERMANN
von »ding3000«, Hannover (www.ding3000.com)

ding3000

Ding3000 entstand 2005 als Geschäftsmodell auf der Grundlage einer studienbegleitend umgesetzten Produktidee. Das Unternehmen hat sich auf die Entwicklung innovativer Produktdesigns spezialisiert. Die Gründer Sven Rudolph, Carsten Schelling und Ralf Webermann beschreiben ihre Arbeit als fortwährende Suche nach neuen, besseren, zu Unrecht vergessenen und humorvollen Ideen.

*Wann haben Sie sich entschieden zu gründen und was bietet ding3000
seinen Kunden?*
Wir haben uns 2004 entschieden zu gründen, das war noch während des
Studiums, ca. ein Jahr vor Ende. Ralf hatte im Studium einen neuartigen
Nussknacker entwickelt, der in die Produktion ging und sich gut verkauft
hat, da entstand bei uns die Idee, dass sich mit solchen innovativen Pro-
duktkonzepten Geld verdienen lässt. Wir haben dann auch unsere letzten Projekte im Studium und die Diplomarbeiten auf die Selbstständigkeit ausgerichtet.
Wir sind Produktdesigner und entwickeln überwiegend niederkomplexe
Konsumgüter. Ding3000 arbeitet in der Regel eigeninitiativ, d.h., wir denken Produkte vor, sammeln Ideen. Ausgehend von der Idee treiben wir
den Entwurf soweit voran, dass wir ihn dem Kunden präsentieren können. Dann vergeben wir Lizenzen und verdienen über die weitere Wertschöpfung des Produktes.

*Was war Ihre Motivation für diesen Schritt? Gab es eine besondere
Schlüsselsituation bei dieser Entscheidung?*
Der Erfolg des Nussknackers war eine Schlüsselsituation. Es war nicht
unsere einzige Motivation, Geld zu verdienen, dann hätten wir wahrscheinlich etwas anderes gemacht. Während der Praktika im Studium
haben wir mitbekommen, was es heißt, als angestellter Designer in großen Firmen zu arbeiten. Dort ist man in der Regel Spezialist und kann mit
seiner Arbeit nur an einem kleinen Teil des Entwurfsprozesses teilhaben.
Das wollten wir nicht. Wir hatten die Vision, durch eine Gründung unsere eigenen künstlerischen Inspirationen voranzutreiben und durch einen
ganzheitlichen Gestaltungsansatz wirklich neue Produkte zu schaffen.
Wir haben alle drei einen Schaffensdrang, einen kontinuierlichen Ideen-
fluss. Dazu kam die Tatsache, dass wir schon relativ früh durch ein gut
laufendes Produkt ein Erfolgserlebnis hatten. Das ist eine gute Basis.

*Sie haben sich entschieden, im Team zu gründen, was bringt das für Vor-
teile?*
Wir haben schon während des Studiums zusammengearbeitet und gemerkt, dass wir gut zusammen können und schnell gute Ideen generieren. Die Grundlage für eine Teamgründung ist, dass man gut zusammenarbeiten kann. Das geht nicht mit jedem.
Man bleibt in der eigenen Arbeit ja auch immer wieder an einem Punkt
hängen, da ist es gut, ein Korrektiv zu haben. Drei Entscheider ist eine
gute Zahl.

Außerdem: Wir sind Produktdesigner und nicht als Unternehmer ausgebildet. Wenn wir diese ganzen unternehmerischen Kompetenzen jeweils alleine erarbeiten müssten, da wären wir ziemlich beschäftigt. So können wir uns z.b. die Buchhaltung, Akquise oder Vertragsverhandlungen aufteilen. Es ist besser, wenn die unternehmerische Last und Lust auf mehreren Schultern ruht.

Was sind besonders kritische Punkte bei einer Gründung im Team?
Wahrscheinlich, wenn das Team nicht zusammenarbeiten kann. Wenn das nicht funktioniert, sollte man es sein lassen. Man sollte sich außerdem über die Ziele einig werden. Was stellt man sich jeweils für die eigene Zukunft vor? Wir z.b. haben uns für den Weg des Autorendesigners entschieden, der eigeninitiativ Produkte entwickelt und mit seinem Namen hinter dem Entwurf steht. Da muss man einen langen Atem haben. Dieses Ziel müssen alle mittragen.

Was sind Ihre besonderen Stärken im Team? Wie ergänzen Sie sich gegenseitig?
Da muss man unternehmerisch und künstlerisch unterscheiden. Im Industriedesign kann der eine besser zeichnen, der andere besser mit CAD arbeiten. Einer hat ein besseres Händchen bei der Ideenfindung, der andere mehr bei der Formfindung. Von der unternehmerischen Seite her betrachtet gibt es die Leute, die besser in der Außendarstellung und Akquise sind, manche tun sich in der Teamführung hervor oder können härter verhandeln, ein anderer kann strukturierter denken und die Finanzen im Blick behalten.

Wie gehen Sie damit um, wenn Sie feststellen, dass Sie an einer bestimmten Stelle eine Schwäche haben, sei es, dass eine besondere Kompetenz fehlt, Erfahrung etc.?
Wir entwickeln alle einen ziemlichen Ehrgeiz, uns Dinge anzueignen, die wir noch nicht beherrschen. Wir sitzen viel vor dem PC, da kann man sich in vieles einlesen. Weil wir keine Spezialisten sind, müssen wir uns immer wieder fachlich in neue Themen, z.B. neue Materialien einarbeiten. Dann suchen wir den kollegialen Fachaustausch. Viel mit Leuten sprechen, telefonieren, Informationen rauskitzeln, Leute mit ins Boot holen.

Wenn wir mal davon ausgehen, dass man am Anfang einer Gründung sehr wenig über deren Ausgang weiß – welche persönlichen Fähigkei-

ten sollte man mitbringen, um das Schiff einigermaßen gut auf See zu bringen?
Ausdauer und Ehrgeiz, d.h., dass man hundertprozentig hinter der Sache steht. Bevor wir uns selbstständig gemacht haben, konnten wir nur ahnen, was da auf uns zukommt. Wir haben uns trotzdem ins kalte Wasser begeben. Da gehört auch Mut dazu.
Außerdem braucht man Überzeugung: Man ist mit sehr vielen Rückschlägen konfrontiert. Von zehn Vorschlägen werden vielleicht drei vom Kunden genommen und 0,5 davon sind am Markt erfolgreich.

Was sollte man tun, wenn man nicht über diese persönlichen Fähigkeiten verfügt?
Es ist auch wichtig, dass man eine gute Selbsteinschätzung hat, was man gut kann und nicht gut kann, man sollte Misserfolge nicht nur auf andere abwälzen, sondern das zum Anlass nehmen, auch zu schauen, was man selbst ändern kann.

Was würden Sie anderen Gründern raten, die im Team gründen wollen?
Man sollte im Vorhinein im Team darüber sprechen, wo man sich in vier, fünf und zehn Jahren sieht – über die jeweiligen Ziele. Außerdem sollte man frühzeitig bestimmte Kompetenzbereiche verteilen, für die dann eine Person die Hauptverantwortung hat, z.B. die Einarbeitung in das Vertragsmanagement. Noch ein besseres Beispiel ist die Pressearbeit. Was für uns auch hilfreich war: Wir haben einen Businessplan geschrieben. Da muss man sich dann auch schriftlich mit seinen Stärken und Schwächen auseinandersetzen, das ist besser als nur mal so eben über den Tisch unterhalten. Es ist außerdem ratsam, gleich am Anfang einen Gesellschaftervertrag zu machen. Dann muss man sich damit auseinandersetzen, was passiert, wenn das Ganze in die Hose geht oder wenn einer weniger arbeiten kann, weil er z.B. ein Kind bekommt. Welche Regelungen will man dann dafür finden? Am Geld sind schon viele gute Beziehungen gescheitert.

ÜBER DIE EIGENE MOTIVATION KLAR WERDEN

Sie bringen nicht nur bestimmte Eigenschaften beim Gründen ein. Sie werden auch von bestimmten Motiven bewegt. Diese Motive treiben Sie an, sind Ihre Motivatoren. Umso besser, wenn Sie etwas genauer über sie Bescheid wissen. Wenn Sie z.B. vor allem deshalb gründen, weil es in ihrem Bereich momentan keine offenen Arbeitsstellen gibt, Sie sich aber lieber auf einer

festen Stelle sähen, dann gründen Sie ggf. nur übergangsweise. Das hat Auswirkungen darauf, wie langfristig Sie Ihre Unternehmung überhaupt planen,
wie Sie die Finanzierung angehen, wie viel Energie Sie in einen Markenaufbau
stecken etc. Beim Gründen verändern sich bei vielen jedoch die Motive. Wenn
Sie erst einmal gemerkt haben, dass Ihre Dienstleistungen und Produkte gekauft werden, dass Sie also am Markt angekommen sind, können Sie sich
evtl. eine feste Stelle gar nicht mehr vorstellen. Wichtig ist vor allem, dass
Sie sich immer wieder klar machen, was Sie gerade antreibt. Dann wissen
Sie, wer da in Ihrem Hinterkopf bei grundlegenden Entscheidungen mit am
Tisch sitzt – und Sie können die entstehenden Konsequenzen dann noch mal
genauer unter der jeweiligen Perspektive abwägen. In der Kultur- und Kreativwirtschaft begegnen uns vor allem folgende Motivatoren:

Den eigenen Arbeitsplatz schaffen
Gründer/-innen in der Kultur- und Kreativwirtschaft treibt häufig an, dass
nach der Ausbildung keine geeigneten Arbeitsplätze bzw. offenen Stellen in
den gewünschten Tätigkeitsfeldern auf dem Arbeitsmarkt vorhanden sind.
Dann ist die Existenzgründung, z.B. als Einzelunternehmen, oft der einzige
Weg, der von den Gründerinnen und Gründern gesehen wird.[10] Diese Form
bietet die Möglichkeit, die eigenen Leistungen mehreren Kunden – und nicht
nur einer einzelnen Institution – anbieten zu können und damit das Kunden-
potenzial zu erweitern. Wo z.B. Museen aus Budgetgründen keine eigene
Stelle zur Ausstellungskonzeption schaffen können, können Sie gleich mehrere interessierte Einrichtungen mit Ihren Leistungen versorgen.

Wunsch nach Selbstverwirklichung[11]
Hierfür wird häufig bewusst auf Karriere[12] im herkömmlichen Sinn, nämlich
Höhe des Verdienstes, Aufstieg in hierarchische Positionen, verzichtet. Das
bringt Vor- und Nachteile für das Gründen mit sich. Ein Vorteil ist sicherlich
die hohe Motivation, mit der einzelne Aufträge verfolgt und auch Phasen ge-
ringerer Einkünfte bei hohem Zeitaufwand in Kauf genommen werden. Auch
ist die Bereitschaft höher, zur Finanzierung der eigenen Existenz eine Neben-
beschäftigung aufzunehmen, die nicht unmittelbar in Zusammenhang mit
der kreativen Tätigkeit steht. Die andere Seite der Medaille ist jedoch, dass
weniger persönliche Distanz zur eigenen Leistung bzw. zum Produkt im Hinblick auf den Markterfolg eingenommen wird. So fällt es teilweise schwer,
z.B. bei einer Tätigkeit in einem sehr speziellen Marktsegment, auch Überlegungen zu Anwendungsmöglichkeiten der eigenen Dienstleistung für Kunden
außerhalb der klassischen Zielgruppe anzustellen oder schlicht mit kühlem
betriebswirtschaftlichem Kopf einen Blick auf Kosten- und Gewinnstruktur zu
werfen und entsprechende Anpassungen vorzunehmen.

Dies gilt nicht nur für Gründungen in der Kultur- und Kreativwirtschaft, sondern für alle Unternehmensgründungen.[13] Der Wunsch nach Selbstverwirklichung ist gleichzeitig eine gute Basis dafür, die Gründungsidee auch über die Hürden der Anfangsphase hinwegzutragen und dauerhaft weitgehend selbstbestimmt zu arbeiten. Selbstbestimmung bezieht sich hier vor allem auf die Entscheidungshoheit bei eigenen Ideen oder auf den Einfluss bei der Weiterentwicklung eigener Leistungen und Produkte, die Verfügung über das eigene Zeitbudget und die Unabhängigkeit von Hierarchien. Sobald die Gründung vollzogen und man am Markt mit dem eigenen Unternehmen und unter eigenem Namen tätig ist, wird jedoch auch schnell deutlich, dass Selbstbestimmung relativ ist: Sie treten als Unternehmer/-in in neue Abhängigkeiten ein. Kunden bestimmen Abgabezeiträume und beeinflussen, wie viel Zeit in die Erstellung von Teilleistungen fließt. Öffentliche Geldgeber verlangen einen bestimmten Abrechnungsmodus und versuchen unter Umständen, die Ausgestaltung der Leistung in eigene thematische Vorgaben zu pressen. Dennoch zeigen Befragungen von Selbstständigen und abhängig Beschäftigten im Durchschnitt eine höhere Zufriedenheit mit dem Beruf bei den Selbstständigen. Das höhere Maß an Selbstbestimmung ist einer der Gründe dafür.

Flexible Arbeitszeiten
Flexible Arbeitszeiten sind vor allem für Frauen eine Motivation, ein eigenes Unternehmen zu gründen. Der Anteil der selbstständigen Frauen in der Kultur- und Kreativwirtschaft liegt mit mehr als 40 Prozent über dem Durchschnitt der Gesamtwirtschaft.[14] Familie und Beruf lassen sich so besser vereinbaren. Der bereits erwähnte spontane Einsatz am Wochenende oder in den Abendstunden, wenn ›die Kundin ruft‹, wird oft durch freie Zeiten tagsüber und eine gute Vernetzung mit gleichgesinnten Selbstständigen in ähnlichen familiären Situationen ausgeglichen.

Gründen als logische Folgerung
Während der eigenen Ausbildung haben viele bereits die Erfahrung gemacht, dass ihre speziellen Leistungen nachgefragt werden. Das Studium, die Aus- und Weiterbildung kann so von manchen bereits ›querfinanziert‹ werden. Nebenher wird für ein Unternehmen eine neue Website erstellt oder das Corporate Design überarbeitet. Das im Rahmen einer Seminararbeit entworfene Produktdesign gewinnt einen Wettbewerb und wird nun von einem Produktionsunternehmen hergestellt und vertrieben. Diese Erfahrungen legen nahe: Da ist ein Markt vorhanden! Die Gründung ist dann der logische Schritt, bereits angebahnte Kundenbindungen weiter zu bedienen und neue hinzuzugewinnen.

Reflexion – Gründen: warum?

Beantworten Sie in Ihrem Gründungstagebuch folgende Fragen:

- Könnten Sie Ihr gewünschtes Tätigkeitsfeld auch im Rahmen vorhandener und für Sie erreichbarer Stellen auf dem Arbeitsmarkt ausfüllen? Wenn nein: Was ist Ihre Analyse, warum es dazu keine entsprechenden Stellen gibt? Wie finden Ihrer Meinung nach potenzielle Kunden bisher eine Lösung für das von Ihnen beobachtete Problem?
- Wie viel Abstriche würden Sie in Kauf nehmen, um Ihre Idee umzusetzen? Was würden Sie tun, wenn Sie merken, dass niemand dafür bereit ist, Geld zu zahlen? Wie lange würden Sie es trotzdem weiter versuchen?
- Was erwarten Sie sich von der zunehmenden Selbstbestimmung im eigenen Unternehmen? Wie wichtig ist Ihnen Selbstbestimmung bei Ihrer zukünftigen Tätigkeit? Wie gehen Sie mit neuen Abhängigkeiten, z.B. von Kunden um?
- Bringen Sie bereits Erfahrungen mit Kunden mit? Auf welche Kunden können Sie weiter bauen? Wo lässt sich dieses Potenzial noch ausbauen? Welchen Nutzen haben bestehende Kunden davon, dass sie mit Ihnen zusammenarbeiten?
- Welche Netzwerkverbindungen bringen Sie bereits mit? Verbinden Sie bereits konkrete Arbeitserfahrungen mit Netzwerkpartnern?

WENN EINFACH ALLES STIMMT

Gründen ist ein langer Prozess. Sie haben nun ggf. eine Einschätzung davon, was Ihre Hauptmotive und was eher kurzfristige Nebenschauplätze sind. Wenn Sie sich selbst im Klaren sind, was Sie persönlich beim Gründen antreibt und Sie immer noch überzeugt sind: »Das ist mein Weg!« – dann können Sie die Ärmel hochkrempeln und sich an die Erforschung der äußeren Einflüsse machen, die den Erfolg (oder Misserfolg) Ihrer Idee mit bestimmen: Ist die Zeit (am Markt) reif für meine Idee? Sind die Kunden so weit, meine Leistungen zu kaufen? Wo verorte ich meine Unternehmung am besten? Und wie finanziere ich mein Vorhaben?

Mit diesen Fragen im Kopf sind Sie schon mitten in der Feinarbeit zu Ihrer Geschäftsidee. Wenn Sie sich durch Kapitel 2 und 3 gearbeitet haben, wissen Sie mehr über die Marktchancen Ihrer Idee. Kapitel 4 gibt Ihnen dann eine klarere Idee davon, wie Sie das Ganze finanzieren könnten.

Kurz nachgefragt bei ...

STEFANIE TRAMBOW »Film|Regie|Schnitt«, Berlin
(www.stefanietrambow.de)

Film ist eine kommunikative Kunst, sagt Stefanie Trambow, die als freiberufliche Filme-
macherin vor allem mit Stiftungen, Vereinen
und Initiativen zusammenarbeitet. Trambow,
deren Schwerpunkte von Kulturaustausch,
Sprache und Osteuropa über Politik und bür-
gerschaftliches Engagement bis hin zu Gender
und Gesellschaft reichen, hat kürzlich einen
Lehrauftrag am Institut für visuelle Anthropo-
logie in Münster angenommen.

Stefanie Trambow
(Foto: Philipp Nemenz)

*Wann haben Sie sich entschieden, zu gründen, und in welchem Bereich
haben Sie gegründet?*
Ich habe mich 2008/09 entschieden, im Bereich Dokumentarfilm und Dokumentation zu gründen.

*Was war Ihre Motivation für diesen Schritt? Gab es eine besondere
Schlüsselsituation bei dieser Entscheidung?*
Ja, die Schlüsselsituation gab es tatsächlich. Ich war auf einem Festival
von einem Verein, bei dem ich Mitglied bin. Dort habe ich die Festivaldo-
kumentation gemacht. Dann ist jemand vom Vorstand an mich herange-
treten und hat mich gefragt, ob ich bei einer Konferenz im nächsten Jahr
auch die Dokumentation machen könne. Zeitgleich kam eine Anfrage der
studentischen Unternehmensberatung der Europa-Universität Viadrina
an mich. Da war es für mich an der Zeit, mir eine entsprechende Rechtsform zuzulegen.
Vor der Entscheidung hatte es mich beschäftigt, ob ich überhaupt in den
Bereich Dokumentarfilm reinkomme oder ob man da überhaupt Geld verdienen kann – viele haben mir immer gesagt: Da kann man nichts verdienen. Durch die konkreten Anfragen war ich dann mitten drin. Da dachte
ich: Jetzt gleich richtig.

Ich habe dann den Lotsendienst an der Universität besucht, damit ich ein paar Grundlagen bekomme, Marketing, Steuer, Recht und solche Sachen.

Muss man für diese Entscheidung Ihrer Einschätzung nach ein Gründertyp sein?
Das ist eine sehr schwere Frage. Ich selber würde mich nicht als Gründertyp bezeichnen. Deshalb würde ich eher sagen, nein, man muss kein Gründertyp sein – wenn man davon ausgeht, dass man gerne sein eigener Herr ist und sich gerne selbst organisiert. Mit dem Begriff Gründertyp kann ich weniger anfangen. Da habe ich das Bild von einem selbstbewussten Macher, der eine große Vision hat, die er dann risikofreudig angeht. Etwas, das mit viel Kapital zu tun hat.

Spielten Netzwerke bei Ihrer Gründung eine Rolle?
Ja, auf jeden Fall. Ich habe während meines Gründungsprozesses gemerkt, dass ich gerade durch mein Netzwerk die Voraussetzungen habe, z.B. die Vereinsmitgliedschaft, das ist eine gute Basis für erste Anfragen. Im Netzwerk konnte ich auch Dinge ausprobieren, habe mir dadurch ›Visitenkarten‹ geschaffen.

Haben Sie sich diese Netzwerke bewusst aufgebaut?
Ich habe einfach allen Leuten davon erzählt, dass ich das jetzt mache. Da haben viele schon gesagt: »Hey, so eine Dokumentation können wir auch mal machen.« Ich bin außerdem auf Veranstaltungen gegangen, auf denen ich potenzielle Kunden vermutet habe, mit denen ich zusammenarbeiten wollte, und hatte meine Visitenkarte dabei.
Und dann ist es natürlich jedes Mal so, wenn ich ein Projekt mache, dass dann auch schnell potenzielle Kunden etwas davon mitbekommen. Das streut sich von selbst.
Außerdem gibt es auch die Richtung, dass ich selber ein eigenes Projekt entwickle. Da habe ich einfach Bekannte direkt angeschrieben, ob sie eine Projektidee haben und diese gemeinsam umsetzen wollen, daraus hat sich jetzt was Konkretes für Usbekistan ergeben. Es sind also diese zwei Richtungen: Stiftungen und Vereine kontaktieren und das Netzwerk im Filmbereich ausbauen.

Spielen Ihrer Einschätzung nach Netzwerke in der Kultur- und Kreativwirtschaft eine besondere Rolle?
Ja, auf jeden Fall. Was ich so mitbekomme, ist, dass man mehr Vertrauen

zu Leuten hat, mit denen man schon zusammengearbeitet hat. Gerade im kreativen Bereich ist das eine sehr persönliche Zusammenarbeit, da braucht man Sympathie und Vertrauen. Da geht man eben lieber über persönliche Bekanntschaften und Empfehlungen. Auch im Theaterbereich läuft das so.

Haben Sie Erfahrungen mit zukünftigen Kunden bereits während Ihres Studiums gesammelt?
Ja, im letzten Semester. Vorher habe ich noch gar nicht daran gedacht, da habe ich eher Erfahrungen gesammelt und Filme für mich selbst gemacht. Das war noch nicht so kundenorientiert.

Was verändert sich durch Kundenorientierung?
Dass ich was nach Vorgaben und unter Zeitdruck mache. Im Filmbereich finde ich das ganz gut, da man dadurch auch zwischendurch Erfolge hat und nicht zwei Jahre lang nur an einem Projekt sitzt. Allerdings ist man auch abhängiger und kann oft nicht so tiefgründig und kreativ arbeiten.

Was würden Sie Gründerinnen und Gründern bezüglich des Aufbaus der ersten Kundenkontakte raten?
Zu Veranstaltungen gehen, wo die Zielgruppe ist, so viel wie möglich Leuten erzählen, dass man das macht – und diese begeistern, dass man das gut kann. Dann verbreitet sich das über Netzwerke. Mit Leuten reden, vielleicht kennt auch ein/e Freund/in jemanden, und sich selbst empfehlen lassen. So läuft das. Ist auch das mit dem Vertrauen – wenn jemand sagt: »Die kenne ich, die ist gut.« Gerade am Anfang ist es wichtig, dass Leute sich für einen verbürgen.

»JOHANNAS WELT«: DER ENTSCHEIDENDE TAG VON JOHANNA CRUSOE DE LÀ SANCHEZ UND IHREM »INNEREN TEAM«

gaststätte st. oberholz, berlin

Der Chief Executive Director hatte von unterwegs angerufen. Schluss. Aus. Der dritte Pitch in Folge war wieder nicht an »Kreativ3000« gegangen – der Zenit der ehemaligen Kreativschmiede war überschritten, die Zeiten, in denen die Marketing-Chefs den Leuten hinterherrannten und selbst die unbezahlten Praktikantinnen noch um ihre Ausbeutung gekämpft hatten, waren wohl endgültig vorbei. Endzeitstimmung. Die Branche war noch nie eine sichere Bank, ein Kommen und Gehen, ex und hopp.

Johanna musste erst mal durchatmen und traf sich mit einigen Freunden, um zu beratschlagen. Es musste sich was ändern. Drei Jahre lang alles gegeben, Überstunden ohne Ende, durchgearbeitete Wochenenden im Dutzend, ständig Stress, um bei den Arbeitszeiten León, ihren fünfjährigen Sohn, einigermaßen gut zu versorgen. Schlechter Lohn – und am Ende wieder die Kündigung.

Johanna war im »St. Oberholz« angekommen – Treffpunkt der digitalen Bohème. Alle sitzen hier mangels eigener Büros mit ihren MacBooks bei Latte macchiato – lebende Klischees Berliner Kreativer. Trotzdem ganz nett. Ihre Freundinnen Helen und Maja waren schon da, Tilo hatte extra früher Schluss gemacht in seiner Bank. Kriegsrat. Johanna erzählte, redete sich in Rage. Einige Zeit später die entscheidende Wende: Johanna konnte wieder lachen, die

Runde blickte auf die digitalen Bohèmiens, die irgendwie ganz cool über den Raum verteilt waren und geschäftig auf ihre MacBooks einhackten. León, ihr Sohn, schoss ihr durch den Kopf – absurd, mit einem Kind so ein Leben zu führen. Aber der Gedanke war schon längst geboren. Schon hatte ihre Freundin Maja sie gefangen: »*Mach dich selbstständig!*«

Johanna fuhr mit dem Taxi nach Hause. »*Gründen oder nicht gründen – das ist hier die Frage.*« *Halb abwesend ruft Johanna Google auf und tippt* »*gründen*« *in das hungrige Google-Maul. Sie landet bei einem Test zur Gründungseignung.*[15] *Ob sie Dauerstress aushalte? Ja, auf jeden Fall, das hat sie ja bei der ganzen Sache mit Leóns Vater gemerkt. Ob sie sich vorstellen könne, in den ersten Jahren mehr als 60 Stunden die Woche zu arbeiten? Nein, das ist aus der Welt, so lange León noch so klein ist. Krank gewesen? Nein, eigentlich nie wesentlich. Ob sie Führungserfahrung mitbringe? Nein, woher denn, außer bei Kindern?* »*Besitzen Sie eine gut fundierte kaufmännische oder betriebswirtschaftliche Ausbildung?*« *Hä? Sie ist Grafikerin mit einem Faible für's Schreiben. Die Ergebnisse sind ernüchternd:*

»*Sie haben 12 von 30 möglichen Punkten erreicht. Sie sollten sich noch einmal die Frage stellen, ob Sie wirklich eine unternehmerische Selbstständigkeit anstreben wollen oder ob Sie als Angestellte/r nicht doch ein für Sie persönlich besser geeignetes Arbeitsumfeld vorfinden.*«[16] *Dieser Test wurde nicht für Johanna gemacht. Sie ärgert sich über die klischeehaften Vorstellungen, die da abgefragt werden.*

Ein letzter Gedanke streift ihr Gemüt: Vielleicht wirklich einfach alle Augen und Ohren zumachen und in den Nebel springen?

→ KAPITEL 2. IDEEN ENTWICKELN: MARKT- UND ZUKUNFTSTAUGLICH WERDEN

Dieses Kapitel zeigt Ihnen, ...

- ... was das viel benutzte Wort »Markt« im Allgemeinen und für die Kultur- und Kreativwirtschaft im Speziellen bedeuten kann.
- ... was Ideen aus Sicht des Marktes eigentlich bedeuten und wie Sie diese Sichtweise auf die eigene Gründung anwenden können.
- ... wie man konkret Marktforschung betreibt und welche Herangehensweisen es zum Erkennen und Umsetzen von Marktchancen gibt.

Ob sich mit einer Idee wirklich Geld verdienen lässt, zeigt sich erst am Markt. Was aber heißt »Markt«? Muss ich meine Idee auf den Markt ausrichten? Will ich mich mit meinem Angebot überhaupt einem Markt beugen – oder verzichte ich lieber auf den großen Wurf und gebe mich mit einer kleinen (aber feinen) Fangemeinde zufrieden? Wer bestimmt eigentlich, was mein Markt ist und wie viel ich von diesem Markt für mich bzw. meine Unternehmung herausziehe?

Die eigenen Visionen dazu, welche einmaligen Lösungen man für bestimmte Problemstellungen anbieten kann und welche genialen Produkte man auf den Markt bringen wird, können fantastisch und auch schon einmal atemberaubend sein. Spätestens jedoch, wenn man mit dem ersten Prototyp vor der Kundin steht und die erstaunt-kritisch hochgezogenen Augenbrauen sieht, merkt man, dass es noch ein langer Weg ist, bis diese Kundin dafür auch wirklich ihren Geldbeutel zückt. Gleichzeitig hat man bereits viel in die Idee investiert: Materialkosten, Druckkosten für Flyer, vielleicht die Gebühren für eine Geschmacksmusteranmeldung, eine Domain und Website, von der unbezahlten Arbeitszeit ganz zu schweigen. Gründen sollte immer von zwei Seiten aus gedacht werden: Welche Idee habe ich für die Lösung von bestimmten Problemen und was hält der Markt von meiner Idee zur Lösung? Das ist eine der zentralen Fragestellungen, nachdem Ihre grundsätzliche Entscheidung zur Gründung und die erste Ideenfindung abgeschlossen sind.

WAS IST EINE IDEE?

Viele meinen, dass man sich um Ideen in der Kultur- und Kreativwirtschaft weniger Gedanken machen muss. Denn Ideen gehören zum täglichen Geschäft und zum Selbstverständnis der Kreativen. Davon lebt die gesamte Branche.

Eine Beschreibung dessen, wie man an Ideen kommt, wollen wir uns deshalb an dieser Stelle sparen. Viele Ideen zu haben, bedeutet allerdings noch lange nicht, dass auch gute Ideen darunter sind – vor allem: gute Ideen, die neu sind, sich von Vorhandenem unterscheiden, eine Lösung für ein Problem darstellen, einen Bedarf ansprechen und nicht zuletzt zum Geldverdienen taugen. Denn das ist die Blickrichtung, die wir in diesem Buch einnehmen: Wie kann man in und mit der Kultur- und Kreativwirtschaft Geld verdienen? Wenn wir hier von guten Ideen sprechen, meinen wir damit Ideen, die das Potenzial in sich tragen, einen speziellen Markt zu finden und Umsatz, d.h. Geld zu generieren. Viele Kreative denken oft nicht vordergründig ans Geld machen, ans Verkaufen, an den Markt. Vielen ist die Idee, das Projekt, das wilde Philosophieren oder Rumbasteln wichtiger als die kühle Kalkulation bezüglich der Marktchancen, der Markteinführung und der aufwändigen Durchsetzung am Markt. Aus wirtschaftlicher Perspektive ist es jedoch notwenig, sich mit diesen Abschnitten Ihrer Idee auseinanderzusetzen, wenn sie irgendwann zum Broterwerb dienen soll. Das genaue Wissen vom Markt ist die Voraussetzung, um eine Idee nachhaltig in den Wirtschaftskreislauf zu implementieren.

VON DER IDEENGENERIERUNG ZUR IDEENBEWERTUNG

Der nächste Schritt nach der Ideengenerierung ist die Ideenbewertung. Doch welche Kriterien sind hier wichtig? Aus dem Bereich Innovationsmanagement ist dieser Schritt mit teilweise sehr aufwändigen Verfahren bekannt, die alle eines gemeinsam haben: Sie versuchen, Unsicherheiten über die Zukunft von Ideen kontrollierbar zu machen und Fehleinschätzungen zu ihrer Erfolgswahrscheinlichkeit zu minimieren. Bei der Unternehmensgründung rund um eine Idee ist allerdings vor allem eines sicher: Die Zukunft ist ungewiss – gewiss ist nur das Risiko, dass eine Idee auch floppen kann. Dennoch lassen sich Ideen nach einem sinnvollen Koordinatensystem bewerten – sie sollten nicht nur aufgrund von Intuition oder blinder Sturheit umgesetzt werden.[1]

Grundsätzlich gilt: Der Markt und mögliche Kunden müssen möglichst früh mitgedacht werden. Und für die Ideenbewertung heißt das: Man sollte so schnell wie möglich mit dem Markt in Berührung kommen.

Eine Idee muss sich auf das Verhalten der Kunden übersetzen lassen und muss angenommen werden. Gegebenenfalls heißt das, bestehende Regeln des Marktes auch umzuwerfen und nach den Auswirkungen für den Markt zu fragen. Ein Beispiel für eine solche »schöpferische Zerstörung«[2] ist der virtuelle Büchermarkt von Amazon (www.amazon.de).[3] Mit Hilfe von rein virtueller Ladenfläche werden dort die Vertriebskosten für jedes Buch reduziert. Mehr noch: Dadurch, dass auch Privatverkäufer Amazon als Ladenraum nutzen können, verlagert Amazon die Lagerhaltungskosten für gebrauchte Bücher auf den jeweiligen einzelnen Anbieter und ist trotzdem mit einem weit reichenden Angebot für die Käufer attraktiv. Ein anderes und etwas kleineres Beispiel ist »fotobuch.de«: Eine nutzerfreundliche Software wird kostenfrei zur Verfügung gestellt und hilft den Kunden dabei, die eigenen Fotos in einem anspruchsvollen Layout zu einem Album zusammenzustellen. Das Unternehmen verdient dann über den Druck »on demand« dieses Fotoalbums, der gleich mit angeboten wird.

Jede Idee sollte auf ihr »revolutionäres« Potenzial hin untersucht werden: Welche bisherigen Regeln des Marktes werden durch diese Idee ausgehebelt? Was bietet diese Idee, was andere bisher nicht anbieten? Welche bestehenden Leistungen kann ich besser anbieten?

Entmutigt? Als Gründer/-in erscheint es zunächst als eine unlösbare Aufgabe, die einem in Gesprächen mit Geldgebern, mit Gründungsberatungen oder einfach mit dem Freundeskreis immer wieder verzweifeln lässt: »Was ist das wirklich Neue daran?« Trotzdem wollen wir Mut machen: Die Idee verändert sich ständig, insbesondere in der Gründungsphase. Man lernt seinen Markt kennen und passt die Idee dahingehend an. Seien Sie also nicht dogmatisch. Ein gewisser Pragmatismus ist durchaus sinnvoll – und bedeutet nicht zwangsläufig, seine Visionen aufzugeben, sondern nur, den richtigen Geburtskanal für seine Idee zu finden. Und wenn die passende Nische dann plötzlich im Suchfenster auftaucht, ist das ein fantastisches Gefühl! Man muss den Markt eben nur frühzeitig genug mitdenken und die eigenen Antennen in diese Richtung ausstrecken. Stellen Sie sich dieses Procedere spielerisch vor: Es ist wie ein Strategiespiel. Es kann tatsächlich großartig sein, wenn man beispielsweise als (zukünftiger) Verleger herausfindet, dass es bestimmte Kanäle zum Markt gibt, wie Grossisten, die man überzeugt haben muss, damit die ersten Bücher dort gelistet werden. Denn wenn sie dort nicht gelistet sind, ist das Bestellverhalten des Buchhandels sehr reserviert, weil die meisten Händler aufgrund der komfortablen Bestell- und Abrechnungsmodalitäten oft nur noch ausschließlich bei den Grossisten bestellen. Wenn die Händler aber nicht bestellen, findet der Endkunde nicht zum Produkt. Man wäre damit für den Markt schlichtweg nicht existent – auch wenn man noch so inbrünstig an sein Dasein und die Daseinsberechtigung seiner Bücher glaubt.

Sich Schritt für Schritt in dieses System vorzuarbeiten, strategisch zu denken, gezielt Kontakte und Netzwerke zu nutzen, kann wirklich sehr spannend sein – vor allem, wenn man merkt, dass die ersten Marktteilnehmer anfangen, einen ernst zu nehmen. Dieses Implementieren in den Markt ist wie ein spannendes Strategiespiel – man muss nur die Regeln kennen.

Es kann aber auch passieren, dass die, die Ideen und den Markt bewerten, das Neue gar nicht neu oder interessant finden. Sollten Sie solche Reaktionen auf Ihre Idee bekommen, könnte das ein Warnsignal sein. Es kann aber auch heißen, dass diese so genannten Experten noch zu sehr in alten Märkten verhaftet sind und vor diesem Hintergrund urteilen – denn das Neue wird ja erst durch Ihre Idee in die Welt gebracht. Und wer hätte jemals gedacht, dass sich Menschen millionenfach und weltweit zwitschernd per SMS mit maximal 160 Zeichen unterhalten und das für einen absoluten Megatrend halten (www.twitter.com)?

WAS IST MARKT?

Jetzt haben wir viel von Märkten geredet. Was heißt »Markt« aber genau und wie erkennen Sie den Markt für Ihre eigene Gründungsidee in der Kultur- und Kreativwirtschaft? Zunächst allgemein: Einen Markt findet man immer dort, wo ein Angebot auf Nachfrage stößt und auf einer gegenseitigen Übereinkunft von Menschen ein Austausch von Leistungen oder Produkten stattfindet. Also ganz einfach: Dort, wo einem mit seiner Idee ein erstes interessiertes Nachfragen in Richtung »Aha, das ist interessant – erzählen Sie mehr!« begegnet, steckt vielleicht ein Markt dahinter. Sobald dann ein »Machen Sie mir mal ein Angebot« und »O.k., wir können uns darüber verständigen« daraus wird, ist man mitten im eigenen Markt.

Manchmal bleiben erste Begegnungen mit dem Markt Einzelfälle, bei denen man sich davor hüten sollte, sie zu verallgemeinern. Da unterstützt der Blick auf abstraktere Zahlen, um eine der Realität nähere Einschätzungen zu bekommen. Um die richtigen Zahlen zu finden, helfen z.B. für eine Leistung im Ausstellungsbereich folgende Fragen: Wie viel Geld wird insgesamt in Deutschland von Museen für die Konzeption von Ausstellungen ausgegeben? Welche Geldgeber gibt es in diesem Feld noch (z.B. Stiftungen, Ministerien) und wie groß ist deren Jahresbudget für Ausstellungen? Und vielleicht noch spezieller, je nachdem wo Sie Ihre Leistungen anbieten wollen: Wie viel Prozent des Ausstellungsbudgets werden für PR und Marketing einkalkuliert und welcher Anteil davon wird für Werbung über das Web 2.0 ausgegeben? Wie so oft bei neuen Ideen kommen Sie dann eventuell zu dem Ergebnis, dass Sie bei Ihrer Gründung einen gewissen Aufwand zur Sensibilisierung der Kunden für Ihre Leistungen und den Nutzen, der damit verbunden ist, aufbringen müssen. Denn niemand lässt alles stehen und liegen, nur weil Sie jetzt mit Ihrem neuen Angebot auftauchen.

Und hier kommt dann Unternehmergeist – bzw. die im ersten Kapitel erwähnte Nase für Marktchancen – ins Spiel: Ist jetzt die Zeit reif dafür, dass z.B. Museen auf Werbung für Ausstellungen im Web 2.0 zurückgreifen und dafür auch Geld ausgeben? Ein Gespür dafür, wie die Branche gerade tickt, welche Trends aktuell diskutiert werden und wo es vielleicht in der Zukunft hingeht, bekommen Sie auf einschlägigen Veranstaltungen. Dort treffen Sie Kollegen und Experten, die schon lange im Geschäft sind, die die Regeln und den Puls Ihrer zukünftigen Kunden kennen.

EIN ERSTES DATE MIT DEM MARKT

Um den eigenen Markt zu entdecken, können Sie sich auf Informationen aus drei Feldern stützen:

- quantitative Daten aus Studien, Befragungen, Konjunkturberichten und Statistiken;
- Informationen von Insidern der Branche, aus Gesprächen mit Kolleginnen und Kollegen sowie einschlägigen Veranstaltungen mit Expertinnen und Experten;
- Informationen aus Gesprächen mit potenziellen Kunden.

ZAHLEN, DATEN, FAKTEN ÜBER IHREN MARKT

Kennen Sie das auch? Sie stöbern im Netz, finden eine interessante Studie, einen interessanten Bericht, folgen einem Link und landen bei der nächsten Website mit interessanten Informationen. Schnell haben Sie vier interessante Stunden vor dem Computer verbracht, sind Ihrem Ziel (welches war das noch mal?) aber kein Stück näher gekommen. Deshalb ist es wichtig, Ihre Suche zu strukturieren und vor allem das Ziel Ihrer Suche zu formulieren. Also als Erstes klären:

Info: Wofür brauche ich die Zahlen, Daten und Fakten?

- Um Umsätze in meiner Branche einzuschätzen;
- um Preise in meiner Branche einzuschätzen;
- um die Finanzierung von Dienstleistungen in einem bestimmten Markt, bspw. durch Fördergelder der öffentlichen Hand sowie durch private Stiftungen oder Privatkunden, einschätzen zu können;
- um regionale Unterschiede meines Markts einzuschätzen;
- um meine Kalkulation an bestimmten Branchenkennzahlen wie dem Gewinnanteil an einem Produkt auszurichten;
- um meinen Wettbewerb und dessen Alleinstellungsmerkmale sowie Umsätze einzuschätzen;
- um Informationen aus Trendmärkten (wie den USA) ggf. zu übertragen.

Sie werden wahrscheinlich feststellen, dass das Auffinden allgemeiner Branchenuntersuchungen nicht das Problem ist. Bei spezielleren Daten ist das anders: Diese Daten werden nämlich häufig nicht mehr durch Studien des Statistischen Bundesamtes oder der Industrie- und Handelskammern bereitgestellt. Hier muss man dann, z.b. bei privaten Marktforschungsinstituten, tief in die Tasche greifen. Ein Problem ist auch, dass die spezielle Datengrundlage, die für Sie interessant wäre, gar nicht so abgegrenzt vorhanden ist. Was bringt Ihnen z.b. eine Zahl der Marktforschung zum steigenden Einsatz von Web 2.0 in der Werbung, wenn Sie nicht sehen können, ob das auch für Ihre speziell angepeilte Zielgruppe der Museen zutrifft?

Trotzdem: Die allgemeinen Zahlen geben eine grobe Orientierung, ob Sie mit Ihrer unternehmerischen Nase richtig liegen. Diese Zahlen unterstützen Sie außerdem dabei, in der Diskussion mit zukünftigen Kunden und Kollegen oder auch Kooperationspartnern wichtige Argumente in der Tasche zu haben. Um bei unserem Beispiel zu bleiben: »In den letzten Jahren sind die Ausgaben von nicht gewinnorientierten Organisationen für Web 2.0 im PR- und Marketing-Bereich um x Prozent gestiegen, warum sollte das nicht auch für Sie als Museum mit einem innovativen Ausstellungskonzept interessant sein?«

Wichtig ist also die konkrete Frage, zu der Ihnen bestimmte Zahlen, Daten und Fakten eine Antwort geben könnten. Und wenn Sie die Informationen nach ein bis zwei Stunden nicht gefunden haben? Lassen Sie es erst mal dabei bewenden und starten Sie vielleicht mit gewissem Zeitabstand einen zweiten Versuch. Von dieser Zahl allein hängt der Erfolg Ihrer Gründung nicht ab. Notfalls können Sie auch Ihre eigene Erhebung mit einfachen Methoden starten und – um bei unserem Beispiel zu bleiben – die PR-Verantwortlichen der 20 besucherstärksten Museen nach einem zuvor ausgearbeiteten Leitfaden befragen und so im Detail ergänzen, was Sie an generellen Trends in vorhandenen Branchenreports herausgreifen konnten.

Link- und Literaturtipps für die Recherche statistischer Zahlen

- Das Statistische Bundesamt (www.destatis.de) liefert bundesweite Informationen.
- Die Ämter für Statistik der einzelnen Bundesländer, z.B. Berlin-Brandenburg (www.statistik-berlin-brandenburg.de), dienen der regionsspezifischen Suche.
- Das Institut für Arbeitsmarkt- und Berufsforschung (IAB) bietet in seinen regelmäßig durchgeführten Betriebsbefragungen Einblick in branchenspezifische Entwicklungen (IAB-Betriebspanel).
- Das Ifo Institut für Wirtschaftsforschung e.V. (www.cesifo-group.de)

bietet zahlreiche Informationen zur Konjunkturentwicklung und Tendenzen in einzelnen Branchen.

• Die Konjunkturreports der einzelnen Bundesländer enthalten Zahlen zu Umsätzen in einzelnen Branchen, Auftragseingängen, Exportentwicklung etc. Erhältlich sind die Reports auf den Websites der Wirtschaftsministerien der Bundesländer. Seit ein paar Jahren gibt es spezielle Berichte zur Kulturwirtschaft (Bsp.: www.kreativwirtschaft-deutschland.de, www.creativwirtschaft.at, www.kulturwirtschaft.ch).

• Konjunkturberichte der Industrie- und Handelskammern stellen Ergebnisse von Unternehmensbefragungen zu Trends und Entwicklungen, z.B. in einzelnen Sektoren der Wirtschaft, zur Beschäftigung etc., dar.

• Für branchenspezifische Auswertungen verfügen in der Regel entsprechende Verbände oder Vereinigungen über entsprechende Zahlen, z.B. die Arbeitsgemeinschaft Deutscher Kulturfonds (www.bundes kulturfonds.de).

Achtung: Statistische Ergebnisse beruhen auf Zahlen der Vergangenheit. Zukünftige Trends können lediglich durch Trendbefragungen umrissen werden.

DIE REGELN DES MARKTES ERFORSCHEN – INSIDER UND EXPERTENMEINUNGEN

Wo Sie mit der Recherche im Internet oder in Bibliotheken nicht weiterkommen, hilft ein Blick ›inside‹. Finden Sie heraus, wo die entscheidenden Diskurse über Ihr Themengebiet stattfinden: Wo treffen sich die Leute, die auch an Ihrem Thema dran sind, gibt es Netzwerke, regelmäßige »Get-Togethers« von Gleichgesinnten? Oftmals handelt es sich auch um informelle Treffen. Richtig interessant sind nicht gerade die Veranstaltungen der Arbeitsagentur, sondern branchenintern organisierte Diskussionsabende und »Arbeitstreffen« in szenetypischen Bars und Restaurants. Sie müssen die Kommunikationsgewohnheiten und das Sozialleben Ihrer Branche zunächst erkunden, um an wichtige Informationen über Ihren Markt heranzukommen. Hier bekommen Sie dann in Gesprächen die informellen Informationen zu Preisgestaltung, Gewinnanteilen, der Zahlungsmoral Ihrer zukünftigen Kunden etc. Marktforschung heißt auch: sich die Wettbewerber angucken, die aber immer auch Kooperationspartner sein können.

Marktforschung als teilnehmende Wettbewerbsbeobachtung heißt auch, sich mit den kommunikativen Gesten seiner Szene vertraut zu machen, den Kleidungscodex und wichtige Konversations- und Business-Themen kennenzulernen. Das ist kein Plädoyer für die totale Adaption (es lebe die Abweichung!), aber dafür, Bescheid zu wissen, in welchem Feld man sich bewegt. Das Feld ist Ihr Informationspool, einer von drei Schritten, um sich ein Bild über Ihren Markt zu machen.

Die Sache hat nur einen Haken, den man schnell übersehen kann: Die Ingroup und die Experten sind in der Regel nicht Ihre Kunden! Vielmehr sind sie selbst auf der Suche nach solchen. Dementsprechend sind die eigentlichen Kunden auf den Teilnehmerlisten der Branchenveranstaltungen häufig in der Minderheit. Teilen Sie sich also Ihre Energie gut ein und werten Sie die Veranstaltungen regelmäßig aus:

Checkliste Branchenveranstaltungen

- Was ist für mich konkret für meine zukünftige Kundengewinnung heraus gekommen?
- Habe ich mit potenziellen Kunden gesprochen?
- Habe ich, z.B. von einer Expertin, Informationen über Kunden erhalten, die ich vorher noch nicht kannte?
- Wie viel Zeit habe ich dafür aufgewendet und gibt es ggf. noch andere Plattformen, auf denen ich eher potenziellen Kunden begegne?

Neben informellen Insidern haben Sie aber auch die Möglichkeit, auf das Wissen offizieller Informanten zuzugreifen. Das sind beispielsweise Vertreter der IHK, Wirtschaftsförderer der Städte und Kommunen oder Berater der Arbeitsagentur. Spezielle Expertisen, z.B. zum Modemarkt, erhalten Sie von branchenspezifischen Beratern im Rahmen von Businessplan-Wettbewerben, die für Sie als persönliche Coaches fungieren können. Bei vielen dieser Programme stehen Ihnen entsprechende Experten für eine geringe Eigenbeteiligung oder auch kostenfrei zur Verfügung.

Linktipps zu Businessplan-Wettbewerben in Deutschland, Österreich und der Schweiz

- www.existenzgruender.de
- www.i2b.at
- www.venture.ch
- www.businessplan-wettbewerb.li
- Beratungscenter für die Kultur- und Kreativwirtschaft, z.B. Kreativ Coaching Center Berlin (KCC), www.tcc-berlin.de

Weitere Informationen finden Sie auf den Seiten der Initiative Kultur- und Kreativwirtschaft der Bundesregierung, www.bmwi.de/go/kultur.

Gehen Sie bei Expertengesprächen strukturiert vor: Erstellen Sie Fragebögen, mit denen Sie die für Sie wichtigen Fragen festhalten. Nach den ersten vier bis fünf Interviews werden Sie wahrscheinlich feststellen, dass eine Art Sättigung eintritt: Viele Informationen wiederholen sich. Der Sättigungseffekt bedeutet: Hier bekommen Sie allmählich Boden unter den Füßen und generieren einigermaßen zuverlässige Aussagen über Ihren Markt, bspw. bezüglich dessen, was an Technik oder Computerprogrammen der ›State of the Art‹ ist.

WAS DER MARKT VON IDEEN HÄLT – KUNDEN BEFRAGEN

Stellen Sie sich vor: Sie sind Sprinter und gehen demnächst an den Start. Bislang haben Sie sich über Trainingsmethoden, Ernährungsgewohnheiten etc. der anderen Läufer informiert, Sie wissen, wie die zu ihren Leistungen kommen, welche Schuhe und Kleidung getragen und welche leistungssteigernden Mittelchen genommen werden. Bei bisherigen Läufen sind Sie immer ein wenig hinterher gerannt, langsam schließen Sie auf. Beim nächsten Start könnten Sie erstmals ernst genommen werden. – Aber die große Frage bleibt: Werden Sie auch das Publikum begeistern? Genau darum geht es: Sie müssen auch ›draußen‹ ankommen. Zwar sollten Sie die Standards der Branche verinnerlicht haben – aber Sie müssen noch viel mehr tun: Ihr Publikum begeistern und zu Fans machen. Was für Sie also interessant ist: Was bewegt Ihr Publikum? Was veranlasst es, aus den Sitzen zu springen und hysterisch Ihren Namen zu brüllen? Dabei hilft Ihnen eine direkte Marktbefragung.

Checkliste Marktbefragung

Erstellen Sie einen Fragebogen, mit dem Sie erfahren, was Sie von Ihren zukünftigen Kunden wissen wollen:

- Wo sehen die Kunden das Problem in der von mir beschriebenen Situation?
- Was erhoffen sich Kunden von einer Lösung?
- Welche Aspekte meiner Idee finden potenzielle Kunden besonders interessant? Sind meine Annahmen über die Vorlieben der Kunden richtig (z.B. wächst das Interesse an digitalisierter Literatur bei den Rentnern wirklich)?
- Wie verhielten sich die Kunden bisher in der von mir beschriebenen Situation?
- Welche Lösungen haben die Kunden bisher gefunden? Wie dringend ist eine Problemlösung für sie?
- Falls Sie ein konkretes Produkt verkaufen: Was sind erste Reaktionen auf einen Prototyp? Wo sehen die Kunden spontan Vorteile, wo Mängel?
- Wie viel sind meine Kunden bereit, für meine Leistung, mein Produkt zu bezahlen (vgl. zur Preisbildung auch Seite 138?
- Welcher Altersgruppe, Einkommensstufe, Berufsgruppe etc. lässt sich die jeweils befragte Person zuordnen?

Mit einem entsprechend ausgestalteten Fragebogen in der Tasche (möglichst nicht mehr als zwei bis drei Seiten) können Sie sich auf den Weg machen. Wo sind die Plätze, an denen sich Ihre potenzielle Zielgruppe aufhält? Ist es der Biomarkt an der Ecke? Sind es bestimmte Kneipen und Bars? Sind es bestimmte Veranstaltungen?

Sammeln Sie für eine breite Marktrecherche Interviews mit 80 bis 100 Personen, die Ihrer theoretischen Zielgruppendefinition entsprechen (bspw. Senioren). Erst dann bekommen Sie ein schärferes Bild von der Zielgruppe, die für Sie am interessantesten ist. Wenn Sie jetzt denken: »Oh wie öde und peinlich, da stelle ich mich ja mit dem nächstbesten Zigarettenpromoter in eine Reihe!«, überlegen Sie einfach, wie Sie Ihre Befragung für Sie akzeptabler gestalten können. Sie müssen ja nicht mit dem Fragebogen in der Hand ins Gespräch kommen. Tragen Sie für sich im Nachgang des Gesprächs die einzelnen Informationen in den Fragebogen ein. Wichtig ist, dass Sie Stück für Stück weg kommen von Ihren subjektiven Vorstellungen über Ihren Markt – hin zu einer objektiveren Realität und neuen Impulsen.

Sie werden überrascht feststellen: Kunden haben häufig schon eigene Lösungen für ein Problem gefunden, die Sie aufnehmen und verbessern können. Sie werden eventuell entdecken, dass eine Altersgruppe, mit der Sie bisher noch gar nicht gerechnet haben, genau auf Ihr Angebot gewartet hat – dazu ist es gut, wenn Sie bewusst Menschen ansprechen, die nicht unmittelbar in Ihr theoretisches »Zielgruppensample« passen. Was Sie auch feststellen werden: Es ist einfacher, mit Kunden über konkrete Vorschläge zu sprechen als die Wünsche der Kunden abzufragen: Hier zeigen sich viele erstaunlich unkreativ.[4]

TRAUEN SIE NIE IHRER FAMILIE

Der größte Fehler bei der qualitativen Feldforschung zu Ihrem Markt ist, zu glauben, dass Ihre Freunde und Familie den Markt und die darin vorherrschenden Bedürfnisse abbilden. Wir empfehlen deshalb, zwei eherne Regeln zu befolgen:

- *Regel 1:* Der Markt ist nicht der eigene Freundeskreis und die Familie. Deren Meinung ist grob verzerrt, meist viel zu positiv und eher davon getragen, Sie unterstützen zu wollen und Ihnen Mut zu machen.
- *Regel 2:* Auch Mitbewerber/-innen, Kollegen und Experten sind nicht der Markt. Sie haben nicht dieselben Bedürfnisse wie Ihre Kunden und bringen schon eigene Vorstellungen zur Problemlösung mit, die nicht unbedingt am eigentlichen Kunden getestet sind.

Anders formuliert: Ideen im Markt zu testen heißt immer, den Markt als Aggregat vieler unterschiedlicher Menschen mit unterschiedlichen Interessen wahrzunehmen. Innerhalb dieses Sammelbeckens müssen Sie konkrete Zielgruppen über ihre Konsumgewohnheiten und Bedürfnisse definieren und dann evaluieren, ob Ihre Idee bei diesen ankommt. Vielleicht ergeben sich dann auch andere Zielgruppen, als Sie zunächst angenommen haben.

Reflexion – Sie wollen dem Markt näher kommen?

Beantworten Sie in Ihrem Gründungstagebuch folgende Fragen:
- Welche Preise sind in meiner Branche üblich und welche werden auch von den Kunden bezahlt?
- Welche Preise könnte ich für meine spezielle Leistung oder mein spezielles Produkt nehmen?
- Wie groß wird voraussichtlich der Gewinnanteil daraus sein? Reicht mir dieser zum Überleben oder muss ich mir noch etwas einfallen lassen (z.B. zweites Standbein)?

- Ist der von mir anvisierte Markt in den letzten Jahren tendenziell gewachsen, gleich geblieben oder sogar geschrumpft?
- Haben meine Gespräche mit Kunden gezeigt, wo es einen weiteren Markt für meine Leistungen geben könnte?
- Gibt es regionale Märkte, die ich bisher nicht in meine Überlegungen einbezogen habe?
- Was und wie viel müsste ich investieren, um bei meinen zukünftigen Kunden überhaupt ernst genommen zu werden (z.B. Website, Referenzprojekte, Arbeitsproben)?
- Sind meine zukünftigen Kunden schon an die Art meiner Leistung gewöhnt, oder muss ich sie erst dafür sensibilisieren?
- Über welche Wege erfahren Kunden in der Regel über Leistungen meiner Art?
- Wie laufen beim Kunden in der Regel die Entscheidungen zur Auftragsvergabe? Habe ich ggf. mit mehr als nur einer Ansprechpartnerin in der Organisation zu tun?
- Welche Trends und Entwicklungen haben die von mir anvisierten Kunden in den letzten zwei Jahren am meisten beschäftigt (z.B. Privatisierung)? Welche Auswirkungen hat das auf die Vergabe von Aufträgen?
- Was machen meine Mitbewerber und wie gehen sie mit besonderen Schwierigkeiten in diesem Feld um (z.B. geringe Gewinnaussichten, lange Zahlungsziele)?
- Was unterscheidet mein Leistungsangebot von dem der Mitbewerber?

Haben Sie inzwischen ein klareres Bild davon, wo es für Sie hingehen soll? Gut, denn diese Ergebnisse werden Sie über die ganze weitere Gründungsphase begleiten!

Zur Beunruhigung: Dieses Nachforschen wird nie aufhören! Preise verändern sich ständig, Mitbewerber verschwinden, neue tauchen auf usw. Um mit dem Zitat eines Unternehmers zu schließen: »Wenn man Dich nachts um zwei Uhr weckt, musst Du Preise, Wettbewerber, deren Vor- und Nachteile im Halbschlaf runterrattern können.« Aber dann wissen Sie auch, dass Sie wirklich in Ihrem Feld gelandet sind.

MARKTCHANCEN SYSTEMATISCH ERSCHLIESSEN

Wenn man feststellt, dass für seine Idee auch wirklich ein Markt vorhanden ist, muss man sich diese Marktchancen auch erschließen. Wir haben im Folgenden ein paar Gedanken zusammengestellt, die unsere eigenen Vorgehensweisen bei der Erschließung neuer Marktchancen bereichert haben und die sich so oder ähnlich auch in der Literatur finden:

Erster sein: First-Mover
Die First-Mover-Strategie bedeutet, Erste/r zu sein. Das hat den Vorteil, dass man die Chance auf großen Gewinn hat: Es gibt noch niemanden, der das anbietet. Die interessierten Kunden – vorausgesetzt, es gibt sie – haben also gar keine andere Wahl, als auf Sie als Anbieter zurückzugreifen. Der Nachteil: Es ist für Sie nicht gerade einfach, die Gründungsidee so zu entwickeln, dass Sie auch wirklich der Erste auf dem Markt sind und genau den Zeitpunkt abzupassen, an dem alle nur noch auf Ihr Angebot gewartet haben. Auch ist nicht gesagt, dass Sie das entsprechende Kapital zur Verfügung zu haben, das Ihnen den langen Atem gibt, bis Kunden sich auf neue Verbrauchsgewohnheiten eingestellt haben – First Mover müssen viel investieren, um ihre Idee am Markt zu kommunizieren.

Früh mit dabei: Early-Follower
Deshalb ist für viele Gründungen die Early-Follower-Strategie die passendere. Hier haben andere schon den Markt vorgetestet, Sie selbst können über einen längeren Zeitraum beobachten, wo Schwächen der angebotenen Leistungen und Produkte liegen und können nun dieselben Leistungen verbessert anbieten. Und das Gute daran: Man kann immer noch einigermaßen daran verdienen, denn das Angebot ist immer noch knapp und eine Unterscheidung zu anderen Anbietern fällt noch relativ leicht.

Nachmachen: Late-Follower
Schließlich gibt es noch die Late-Follower-Strategie – oder schlicht: die Nachahmung. Auch wenn sich gerade Unternehmer/-innen in der Kultur- und Kreativwirtschaft gerne durch individuelle Leistungen und Produkte von anderen unterscheiden wollen, ist es jedoch diese Strategie, die die meisten in diesem Bereich – wahrscheinlich unbewusst – verfolgen. Der persönliche Fingerabdruck mag ja häufig durchaus sichtbar sein, z.B. in der Dienstleistung der Grafikerin. Was die Unternehmung aber wirklich von dem Grafiker nebenan unterscheidet, welche neuen Kombinationen von Leistungen vielleicht damit angeboten werden, ist wenig bis gar nicht sichtbar. Beiden gemeinsam ist, dass sie auf dem Markt für Grafikdienstleistungen unterwegs sind. In der Folge wird das Kuchenstück für jede neue Gründung in diesem Feld immer kleiner, entschieden wird oft nur noch über den Preis.[5]
    Unserer Einschätzung nach liegt die goldene Mitte zwischen ganz neu erfinden und nachahmen. Hier lohnt es sich, Gedanken und Suchenergie zu investieren. Hat man seine Gründungsidee entsprechend zurechtgefeilt, muss

man nicht immer der günstigste Anbieter sein. Hier entscheidet auch das qualitativ bessere Angebot, ohne gleich das Risiko einer Neugestaltung des Marktes mitzutragen. Dafür braucht es als Gründer/-in vor allem eines: beobachten, analysieren, auswerten.

TRENDS ERKENNEN UND NUTZEN

Weitere Entwicklungen, die man als Gründer/-in im Blick haben sollte, sind technologische und soziale Entwicklungen in unserer (globalisierten) Gesellschaft. Vielleicht fragen Sie sich als Gründer/-in jetzt, was das direkt mit Ihrer Idee, sich als Musiker/-in selbstständig zu machen, zu tun hat? Überlegen Sie, welche technologischen Entwicklungen die Musikindustrie in den letzten Jahren umgewälzt haben. Wenn Sie Ihre Geschäftsidee also allein darauf ausrichten, Ihre selbst komponierten Stücke über Tonträger zu verkaufen, werden Sie damit möglicherweise wenig Gewinn machen. Sie müssen sich also Gedanken darüber machen, wo aktuell das Geld in der Musikindustrie hinfließt. Vielleicht sind die Umsätze bei Musikveranstaltungen in den letzten Jahren gleich geblieben oder sogar noch gestiegen? Dann wäre es eine Möglichkeit, die eigenen Stücke kostenfrei über das Netz zur Verfügung zu stellen, darüber Interesse zu wecken und sich beim Geldverdienen eher auf besondere Erlebnisse der Fans bei Konzerten zu konzentrieren.

Technologieentwicklungen[6] – teils aber auch die bewusste Abkehr davon (Retrotrends) – eröffnen also Marktchancen. Als besonders innovativ werden entsprechend Ideen gehandelt, die aktuelle Informations- und Kommunikationstechnologien nutzen oder weiterentwickeln oder traditionelle Dienstleistungen oder Produktionsverfahren mit den Möglichkeiten dieser Technologien aufladen.

Eine weitere globale Entwicklung, die für Gründungen interessant ist, ist das verstärkte Bewusstsein für Nachhaltigkeit. Auch wenn Sie dieses Schlagwort vielleicht schon gar nicht mehr hören wollen: Gerade die Kultur- und Kreativwirtschaft bietet häufig Leistungen an, die auf Nachhaltigkeit setzen. Der anspruchsvoll durchdesignte Tesafilmhalter hat die vielfache Lebensdauer einer normalen Halterung aus Plastik – und man überlegt es sich als Kunde zweimal, ob man ihn mal schnell im Müll entsorgt. Auch im Modedesign gibt es immer mehr Beispiele dafür, dass nicht nur für den einmaligen Gebrauch entwickelt wird bzw. dass auch ein Bewusstsein bei den Kunden dafür entsteht, wo die Kleidung letztendlich produziert und über welche Strecken sie transportiert wird. Entsprechend zeichnet sich eine gute Geschäftsidee auch durch den nachhaltigen Beitrag zur Gesellschaft bzw. zur Umwelt aus.[7]

Reflexion – Sie wollen Ihre unternehmerische Nase weiterentwickeln?

Beantworten Sie in Ihrem Gründungstagebuch folgende Fragen:
- Zielt die Idee darauf ab, etwas Bestehendes besser oder kostengünstiger zu anzubieten?
- Habe ich mich bei der Ideenentwicklung wirklich in die Schuhe der Kunden begeben?
- Mit wie vielen potenziellen Kunden habe ich mich bereits über meine Idee unterhalten? Was waren die Reaktionen und welche Änderungen an meiner Geschäftsidee muss ich ggf. vornehmen?
- Greift die Idee vorhandene Entwicklungen im technologischen oder sozialen Bereich auf?
- Welchen nachhaltigen Beitrag kann ich mit meiner Idee für die Gesellschaft liefern?

Kurz nachgefragt bei ...

DANIEL RANZ von »ranz, eine werbeagentur ag«, Basel
(www.ranz.ch)

Daniel Ranz legt Wert auf gute Ideen. Der Art Director und Gründer von »ranz, eine werbeagentur ag« bietet seinen Kunden Konzeption und Beratung sowie Kreation und Projektmanagement aus einer Hand.

Daniel Ranz

Sie haben die Agentur »ranz, eine werbeagentur ag« gegründet. Was bieten Sie an?
Wir verkaufen »Die gute Idee«. Die erfolgreichsten Marken, Produkte und Kampagnen sind mit einer guten Idee groß geworden. Wir pflegen

eine Kultur, in der Ideen nur so sprießen. Der Rest ist eine Frage der Organisation. Oder in anderen Worten: Mein Unternehmen bietet seit über 14 Jahren hochwertige, integrierte Kommunikation an.

Wie haben Sie gemerkt, dass die Zeit reif ist für Ihre Leistung?
Um ehrlich zu sein: Damals habe ich mir darüber keine großen Gedanken gemacht – ich habe einfach gehandelt. Heute würde ich das mit Sicherheit anders machen. Und trotzdem bin ich fest davon überzeugt, dass genau diese unbekümmerte Haltung meinem Erfolg zuträglich war. Trotzdem, aus heutiger Sicht waren folgende Punkte damals sehr wichtig: Man muss gute Berufsqualifikationen mitbringen und diese auf den Punkt liefern können. Machen Sie zum Beispiel mal auf die Schnelle eine wirkungsvolle Einladung, einen Konzertflyer oder eine Geburtskarte – idealerweise ohne Budget und unter Zeitdruck. Objektiv betrachtet werden Sie dann schnell sehen, was dabei herausgekommen ist. Auch wenn das abgedroschen klingen mag: Man muss an sich glauben. Und zwar nicht im Sinne, dass einem ein künftiger Erfolg zusteht oder dass die eigenen Ansichten die einzig richtigen sind, sondern vielmehr, dass man die Kraft findet, seine Ideale zu leben – nicht nur zwei, drei Monate, sondern sein ganzes Berufsleben lang. In unserem Feld bedeutet das: eine unbedingte Haltung für gute Grafik und Kommunikation zu leben.
Sehr hilfreich ist es, wenn man sich von vornherein im Klaren ist, dass der Markt überhaupt nicht auf ein neues Unternehmen gewartet hat. Das ist zwar etwas unromantisch, hilft aber bei einer seriösen Vorbereitung auf die Selbstständigkeit. Zudem muss das Vorhaben durch das persönliche Umfeld (Familie, Freundeskreis, persönliches Beziehungsnetz) gestützt werden. Im Zusammenspiel dieser genannten Punkte ergibt sich daraus das Bauchgefühl – auf welches man unbedingt hören sollte.

Wie würden Sie »Marktchancen« definieren?
Beim Wort Marktchancen bekomme ich Ausschläge und Nesselfieber. All diese schönen Fachbegriffe aus der Marketing-Branche sind vor allem für jene Menschen gedacht, welche in Excel-Tabellen denken und sich auf tolle Powerpoint-Präsentationen abstützen. Gewisse »Marktchancen« kann man tatsächlich statistisch erfassen. Jedoch einen nicht zu unterschätzenden Teil davon eben nicht. Marktchancen zu erkennen und zu definieren braucht Erfahrung, vernetztes Denken und ein gutes Bauchgefühl – auf das setzen die Profis. Nota bene: Es braucht wirklich viel Mut, an sich und seine Marktchance zu glauben und diese auch konsequent umzusetzen.

Wie können Gründer/-innen in der Kultur- und Kreativwirtschaft ihre
»Nase für Marktchancen« entwickeln?
Viele Menschen möchten sich in der Kultur- und Kreativbranche bewe-
gen, weil diese angeblich hip sei. Ohne Zweifel – es ist toll, in einer Bran-
che tätig zu sein, welche sich ständig neu erfindet und wo es praktisch
täglich Neuerungen gibt. Aber wer mit einer solchen Motivation in der
Kreativbranche Fuß fassen möchte, hat schon verloren, bevor er ange-
fangen hat. Und davon gibt es leider viele – sehr viele sogar. Fakt ist:
Sobald man mit seiner Kreativität Geld verdienen möchte, wird das ganze
Vorhaben relativ rasch unromantisch.
Meine persönliche Nase für Marktchancen: Nachdem ich mich damals
als Grafiker selbstständig gemacht hatte, wiederholte sich folgende Geschichte einige Male: Ich wurde von Unternehmen beauftragt, neue Er-
scheinungsbilder zu entwickeln. Nach der Briefing-Sitzung und nachdem
ich mich mit dem Auftrag vertieft auseinandergesetzt hatte, bemerkte
ich, dass die Lösung des kommunikativen Problems gar nicht darin bestand, dem Unternehmen ein neues Logo zu verpassen, sondern andere,
dringlichere kommunikative Maßnahmen zur Positionierung des Unternehmens wichtiger waren. Diese Erkenntnis habe ich den Kunden in darauf folgenden Präsentation kommuniziert. Die Kunden waren anfangs
etwas verwirrt, da sie nicht das zu Gesicht bekamen, was sie erwarteten.
Schlussendlich fanden sie meine Gedanken und die daraus resultieren-
den Lösungsansätze besser als ein neues Logo. So änderte sich mit der
Zeit mein Status vom Grafiker zum Kommunikationsexperten.
Ich habe meine persönliche Marktchance erkannt und diese genutzt –
auch wenn ich zu jener Zeit gar kein ausgebildeter Kommunikationsex-
perte war. Über den Tellerrand hinausschauen hilft – sich von der Intuition treiben lassen auch.

»JOHANNAS WELT«: MEHR ALS SCHÖNE BANNERWERBUNG FÜR IVANS AUTO – JOHANNAS IDEE

cafeteria europa-universität viadrina, frankfurt (oder)

Die Entscheidung war getroffen: Johanna wollte sich selbstständig machen. Weg vom Angestelltendasein. Frei, eigene Chefin sein. Zweifel kamen zwar immer wieder zurück, aber das Ziel war klar.

Darüber, was sie nun genau am Markt anbieten wollte, war sie sich noch nicht sicher. Der Mann vom Spätkauf, immer gut für einen unkomplizierten Plausch beim Getränkekauf, hatte gemeint, er bräuchte ein Werbebanner für sein Auto, ein schönes! Er fand es großartig, über Johanna vielleicht einen guten Deal auszuhandeln. Großzügig hatte er suggeriert, dass es bei dem Banner nicht bleiben müsste. Das war nun ausgerechnet nicht, was ihren Weg in die Selbstständigkeit ebnen sollte. Aber Ivan vom Spätkauf brachte sie mit seiner Nachfrage nach Autoaufklebergestaltung – »*schöne!*« *– immerhin auf den Boden der Tatsachen.*

Wenn sie frei arbeiten würde, wollte sie Bücher machen – anspruchsvolles Grafikdesign und Satzarbeiten für Verlage. Schon zu Unizeiten hatte sie ein Buch als Abschlussprojekt vorgelegt, das bei den Profs überschwänglich aufgenommen worden war. Nur: Wie viele Grafiker/-innen gibt es, die schöne Bücher machen wollen? Johanna überlegte, wie sie sich aus dem Meer von Grafikern abheben könnte, um als die richtige Person für ihre Dienstleistung wahr-

genommen zu werden. »*Du musst deinen USP klar definieren*«, *hörte sie Tilo noch in ihrem Ohr sagen. USP. Wo ist mein USP? Dieses Wort sprang ihr seit Tagen im Kopf herum. Jeder Gründungsratgeber empfahl:* »*Finden Sie Ihren USP.*« »*Überlegen Sie:* ›*Was macht Sie und Ihre Idee einmalig?*‹«[8]

O.k., dachte Johanna, Büchermachen gehört auf jeden Fall zum Portfolio – von Werbung wollte sie weg. Interessant war das ganze Feld des Mobile Designs – Grafikdesign-Dienstleistungen für alles, was auf mobilen Endgeräten dargestellt werden könnte. Für einen Kunden in der Agentur hatte sie schon mal solche Aufgaben übernommen, sie konnte da eigene Referenzen vorweisen. Nur wie sie ihre Dienstleistung an den Mann und die Frau bringen konnte, war ihr noch nicht so ganz klar. Markt? Markt ist das, was sich ergibt, dachte sie. Qualität wird sich schon durchsetzen – oder? Vielleicht wird es eine Zeit brauchen, aber irgendwann, da war sich Johanna sicher, wird man wissen: Johanna Crusoe ist die beste Grafikerin der Welt. Die Welt wartet auf mich ... oder doch nicht? Johanna ermahnte sich selbst, mit den Träumereien aufzuhören.

Wo würde sie ihre Aufträge herbekommen? Wie viel Geld könnte sie mit ihrer Idee überhaupt machen? Die Sache mit mobilen Endgeräten, E-Book-Readern, Smartphones, war unglaublich trendy – aber würde das in fünf Jahren auch noch so sein? Johanna war mittendrin, ihre Gründungsidee zu konkretisieren und gedanklich zumindest schon mal auf Tuchfühlung mit dem Markt zu gehen.

→ **KAPITEL 3.**
GESCHÄFTSMODELL UND BUSINESSPLAN: DER FAHRPLAN ZUM ERFOLG

Dieses Kapitel zeigt Ihnen, ...

- ... was Geschäftsmodelle bedeuten und wie Sie diese mit Ihrer Gründungsidee zusammenbringen können.
- ... wie Sie Ihre bisherigen Beobachtungen des Marktes und seiner Bedürfnisse in einen Businessplan einfließen lassen können und was Ihnen das bringt.
- ... was Sie zum Schutz Ihrer Ideen unternehmen können und wie Sie dabei Aufwand und Nutzen gegeneinander abwägen.

Sie sind immer noch willig, haben Mut, Ihre Idee ist konkreter geworden – und Sie sind überzeugt davon: Es muss klappen! Das Gefühl stimmt – und wir glauben, dass es zu einem großen Teil auch genau darauf ankommt: dass Sie selbst überzeugt sind von dem, was Sie aufbauen wollen. Sie brauchen diese Sicherheit, um Krisen zu überstehen. Aber passen Sie auf: Zu viel Euphorie kann auch blind machen. Ideen und ihre Chancen müssen strukturiert und getestet werden – vorab und mit System (siehe Kapitel 2). Dabei helfen Ihnen auch ein klares Bild Ihres Geschäftsmodells und vor allem Ihr Businessplan. Und Sie sollten sich jetzt auch ein paar Gedanken darüber machen, wie Sie Ihre Ideen schützen wollen.

Allgemein gilt: Wer sich beruflich selbstständig machen will, muss wissen, wie er seine Geschäftsidee in die Tat umsetzt. Der Businessplan ist der Fahrplan hierzu und sollte daher alle Faktoren berücksichtigen, die für Ihren Erfolg oder Misserfolg entscheidend sein können. Er sollte wie eine Regieanweisung für die Existenzgründerin oder den Existenzgründer sein – und tunlichst erstellt werden, bevor Sie die Bühne betreten und der Vorhang aufgeht. Ohne Businessplan zu arbeiten ist in etwa das Gleiche, wie sich als Schauspieler/-in ohne Manuskript auf eine Vorstellung vorzubereiten. Empirische Studien haben bewiesen: Die Qualität von Businessplänen steht in Korrelation mit dem anschließenden Erfolg einer Geschäftsidee.[1]

GESCHÄFTSMODELL – WAS IST DAS?

Was ist eigentlich Ihr Geschäft? So oder ähnlich könnte die Frage lauten, wenn Sie mit Ihrem Entschluss zu gründen vermehrt nach außen treten. Die

Antwort auf die Frage ist wie Kochen in der eigenen Küche: Genau wissen, was man an den neu errungenen, superscharfen Küchenutensilien hat, den mithelfenden Gästen genau sagen zu können, wo sie welches Gewürz finden, und genau zu wissen, welches Gericht nach der gemeinsamen Kochsession im Kreis der Freunde auf dem Tisch stehen wird. Man könnte auch sagen: Sie kennen Ihr Geschäftsmodell. Sie haben bisher relevante Marktdaten erhoben und fangen nun an, das Modell mit Hilfe dieser Daten und den bisherigen Rückmeldungen der Kunden und Experten zu Papier zu bringen. Das im Businessplan zusammengefasste Geschäftsmodell wird Ihr wichtigstes Kommunikationsinstrument in der Gründungsphase sein.

Info: Geschäftsmodell

Ein gutes Geschäftsmodell erfüllt folgende Funktionen:

- Es beschreibt den Nutzen, den andere von Ihrem Unternehmen haben.
- Es beschreibt den Ablauf und die Beteiligten, wenn Sie eine Leistung oder ein Produkt für den Markt erstellen.
- Es beschreibt, an welcher Stelle genau Sie damit Ertrag generieren bzw. Geld verdienen.

Machen Sie gleich einen Versuch und skizzieren Sie Ihr Geschäftsmodell:

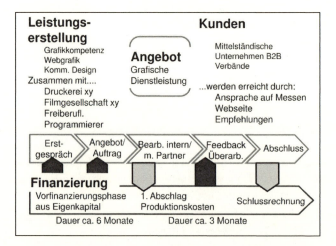

Abbildung 1: Beispiel eines Geschäftsmodells für grafische Dienstleistungen

Zur Orientierung hier noch eine allgemeine Übersicht der Komponenten, die in der Darstellung Ihres Geschäftsmodells auftauchen sollten:

Abbildung 2: Die Komponenten Ihres Geschäftsmodells

Ein Geschäftsmodell muss schlüssig sein: Wenn Sie zwar beschreiben können, wie Ihre Leistung erbracht wird, dabei aber in keinem der Schritte aufzeigen können, wo Sie das Geld verdienen, das Ihnen eine nachhaltige Existenz sichert, ist das Modell noch nicht zu Ende gedacht.

Ein Beispiel aus dem Designbereich: Ihr Geschäftsmodell als Produktdesignerin könnte lauten: »Ich biete Produktionsunternehmen als externe Dienstleisterin auftragsbezogene Designleistungen auf Honorarbasis.« Der Ablauf: Das Unternehmen fordert bei Ihnen ein Angebot für ein neues Design des Staubsaugers »Luftikus 2.0« ein. Sie kalkulieren den Zeitaufwand und den Materialeinsatz, liefern nach der Auftragserteilung entsprechend verschiedene Entwürfe ab, von denen Sie einen in Abstimmung mit dem Kunden zur Endreife bringen. Sie liefern die entsprechenden Dateien an die Produktion des Unternehmens, stellen eine Rechnung über den zeitlichen Aufwand gemäß Ihrem Angebot. Wenn Sie Glück haben, haben Sie die Kosten inklusive Gewinn für Ihre Leistung innerhalb von drei Monaten auf Ihrem Konto. Fertig.

Ein ganz anderes Geschäftsmodell wäre es, wenn Sie sich auf dem Markt umschauen, dabei den Staubsauger »Luftikus 1.0« entdecken und feststellen, dass mit einem besseren Design einerseits die Funktionalität und andererseits die Ansprache der Zielgruppe »Männer über 40« verbessert werden könnte. Sie entwickeln Entwürfe und kontaktieren damit den Hersteller. Wenn Sie Glück haben, entscheidet sich das Unternehmen, den »Luftikus 2.0« mit Ihrem Designvorschlag und als Zusatznutzen für die stilbewussten Käufer mit Ihrer Designmarke zu produzieren. Sie vereinbaren mit dem Unternehmen einen Lizenzvertrag pro verkauftes Produkt. Wenn Sie Glück haben, werden Sie über die folgenden Jahre hinweg konstant Einnahmen aus diesem Lizenzvertrag haben.

Beim ersten Modell werden Sie Ihr Augenmerk zunächst darauf richten, das Vertrauen von Unternehmen zu gewinnen, die Designleistungen für ihre Produkte ausgelagert haben. Sie werden versuchen, Ihre Abläufe im Unternehmen so zu gestalten, dass die Kommunikation mit dem Sie beauftragenden Unternehmen in der Entwicklungsphase möglichst reibungslos läuft. Und Sie werden mit den aktuellen Honorarsätzen vorausschauend das vor Ihnen liegende Jahr kalkulieren und ggf. die Kalkulation beim nächsten Auftrag anpassen.

Wenn Sie sich für das zweite Modell entschieden haben, werden Sie sich zunächst eher darauf konzentrieren, pfiffige Ideen für Produktneuheiten zu entwickeln. Sie werden versuchen, Ihren Ruf als Designmarke über die Beteiligung an Wettbewerben und Messen aufzubauen. Und Sie werden sich um entsprechende finanzielle Mittel zur Vorfinanzierung Ihrer Entwicklungsleistungen kümmern.

Beide Geschäftsmodelle sind in sich schlüssig. Beide Modelle berücksichtigen die drei Felder Nutzen, Ablauf und Ertrag. Sie erfordern jedoch ganz unterschiedliche Aktivitäten, sei es in der Akquise, im Marketing, im Markenaufbau, bei der Gestaltung der internen Abläufe oder bei der Finanzierung.

Sie denken, dass die Entwicklung eines Geschäftsmodells ja bei produktionsnahen Leistungen wie im Designbereich einen Sinn machen kann, in anderen Bereichen, z.B. in den darstellenden Künsten, aber wohl weniger zutrifft? Ein Beispiel, das dagegen spricht: Eine Schauspielerin überlegt, sich selbstständig zu machen. Ihr Geschäftsmodell: zeitlich begrenzte Engagements in Ensembles an Stadttheatern, dazu alle zwei Jahre die Entwicklung und Beantragung eines eigenen Theaterprojektes, das ihre Spezialität »Verknüpfung von Tanz und Performance« zum Gegenstand hat. Sie verdient dabei einerseits über Gagen an den Theatern und andererseits aus Projektmitteln der öffentlichen Hand, die sie teilweise vorfinanzieren muss. Das Problem: Wenn sie ein Engagement an einem Theater hat, bleibt ihr wenig Luft, die eigene künstlerische Arbeit weiterzuentwickeln – geschweige denn die entsprechende Öffentlichkeitsarbeit zu betreiben. Andererseits würde ihr die reine Finanzierung über selbstentwickelte Projekte zunächst nicht ausreichen, da ihr künstlerischer Ruf bisher noch nicht ausreichend ist. Ein alternatives Modell wäre es, wenn sie sich mit weiteren Künstlerinnen und Künstlern zusammenschließen würde, die ebenfalls für die Besonderheit »Verknüpfung von Tanz und Performance« stehen. Sie könnten im Team die Last der Öffentlichkeitsarbeit und vielleicht auch für experimentelle Projekte mit großer Öffentlichkeitswirkung auf mehrere Schultern verteilen. Für die erhöhten administrativen Tätigkeiten, wie die Projektabrechnung, könnte sich die Gruppe eine Honorarkraft leisten. Ziel könnte es in diesem Modell sein, die Einkommensanteile aller Beteiligten aus Projekten um x Prozent zu erhöhen und sich damit unabhängiger von den ständig schrumpfenden Budgets der öffentlichen Theater zu machen.

DAS EIGENE GESCHÄFTSMODELL ENTWICKELN

Ein Geschäftsmodell beschreibt eine Idee, mit der Geld verdient werden soll, in ihrem gesamten Umfang: von der Entstehung bis zum Markt.

Zentraler Punkt dabei ist der Nutzen für die zukünftigen (privaten oder öffentlichen) Kunden. Der Nutzen zeigt sich häufig in einem »Alleinstellungsmerkmal«[2], auch Unique Selling Proposition (USP) genannt, das andere so nicht bieten.

Das Geschäftsmodell muss zur jeweiligen Situation des Unternehmens passen und muss die Entwicklungschancen und Risiken der Unternehmung in realistischer Art und Weise einbeziehen. Das Geschäftsmodell lässt sich nicht mal eben schnell daher sagen, sondern setzt sich aus vielen, vielen Informationen, Analysen und Überlegungen der Gründer/-innen zusammen.

Das Geschäftsmodell wird im Businessplan beschrieben. Die Verschriftlichung hat den Vorteil, dass Sie beim Schreiben selbst merken, wo noch Lücken bestehen, wo Sie noch feilen müssen und wo Sie ggf. Partner einbeziehen müssen, um wirklich den Nutzen für Ihre Kunden bieten zu können, den Sie ihnen versprechen wollen.

Bevor Sie sich an die erste Zusammenschrift Ihres Geschäftsmodells im Rahmen Ihres Businessplans setzen, sind folgende Fragen wichtig:

Reflexion – Bin ich markttauglich?

Beantworten Sie in Ihrem Gründungstagebuch folgende Fragen:
- Welche Marktchance hat sich durch meine bisherigen Beobachtungen und Gespräche herauskristallisiert?
- Wie lässt sich diese Marktchance in ein bis zwei Sätzen beschreiben?
- Ist mir selbst klar, wie mein Unternehmen die Bedürfnisse des Kunden befriedigen kann?
- In welchen Schritten lässt sich der Ablauf zur Leistungserstellung beschreiben? (Liste machen!)
- Ist dieser Ablauf so gestaltet, dass er nicht so schnell von anderen nachgeahmt werden kann? Achtung: Wenn Sie ihr Geschäftsmodell allein darauf stützen, dass Ihre Community-Software mit Zusatzmodul die Welt des Online-Journalismus umwälzen wird, geraten Sie schnell ins Hintertreffen, sobald die nächste (bessere) Software erscheint!

- Ist mein Geschäftsmodell so gestaltet, dass nicht sofort jemand anderes das Gleiche günstiger anbieten kann?
- In welchem Rahmen bewegt sich der Finanzierungsaufwand für mein Geschäftsmodell?

Und wieder zurück zur Ausgangsfrage: Kann ich den Nutzen, den ich dem Kunden anbiete, einfach und prägnant nach außen tragen? Lässt sich dieser Nutzen gut in meine Öffentlichkeitsarbeit, in mein Marketing einbinden?[3]

Kurz nachgefragt bei ...

MICHAEL SINGER von »Michael Singer Rethinking Fundamental Assumptions«, USA (www.michaelsinger.com)

TGE: Congeneration Power Facility, Michael Singer, New York 2002

Die Michael Singer Studios in den USA sind für die Umsetzung von Großprojekten im öffentlichen Raum bekannt. Kunstwerke von Michael Singer finden sich beispielsweise in Museen und Gärten in Nordamerika, Europa und Australien. Der Künstler wurde für seine Arbeit u.a. mit einem Preis der John Simon Guggenheim Stiftung ausgezeichnet.

Mit Ihrer Kunst beziehen Sie sich stark auf das Stadtbild und die Öffentlichkeit. Können Sie uns einen kurzen Einblick in Ihre künstlerische Herangehensweise geben?

Ich habe Kunst an der Cornell University, New York, studiert. In den späten 1980er Jahren kam meine Arbeit in der Kunstwelt gut an. Nebenbei beschäftigte ich mich privat immer wieder mit Umweltthemen und sozialen Fragen in meiner Gemeinde und überregional. Ich durfte mich bei vielen gemeinnützigen Veranstaltungen einbringen – eine wichtige und sehr wertvolle Erfahrung und Ausbildung für mich.

Zur Arbeit im öffentlichen Raum kam ich zunächst über die herausragenden und fortschrittlichen Künstlerprogramme einiger US-Städte. In Grand Rapids, Michigan, und Phoenix, Arizona, konnte ich Kunstausschüsse für zwei Projekte gewinnen. Diese beiden Projekte (Informationen und Bildmaterial auf www.michaelsinger.com) ermöglichten es mir, öffentliche Fragestellungen auf eine Art und Weise zu bearbeiten, die man mit einem Künstler nicht unbedingt in Verbindung bringt. Ich bearbeitete, wie sich herausstellte, wichtige Fragestellungen zu allgemeinen Thesen, Methodiken und beruflicher Praxis, die außerhalb der Kunst liegen oder außerhalb dessen, was ein Künstler im Allgemeinen tut. Um diese Fragestellungen zu ergründen und am Tisch der Fachmänner und Experten zu bestehen, musste ich Fachwissen über meine Erfahrung hinaus einbinden. Nur so konnte ich herausfinden, was möglich und auch durchführbar ist. Dazu stellte ich mein eigenes Expertenteam zusammen. Ich suchte die Mitarbeitenden danach aus, wer Erfahrungen mit kreativen Ansätzen und innovativen Projekten in seinem Berufsfeld vorweisen konnte und wer die besten Qualifikationen für meine Arbeitsansätze mitbrachte.

Aus diesem Prozess entwickelte sich nach und nach die Michael Singer Studios. In den letzten zwanzig Jahren entstand ein gemeinschaftliches Team aus herausragenden Experten; unser Studio ist für seine innovative Denkweise bekannt. Wir werden zu speziellen Projekten und für bestimmte Fachbereiche herangezogen und – noch wichtiger – um dem kreativen Prozess beizuwohnen.

Kann man Kunst als Unternehmen betreiben?

Ist das, was ich mache, ein bestimmtes Unternehmen? Ich glaube nicht. Das Unternehmen »The Michael Singer Studio« ist dafür verantwortlich, unsere künstlerische Arbeit zu unterstützen und muss geführt werden wie jedes andere Unternehmen. Natürlich müssen auch wir auf unsere Einnahmen und Ausgaben achten, um erfolgreich arbeiten zu können.

Welche Herausforderungen kommen auf Künstler zu, die ihre Arbeit als Unternehmen etablieren wollen?

Ich sehe als einzige Herausforderung, realistisch zu bleiben. Nur weil man Künstler ist, kann man nicht willkürlich die Gegebenheiten des Lebens ignorieren. Darauf kommt es im Arbeitsleben an. Ich habe erkannt, dass ich mir Unterstützung suchen musste. Ich wollte und konnte mich um bestimmte Dinge nicht kümmern. Die Frage nach der Durchführbarkeit von Projekten bezieht sich daher nicht nur auf unseren Ideenprozess, sondern auch auf die Nachhaltigkeit unserer Arbeit.

Die Studie »Creative New York« des »Center for an Urban Future« fand 2005 heraus, dass es Kreativen oft an unternehmerischen Qualitäten fehlt. Welche Eigenschaften muss man mitbringen?
Ich kann mich nur wiederholen: Die wichtigste unternehmerische Eigenschaft ist es, zu erkennen, wo die eigenen Schwächen liegen, und zu akzeptieren, dass man Dinge manchmal besser abgibt. Die wichtigste Qualifikation für meine Arbeit ist, die Talente und Fähigkeiten anderer zu erkennen und sie gleichwertig in mein Team einzubinden – nur daraus kann ein Ganzes entstehen. Ich treffe oft Unternehmer, die nicht in der Lage sind, die Fähigkeiten ihrer Mitarbeiter zu erkennen und zudem Angst haben, die Kontrolle über ihr Unternehmen zu verlieren.

VOM SINN UND ZWECK EINES BUSINESSPLANS IN DER KULTUR- UND KREATIVWIRTSCHAFT

Während viele Existenzgründer/-innen den Businessplan als lästige Pflicht ansehen, wollen wir Ihnen im Folgenden sieben Argumente für seine Nützlichkeit liefern. Wir haben hierfür die Informationsangebote unterschiedlicher Akteure wie Bundeswirtschaftsministerium und KfW sowie eine ganze Reihe von Ratgeberliteratur ausgewertet. Klares Fazit: Es ist falsch zu glauben, dass Businesspläne höchstens für Ihren Kreditbearbeiter bei der Sparkasse Relevanz haben. Auch wenn beispielsweise die Deutsche Ausgleichsbank schreibt, dass Businesspläne »Bewerbungsschreiben für die Kapitalbeschaffung« seien (durchaus legitim für eine Bank das zu behaupten), so sind sie wesentlich mehr als das. Ihr Businessplan (vielfach auch nur als BP bezeichnet) sollte zu Ihrem engsten Verbündeten werden – aus folgenden Gründen:

1. Mehr Erfolg in der Planungsphase:
Laut Untersuchungen der Deutschen Ausgleichsbank mangelt es rund einem Drittel der Existenzgründungen mit Misserfolg an Gründungsplanung. Sie wurde teilweise unterlassen, nicht eingehalten oder ist fehlerhaft.[4]

2. Wichtiges Orientierungs- und Planungsinstrument
Gründern schwirren oft tausende Gedanken durch den Kopf, sie sammeln tausende von Informationen bei ihren Marktrecherchen. Erst die systematische Aufarbeitung und das Auf-den-Punkt-Bringen all dieser Gedanken und Informationen hilft Ihnen, planvoll vorzugehen – wobei Sie nicht für immer darauf festgelegt sind: Ihre Ideen und auch der Businessplan entwickeln sich fort.[5] Die genaue Orientierung zu haben bedeutet auch, Planungssicherheit und das gute Gefühl, mit der Gründung die richtige Entscheidung getroffen zu haben.

3. Bessere Analyse der Stärken und Schwächen:
Der BP deckt Lücken oder Denkfehler auf, offenbart, was Sie bislang außer Acht gelassen haben und wo Sie noch nachrecherchieren und nachdenken müssen.

4. Zielorientierung:
Erst das Aufschreiben Ihrer Geschäftsidee und die damit erforderliche 3- bis 5-Jahres-Planung bringt auch Ihnen die nötige Zielorientierung, die Sie für den Erfolg brauchen.

5. Strategisches Denken:
Das Schreiben des BP fördert das strategische Denken, indem Sie all die einzelnen Aspekte Ihrer Geschäftsidee zusammendenken, noch mal evaluieren, Alleinstellungsmerkmale besser erkennen und auf den Markt abstimmen. Sie werden sehen: Wenn Sie bspw. bei den Kennziffern Ihrer Finanzplanung angekommen sind, und Sie feststellen, dass nur ein Mindestumsatz von 100.000 Euro die Kosten deckt und einen akzeptablen Gewinn bringt, kann die Idee evtl. wieder komplett aufgerollt werden, Arbeitseinsatz und Markteintrittsstrategie müssen adaptiert werden, um schneller auf höhere Umsätze zu kommen. Wenn wir das Gründen vorher als Strategiespiel bezeichnet haben (vgl. S. 37), dann ist der Businessplan das Brett, auf dem (zunächst) gespielt wird.

6. Kommunikation mit Geldgebern und Kooperationspartnern:
Spätestens wenn Sie einen Kredit beantragen oder Teilhaber in Ihre zu gründende GmbH aufnehmen wollen, müssen Sie kommunizieren, wer Sie sind und was Sie vorhaben. Natürlich können Sie jedes Mal von vorne anfangen und alles haargenau erzählen, aber diese Geduld werden Kreditgeber und andere Geschäftspartner kaum aufbringen. Das heißt: Der BP ist auch ein Instrument, sein Vorhaben schriftlich zu komprimieren. Er ist Ihr wichtigstes

Kommunikationsmittel im Austausch mit anderen – und Ihre Argumentations-
basis.

7. Controlling-Instrument:
Im Eifer des Gefechts und des Arbeitsalltags verliert man oft die eigentlichen
Ziele aus den Augen. Der BP hilft Ihnen schwarz auf weiß, sich immer wieder
zu vergewissern, was Sie in welcher Zeit wie erreichen wollten. Ein Abgleich
mit Ihrem BP zeigt Ihnen, wo Sie gerade stehen.[6]

IHR ERSTER TAG MIT DEM BUSINESSPLAN

Die Funktion eines Businessplans ist schnell ersichtlich. Trotzdem vermeiden es gerade Gründer in der Kultur- und Kreativwirtschaft, einen solchen
zu erstellen. Der Hauptgrund ist wahrscheinlich, dass die Wenigsten fremdes
Kapital für ihre Gründung in Anspruch nehmen, weswegen ein Businessplan
nicht extern – beispielsweise von Geldinstituten – nachgefragt wird. Auch
agieren in der Kultur- und Kreativwirtschaft andere Typen von Gründerinnen
und Gründern als in anderen Bereichen. Vielen fällt eine derartige ›Formalisierung‹ ihres Handelns schwer. Und: Kreative befinden sich oftmals in so
genannten hybriden Arbeitsformen, sind also teils fest angestellt, projekt-
bezogen beschäftigt und machen zwischendurch auch mal was auf eigene
Faust und Kasse, helfen dann beim Bühnenaufbau, schneiden aber auch das
Video für die Theatervorführung und sind spaßeshalber alle paar Wochen als
DJ unterwegs. – Eine planvolle Selbstständigkeit ist das nicht und lässt sich
von etlichen Akteuren auch gar nicht in ein Konzept von Selbstständigkeit
bringen. Wir raten dazu, dennoch einen Businessplan zu erstellen. Auch die
hybriden Arbeitsformen lassen sich so besser gestalten und unternehmerischer managen. Lesen Sie notfalls noch mal unsere oben genannten Argumente für den BP.

Überzeugt? Dann ist jetzt die größere Herausforderung, wie Sie Ihre Idee in
den Plan einfließen lassen. Behilflich ist Ihnen dabei, dass sich für Businesspläne bestimmte Konventionen herausgebildet haben. Wenn Sie in Infomate-
rial Ihrer Bank und in den zahlreichen Ratgebern zum Thema Abweichungen
entdecken, sollte Sie das nicht verunsichern. Im Großen und Ganzen ist immer
das Gleiche gemeint. Auf der anderen Seite wird sich niemand wundern, wenn
die Produktbeschreibung vor der Beschreibung der Unternehmensform oder
umgekehrt behandelt wird. Wir stellen Ihnen eine Struktur des BP vor, mit der
Sie alle relevanten Punkte abdecken und den Konventionen entsprechen.

DIE STRUKTUR DES BUSINESSPLANS

Die Management Summary

Die Zusammenfassung eines Businessplans nennt man auch »Management Summary« oder »Executive Summary«. Fassen Sie hier Ihre Geschäftsidee und Ihr unternehmerisches Vorgehen kurz und knapp auf maximal zwei Seiten zusammen. Die Summary ist keine Einleitung, sondern die komprimierteste Form Ihres Vorhabens und dient der schnellen Orientierung. Schreiben Sie die Summary, wenn alles andere bereits geschrieben und austariert ist, denn Kreditgeber und andere Geschäftspartner, die hunderte Businesspläne auf den Tisch bekommen, entscheiden meist aufgrund des ersten Eindrucks und Ihrer Summary, ob die Geschäftsidee für sie interessant oder förderungswürdig ist. Die Summary ist Ihre Visitenkarte und fasst alle folgenden Punkte des Businessplans zusammen. Sie muss ein in sich schlüssiges, eigenständiges Dokument sein, das auch ohne die anderen Teile des Businessplans verständlich und überzeugend ist. Die größte Fehlerquelle ist, wenn die Summary zu lang wird oder Teile des Businessplans lediglich per copy & paste zusammengefügt werden, ohne dass das Ergebnis sprachlich überarbeitet wird.[7]

Das Geschäftsmodell

In diesem Punkt geht es darum, einen Überblick über Ihr Geschäftsmodell zu erhalten. Fassen Sie zusammen, was Ihre Geschäftsidee ist, in welchem Geschäftsfeld Sie tätig sein wollen, welche Ziele und Visionen Sie verfolgen, worin die Wertschöpfung besteht (womit verdienen Sie Geld?), wie Ihre Strategie aussieht, was das Unternehmen konkret anbietet (Produkt), wie und ggf. mit welchen Partnern Sie es erstellen wollen, wie Sie sich vom Markt abheben und welche Erfolgsaussichten Sie haben. Der Wert einer Geschäftsidee wird vor allem an Ihrer Innovationskraft bemessen. Machen Sie deshalb deutlich, dass Sie mit Ihrer Idee Ihrer Zeit voraus sind, Kundenprobleme lösen und vorhandene Angebote übertreffen. Dass eine Idee und ein Produkt besser sind als andere, können Sie nachweisen, indem Sie beschreiben, dass Ihr Angebot eine höhere Qualität, ein besseres Design, mehr Kundenfreundlichkeit, bessere Beratung, größere Haltbarkeit, eine innovative Kombination aus bislang getrennt angebotenen Dienstleistungen etc. ist. Grundsätzlich müssen Sie in diesem Kapitel klarmachen, dass Sie einen »eindeutigen Kundennutzen in einem ausreichend großen Markt bei entsprechender Profitabilität« bieten.[8]
Wenn Sie Ihr Vorhaben bzw. Ihren Businessplan präsentieren, machen Sie sich an dieser Stelle auf folgende Fragen Ihrer Zuhörer/-innen gefasst:

- Was für ein Produkt oder was für eine Dienstleistung wollen Sie verkaufen und wie sieht das Angebot konkret aus?
- Welche Probleme werden mit dieser Idee gelöst, welches Kundenbedürfnis wird damit befriedigt?
- Worin liegt der Innovationsgehalt des Produktes bzw. der Dienstleistung?
- An welcher Stelle genau verdienen Sie Ihr Geld?
- Inwiefern ist Ihr Produkt einzigartig und wie schützen Sie diese Einzigartigkeit?

Visualisieren Sie Ihre Darstellung des Geschäftsmodells mit einer Grafik (analog der Skizze des Geschäftsmodells in Abbildung 1 auf S. 56).

Das Gründungsteam

Jeder, der sich mit Ihrer Geschäftsidee beschäftigt, möchte wissen, wer hinter der Idee steckt. Die Einschätzung bezüglich des Erfolgs einer Geschäftsidee wird maßgeblich davon abhängig gemacht, wie erfahren, engagiert und geeignet die Köpfe dahinter sind. Unter Investoren gilt oft folgender Satz: »I do not invest in ideas, I invest in people.«[9] Bei Ihrer Vorstellung oder der des Teams kommt es darauf an, dass Sie drei Eigenschaften herausstellen: fachliche Qualifikation, Branchenkenntnis, kaufmännisches Know-how. Gerade Letzteres ist in der Kultur- und Kreativwirtschaft häufig nicht in Form einer formalen Ausbildung vorhanden. Wie im Interview mit Michael Singer in diesem Kapitel gezeigt wurde (vgl. S. 60), kommt es jedoch darauf an, die richtigen Menschen mit sich ergänzenden Eigenschaften im Unternehmerteam zu versammeln. Führen Sie sich die Merkmale eines schlagkräftigen Unternehmerteams vor Augen: komplementäre Eigenschaften und Stärken, eine gemeinsame Vision und der Wille, die Idee erfolgreich umzusetzen, die optimale Größe für Ihr Vorhaben (mind. drei, selten mehr als sechs Personen), Flexibilität bei Schwierigkeiten und das Zusammenhalten auch in schwierigen Situationen. Ganz wichtig: Das erfolgreiche Unternehmerteam gibt bei Rückschlägen nicht auf, sondern formiert sich neu, um die Hürde im zweiten oder dritten Anlauf zu nehmen.

Diese Merkmale müssen Sie nicht nur auf dem Papier belegen, sondern vor allem im Rahmen eines Gespräches überzeugend mit Ihrem Team ›rüberbringen‹. Machen Sie sich dabei auf folgende Fragen gefasst:

- Hat das Team bereits zusammen gearbeitet?
- Haben die Mitglieder die notwendigen Erfahrungen, um die Idee auch umzusetzen?
- Kennen die Gründer/-innen ihre Schwächen und sind sie bereit, diese mit entsprechenden Kompetenzen zu füllen?

- Haben sich die Gründer auf ihre zukünftigen Rollen geeinigt und haben sie die Eigentumsverhältnisse geklärt?
- Hat sich das Unternehmerteam auf das gemeinsame Ziel geeinigt oder bestehen unterschwellige Differenzen?
- Stehen die einzelnen Mitglieder voll hinter dem Vorhaben?

In einer Tabelle können Sie Ihre vorhandenen Fähigkeiten für eine schnelle Übersicht aufbereiten.

Markt und Wettbewerb

Ihre Geschäftsidee wird in diesem Kapitel in Zusammenhang mit der Marktentwicklung und der Konkurrenzsituation gebracht. Nur wenn Ihr Produkt mehr Nutzen bietet als andere, werden Sie Erfolg haben. Nur: Woher weiß ich, dass ich mehr Nutzen biete? Um diese zentrale Frage zu beantworten, untergliedern Sie dieses Kapitel in eine allgemeine Marktbeschreibung und eine Wettbewerbsbeschreibung. Hier können Sie alle Informationen einfließen lassen, die Sie bislang über Ihr Geschäftsumfeld gesammelt haben (vgl. Kap. 2). Zeigen Sie beispielsweise, dass es sich bei dem Marktsegment, in das Sie eintreten wollen, um einen dynamischen, aber noch nicht gesättigten Markt handelt, der dieses oder jenes Potenzial für Ihre Idee bietet, da durch die Studien X und Y belegt ist, dass sich das (Kauf-)Verhalten der Menschen immer mehr in diese oder jene Richtung entwickelt. Wichtig: Beweisen Sie Ihre Aussagen und beziehen Sie sich auf publizierte, aktuelle Studien und eigene Marktforschungen.

Die allgemeinen Markttrends werden auch Ihre Wettbewerber kennen, deshalb müssen Sie deutlich machen, was Sie von diesen unterscheiden, was Sie besser machen, wie Sie sie überholen wollen.

Marketing

Gründer zu werden, am Markt zu agieren, bedeutet nicht, in überindividuellen Sphären zu schweben. Der Markt setzt sich aus Menschen zusammen – und Menschen müssen Sie mit Ihrer Idee erreichen und überzeugen. Nur: Nicht alle Menschen sind gleich und haben dieselben Bedürfnisse. Für ein erfolgreiches Marketing-Konzept sollten Sie die Zielgruppe für Ihr Angebot genauestens definieren und klarstellen, wie und wo Sie diese Zielgruppe abholen. In diesen Abschnitt gehören Aussagen zu den so genannten 4 Ps – »Product«, »Price«, »Promotion« und »Place« –, die wir Ihnen in Kapitel 6 näher erläutern (vgl. S. 132).

Unternehmensform und Organisation

Stellen Sie in diesem Abschnitt klar, wie Sie Ihre Idee organisatorisch umsetzen und welche Form Sie Ihrem unternehmerischen Handeln geben wollen. Im Abschnitt zum Geschäftsmodell haben Sie bereits den Ablauf Ihrer Wertschöpfung aufgezeichnet. Nun sollten Sie dieses noch erweitern mit einem Organigramm, in dem Sie darstellen, wer genau für was verantwortlich ist, welche Partner mit welchen Aufgaben betraut sind. Als Unternehmensform kommen Einzelunternehmung, GbR, GmbH, Aktiengesellschaft etc. in Frage. Machen Sie deutlich, welche Vorteile die von Ihnen gewählte Unternehmensform mit sich bringt. Mehr dazu erfahren Sie in Kapitel 5.

Finanzplanung

Die Finanzplanung stellt meist die unbeliebteste Aufgabe beim Verfassen eines Businessplans dar, bei der am ehesten externe Hilfe beansprucht wird. Dabei sollten Sie nicht zu viel Respekt vor dieser Aufgabe haben. Der Finanzplan übersetzt lediglich Ihre zuvor getroffenen Aussagen in Zahlen. In der Regel wird der Finanzplan für einen Zeitraum von fünf Jahren aufgestellt und enthält alle Kennziffern zu Kosten und realistisch erwartbaren Einnahmen für diese fünf Jahre. Sind Sie wachstumsorientiert und möchten Sie Kapital einwerben, müssen Sie einen Verlauf von stetig steigenden Umsätzen und Gewinnen ausweisen. Da ein Großteil der Gründer/-innen in der Kreativ- und Kulturwirtschaft jedoch nicht auf Fremdkapital angewiesen ist, dient die Finanzplanung Ihrer persönlichen Orientierung und der Beantwortung der Frage, ob Sie von Ihrer Geschäftsidee leben sowie ggf. Partner und Kinder mitfinanzieren können.

Besonders wichtig ist in der Gründungsphase der Blick auf die Liquidität. Viele Unternehmen sind nicht erfolgreich, weil ihnen mittendrin das Geld ausgeht. So hat bspw. das Mode-Label »Capone« zwar einen Markt, das Unternehmen aber immer wieder Schwierigkeiten, die entsprechenden finanziellen Mittel für die Produktion bereitzuhalten.[10] Wie Sie Ihre Liquidität berechnen und im Businessplan darstellen, erfahren Sie in Kapitel 4 zum Thema Finanzierung.

Info und Linktipp zur Businessplan-Erstellung

- Das BMWi bietet ein Softwarepaket für Gründer/-innen und junge Unternehmen (www.softwarepaket.de). Die Software enthält ein Instrument zur Finanz- und Liquiditätsplanung.
- Zudem stellen Businessplan-Wettbewerbe in der Regel Materialien und Beispiele zur Businessplan-Erstellung zur Verfügung – siehe die Informationen auf S. 43.

IDEENSCHUTZ

Nun haben Sie eine Idee entwickelt. Sie haben diese Idee von verschiedenen Seiten angeschaut und beleuchtet. Sie sind mit vielen Menschen ins Gespräch gekommen. Im Businessplan haben Sie Ihr Geschäftsmodell entwickelt und schon einen ersten Blick auf die Zahlen geworfen. Spätestens jetzt fragen Sie sich, ob Sie etwas zum Schutz Ihrer Ideen unternehmen müssen. Falls Sie Investoren suchen, werden diese Sie wahrscheinlich auch nach Ihren Schutzmaßnahmen fragen. Gerade in der Kultur- und Kreativwirtschaft stellt sich die Frage angesichts der vielen originären Ideen, die hier produziert werden, denn Ideen sind der Werkstoff dieser Branche. Die jahrelangen Diskussionen um »Intellectual Property« und die Anpassung des Urheberrechts im Zeitalter des Internets, der Tauschbörsen und der Raubkopiererei verdeutlichen das einmal mehr. Zwar gibt es auch einen Schutz durch die so genannte Verkehrsgeltung, die eine Art Grundschutz für Ideen bietet, aber oftmals nicht einfach nachzuweisen ist und im Fall der Fälle keine sichere Grundlage für eine juristische Auseinandersetzung darstellt. Verkehrsgeltung tritt dann ein, wenn infolge intensiver Benutzung eines Zeichens im Geschäftsverkehr »notorische Bekanntheit« entsteht. Aber was heißt das schon? Sie können in einem solchen Fall versuchen nachzuweisen, dass Sie seit einem bestimmten Jahr auf einer Messe bereits mit einem Produktdesign vertreten waren und Bilder dazu liefern – aber diese Beweisführung ist nicht wirklich belastbar.

Zunächst gilt: Schützen kann man nur, was sich auch schützen lässt. Dazu kommt: Eine geschützte Idee heißt noch lange nicht, dass sie auch Geld bringt. Diese beiden Überlegungen sollten Sie nicht aus den Augen lassen, wenn Sie sich mit dem Schutz Ihrer Ideen beschäftigen.

Was lässt sich schützen? Sie können sich einen Markennamen, eine Bildmarke, sogar Zahlen, Farben und akustische Signale beim Markenamt eintragen lassen. Der Schutz kann nach jeweils zehn Jahren erneuert werden – Marken sind unsterblich, wenn man eben die Verlängerung nicht vergisst. Wichtigste Voraussetzung ist, dass niemand anderes diesen Markennamen bereits schützen lassen hat. Auch lautliche Anlehnungen sind nicht erlaubt. Wenn Sie also aus »Porsche« einfach »Porshe« machen, könnte das Schwierigkeiten für Sie bedeuten, wenn Sie den Namen dann auch wirklich nutzen. Was sich sowieso nicht schützen lässt: Wörter, die in den allgemeinen Sprachgebrauch integriert sind. Wenn Sie sich also »Wasser« schützen lassen wollen, werden Sie wahrscheinlich schon beim Markenamt damit scheitern (das im Übrigen kostenlose Rechtsberatungen zu festen Sprechstunden anbietet, siehe: www.dpma.de).

Der Aufwand für eine nationale Markeneintragung hält sich in Grenzen. Schon für 290 Euro können Sie mittlerweile online eine Marke in bis zu drei Klassen ins Markenregister eintragen und damit schützen lassen. Voraus-

setzung ist eine intensive Recherche, die allein in der Verantwortung des An-
melders steht. Das Markenamt prüft vorab nicht die Schutzwürdigkeit einer
Marke, sondern Sie zahlen eine Gebühr, setzen einen Prüfakt in Gang. Wenn
es keine Einwände gibt und eine Marke frei ist, bekommen Sie am Ende eines
mehrmonatigen Verfahrens eine Urkunde – oder einen negativen Bescheid.
Das Geld bekommen Sie in einem solchen Fall allerdings nicht zurück.

Eine zweite Überlegung kommt ins Spiel: Der Wert der Marke bestimmt
sich allein durch Ihren Erfolg, mit ihr Attraktivität bei Kunden zu erzeugen und
überzeugende Produkte und Leistungen bereitzustellen. Der Aufwand für den
Markenschutz sollte also in einem realistischen Verhältnis zum Umsatz, der
mit der Marke generiert wird, stehen.

Was Sie auf jeden Fall tun sollten und kostengünstig erledigen können,
ist die Reservierung einer passenden Internetadresse – schon allein, weil Sie
das für Ihre Geschäftspräsentation und Kommunikation brauchen werden. Für
wenige Euro im Monat können Sie sich verschiedene Top-Level-Domains[11] mieten.

Nun stellt sich die Frage, ob Sie Ihr Vorhaben mit noch mehr Schutz ausstat-
ten wollen, um sich den zukünftigen Erfolg nicht aus den Händen nehmen
zu lassen. Es gibt weitere Schutzmöglichkeiten: Geschmacksmuster, Gebrauchsmuster und Patente. Die genauen Definitionen und Abgrenzungen
zueinander finden Sie auf den Seiten des Deutschen Patent- und Marken-
amtes. *Geschmacksmuster* bieten das passende Schutzrecht für Produktdesign. *Gebrauchsmuster* können für technische Erfindungen angemeldet
werden, ähnlich wie bei *Patenten*, die allerdings eine längere Schutzfrist von
bis zu 20 Jahren haben. Zu beachten ist dabei, dass technische, chemische
und biologische Verfahren zwar patentiert, nicht aber als Gebrauchsmuster
geschützt werden können. Allen drei Schutzrechten ist gemeinsam, dass
für ihre Anmeldung eine möglichst genaue Beschreibung des zu schützen-
den Objektes vorliegen muss. Es muss sich durch »Neuheit« und »Eigenart«
auszeichnen. Interessant für die Kultur- und Kreativwirtschaft ist vor allem
das Geschmacksmuster. Der Inhaber bekommt damit die »ausschließliche
Befugnis zur Benutzung einer ästhetischen Gestaltungsform (Design, Farbe,
Form)«.[12] Wichtig ist zu wissen, dass das Patentamt bei der Eintragung eines
Geschmacksmusters nur die formale Richtigkeit der Anmeldung prüft – nicht,
ob dieses Muster bereits angemeldet wurde. Wenn dieses oder ein sehr ähnliches Muster bereits eingetragen ist, haben Sie also unter Umständen Ihr
Geld umsonst ausgegeben.

Sobald Sie über die Anmeldung eines Gebrauchsmusters oder gar eines
Patentes nachdenken, bewegen Sie sich von den Kosten her langsam im Bereich mehrerer tausend Euro. D.h. auch, dass die Überlegung, wie viel Geld Sie

mit Ihrem Produkt/Ihrer Idee überhaupt verdienen können, mehr und mehr in den Vordergrund rücken sollte. Sie müssen sich auch überlegen, für welche Regionen Sie den Schutz anmelden wollen. Soll das Muster nur in Deutschland oder auch in anderen europäischen Staaten geschützt sein? Oder wollen Sie es auch für außereuropäische Märkte schützen lassen? Für diese Entscheidungen gilt ebenso: je weiter der Schutz, desto höher die Kosten. Die Kosten der Anmeldung sind aber nicht das Einzige, das Sie als Aufwand einkalkulieren sollten. Wenn es jemandem einfallen sollte, nehmen wir mal an in Frankreich, Ihr Produkt zu imitieren, müssen Sie sich überlegen, mit welchem Aufwand Sie Ihr Recht einklagen und geltend machen können. Ein Patentrechtsstreit über nationale Grenzen hinweg ist für kleine Unternehmen aus der Kultur- und Kreativwirtschaft oft außerhalb des Möglichen. Deshalb ist es für Sie unter Umständen sinnvoller, Ihre Gründungsenergie mehr auf eine schnelle Markteinführung und schwere Imitierbarkeit zu konzentrieren als darauf, wie Sie sich eine schwere Schutzrüstung zulegen können.

Davon abgesehen: Schützen lassen sich vor allem Objekte, Entwürfe, konkrete Namenszüge u.ä. Dienstleistungen, die in der Kultur- und Kreativwirtschaft einen bedeutenden Anteil einnehmen, zählen in der Regel nicht dazu.

Info und Link-Tipps zu Markenrecherche und -anmeldung

- Deutsches Patent- und Markenamt, DPMA (www.dpma.de). Auf den Seiten haben Sie Zugang zu Anmeldeformularen, Preislisten, Datenbanken zur Recherche und bekommen direkte Beratung zu Ihrem Vorhaben.
- DENiC, zentrale Registrierungsstelle für .de-Domains (www.denic.de). Weitere Domains können Sie bei herkömmlichen Internetservice-Providern auf ihre Verfügbarkeit prüfen. Den entsprechenden Service rund um die Registrierung bekommen Sie in der Regel gleich mitgeliefert.
- Industrie- und Handelskammern (IHK) bieten regelmäßig Beratungen zu Marken- und Patentschutz an.

Ideenschutz ist wichtig – insbesondere, wenn Ideen – wie in der Kultur- und Kreativwirtschaft – das Hauptkapital darstellen. Sie sollten jedoch gut abwägen, ob Ihre Idee schon so weit gediehen ist, dass sie sich eindeutig im Sinne der Schutzrechtsanmeldung beschreiben lässt. Prüfen Sie auch, wie hoch der Aufwand, insbesondere auch der finanzielle, für Sie ist, diesen Schutz im Ernstfall durchzusetzen.

Reflexion – Ist meine Geschäftsidee ausgereift?

Beantworten Sie in Ihrem Gründungstagebuch folgende Fragen:
- Ist meine Idee schon so weit ausgegoren, dass ich sie mit einem konkreten Namen benennen kann?
- Was ist das Einmalige an der Idee und wie lässt es sich beschreiben?
- Wie schnell lässt sich meine Idee kopieren?
- Habe ich ein konkretes Produkt, das ich bei einer Geschmacksmusteranmeldung beschreiben kann?
- Was erhoffe ich mir genau von einem Schutz meiner Idee?
- Wie viel Umsatz werde ich voraussichtlich mit dieser Idee generieren?
- Welche Märkte will ich mit meiner Idee erreichen?
- Welche Mittel habe ich zur Verfügung, eine Schutzrechtsverletzung einzuklagen?

»JOHANNAS WELT«: JOHANNAS NEUER FREUND, DER BUSINESSPLAN

bibliotheksrecherche

Die ersten Termine in der Arbeitsagentur bei ihrer Fallmanagerin waren abgehakt. Johanna war auch schon bei der IHK und las weiter Bücher übers Gründen. Mittlerweile hatte sie auch Massen von Informationen zu ihrer Idee gesammelt: »Mobile Design« ist ein Trend, da war sie sich sicher. Keiner nannte es so, aber Johanna gefiel der Begriff. Sie hatte sich sogar schon bei einem Website-Provider eine URL gesichert. Grafikdesign für mobile Endgeräte war eine echte Herausforderung – man hat wenig Platz zum Gestalten, viel wird über Icons gemacht, Menüführung ist wichtig. Wichtig ist diese Dienstleistung für alle, die ihren Content auf mobile Geräte, Handys, E-Book-Reader etc. bringen, malte sich Johanna aus. Dieser Markt ist erst im Aufbruch; manche meinen, dass wir selbst Bücher in einigen Jahren nur noch digital lesen. Eine interessante Plattform für die Diskussion über die Zukunft der Bücher fand Johanna auf der Frankfurter Buchmesse. Hier stürzte sie sich in Workshops, lernte junge Start-ups kennen und hörte, welche grafischen Ansprüche diese an das Screendesign mobiler Endgeräte haben. Ihre Idee reifte zu einem Konzept. Sie wurde sich immer sicherer, dass Ihre Ideen hier auf fruchtbaren Boden fallen könnten.

Die Gedanken flirrten durch ihren Kopf und jedes Mal, wenn sie von ihrer

Selbstständigkeit erzählte, merkte sie, dass sie eigentlich gar nicht wusste, wo sie anfangen sollte. Der Gründungsberater ihrer Bank, wo sie letzte Woche war, sprang ihr in Gedanken wieder bei: »Frau Crusoe de là Sanchez, Sie müssen einen Businessplan schreiben, das ist das Wichtigste!« *Sie sah auch langsam, dass sie alles ordnen musste. Auf der Buchmesse hatte sie gemerkt, dass sie noch gar nicht vorbereitet war. Keine Visitenkarten, keine klaren Ansagen in der Form:* »Lieber Herr Kunde in spe, das ist meine Dienstleistung, dafür stehe ich, diese Referenzen habe ich, nehmen Sie mich!« *Eigentlich hatte sie bei allen Gesprächen an den Punkten, wo dann mal interessiert nachgefragt wurde, was sie konkret anzubieten hätte, immer kleinlaut sagen müssen:* »Ja, also, ich bin gerade dabei, mich selbstständig zu machen, eigentlich informiere ich mich erst mal, was das für ein Markt ist.« *Entschuldigendes Lachen. Sie musste aus der Such- und Kriechperspektive raus. Erste Bücher dazu kaufte sie sich – gleich vier auf einmal. Irgendwie waren die alle gleich, sagten alle, wie wichtig der Businessplan ist, aber sie war sich trotzdem unsicher, ob sie alles richtig verstanden hatte. Im Internet fand sie einige Musterbusinesspläne, stieß dann auch auf einen Businessplan-Wettbewerb. Auf der Website des Wettbewerbs fand sie noch weiteres Material, z.B. eine ganz praktische Anleitung zur Erstellung des Businessplans. Sie musste alle ihre Ideen jetzt in dieses Raster pressen, meldete sich zum Wettbewerb an, wusste aber auch, dass sie für ihren Gründungszuschuss schon viel eher einen Businessplan erstellen musste. Der Wettbewerb zog sich über Monate hin und umfasste drei Stufen. Kurz dachte sie daran, für den Gründungszuschuss einfach einen fertigen Businessplan umzufrisieren. Ihre Fallmanagerin bei der Arbeitsagentur hatte ihr sogar noch jemanden vermitteln wollen, der mit ihr den Plan erstellt. Aber dann dachte sie: Nein, das ist mein Job! Wenn schon, dann wollte sie es auch richtig machen!*

→ KAPITEL 4.
FINANZIERUNG: STARTKAPITAL SICHERN UND GEZIELT EINSETZEN

Dieses Kapitel zeigt Ihnen, ...

* ... wie Sie Ihren Finanzplan erstellen und welche Werkzeuge Sie dafür nutzen können.
* ... wie Sie verschiedene Wege auf der Suche nach Finanzierungsmöglichkeiten einschlagen können.
* ... wie Sie sich mit Ihren eigenen Vorstellungen von Wachstum für Ihre Gründung auseinander setzen können – und mit den Vorstellungen, die andere von Ihrem Wachstum haben.

Geld macht unglücklich, sagen manche. Und Geld ist nicht die einzige Währung, die als Kompensationsmittel in der Wirtschaft, vor allem der Kultur- und Kreativwirtschaft, zählt. Aber genau darin liegt auch ein Problem vieler Kreativer: Sie haben es mit dem Geld nicht so. Die Idee und die Leidenschaft zählen. Ihr Reichtum sind Ihre Ideen, denken Sie? Grundsätzlich glauben auch wir das: Kreativität und deren Verwirklichung kann Geld zu einem Teil ersetzen. Trotzdem muss man sich mit Fragen der Finanzierung auseinandersetzen – spätestens wenn Sie mit Bankern reden und einen Kredit benötigen, werden Sie merken, dass es Leute gibt, die anders ticken und Ihren Ideenreichtum nicht als Währung akzeptieren.

Die richtige Finanzierung für Ihr Vorhaben zu finden ist meistens schon ein kreativer Akt für sich. Denn Geld ist nicht gleich Geld. Es gibt kurzfristiges und langfristiges Geld, zinsfreies Eigenkapital und verzinsliches Fremdkapital, geldwerte Leistungen und Preisgelder in allen Farben und Schattierungen. Wir wollen Ihnen in diesem Kapitel eine Einführung in die Finanzierungsmöglichkeiten Ihrer Gründung geben und stellen auch ungewöhnliche Wege vor. In der Kultur- und Kreativwirtschaft zu gründen ist nicht nur für Sie Neuland: Auch private und öffentliche Geldgeber haben damit häufig noch wenig Erfahrung, fangen gerade erst an, speziell für diese Zielgruppe Finanzierungsinstrumente zusammenzustellen. Kein Wunder, denn der Großteil der Gründungen in diesem Bereich läuft bisher ohne fremdes Kapital.[1] Das funktioniert hier auch besser als in vielen anderen Bereichen, denn die Wenigsten müssen in teure Produktionsanlagen oder umfangreiche Materialbestände investieren. Warum also mit teurem Geld jonglieren, das Ihnen gar nicht gehört? Das Kapital sitzt im Kopf und einen Computer mit Drucker können Sie sich auch so zusammensparen. Bleiben noch Ihre Lebenshaltungskosten, Büromiete u.Ä., die Sie evtl. fremdfinanzieren müssen, so lange Sie noch keine regelmäßigen Umsätze machen. Und hier fängt es für viele schon an: Gerade in der Gründungsphase ist die Finanzierung immer wieder kritisch.

Wichtig ist es, jederzeit den Überblick zu behalten. Im Finanzplan stellen Sie Ihren Bedarf für die ersten fünf Jahre zusammen. Das hat sich auch als Standard für den Businessplan etabliert. Sie können daraus ablesen, welche Art von Geld Sie überhaupt benötigen – ein wichtiger Aspekt, wenn Sie mit anderen darüber ins Gespräch kommen wollen – selbst wenn Sie Geld ›nur‹ von Freunden und Bekannten leihen – auch diese werden wissen wollen, wann sie wieder mit ihrem Geld rechnen können.

Geld als Währung und Messlatte für Ihren Erfolg – damit werden Sie vor allem dann zu tun haben, wenn Sie Geld von Außenstehenden benötigen. Denn diese sehen Ihre Kreativität und Ihre Ideen erst dann als interessant an, wenn daraus ein konkretes Produkt oder eine Dienstleistung am Markt entstanden ist.

Da stellt sich automatisch die Frage: Was sind eigentlich Ihre Vorstellungen von Erfolg? Sehen Sie Ihr Unternehmen beständig auf Wachstumskurs oder wollen Sie lieber konstant als Einzelunternehmung mit einer begrenzten Zahl von Kunden zusammenarbeiten? Sind die Vorstellungen, die andere von Ihrem Erfolg haben, auch Ihre eigenen?

DEN FINANZPLAN ERSTELLEN

Mit dem Finanzplan zeigen Sie vor allem, ...

* ... wie viel Kapital Sie überhaupt für Ihre Gründung und den folgenden Betrieb benötigen.
* ... aus welchen Quellen Sie dieses Kapital bereitstellen.
* ... wie Sie zu jedem Zeitpunkt Ihre Zahlungsfähigkeit, d.h. Liquidität erhalten.
* ... wann und in welcher Höhe Sie mit Gewinnen rechnen können.

Konkret benötigen Sie für den Businessplan die Gewinn- und Verlustplanung (GuV), einen Liquiditätsplan, einen Kapitalbedarfsplan und einen Absatz- und Umsatzplan.[2] Das hört sich auf den ersten Blick komplizierter an, als es ist. Gerade für Menschen, die sich sonst nicht viel mit Zahlen oder auch Betriebswirtschaft beschäftigen, ist ein Blick auf eine solche Kalkulationstabelle interessant: Mit wenigen Zahlen lässt sich eine Übersicht herstellen, die Ihnen besonders kritische Punkte in Ihrer Gründungszeit aufzeigt. Die meisten Einzelposten haben Sie wahrscheinlich sowieso schon im Kopf. Auch wenn nur ein Bruchteil der in entsprechenden Vorlagen aufgeführten Posten überhaupt für Sie relevant sind, nutzen Sie die Gelegenheit, Ihre Idee auch einmal von einer ganz anderen Seite zu betrachten.

Gewinn- und Verlustrechnung (GuV)		
Jahr	Jahr X	Jahr Y
Umsatzerlöse	o	o
Bestandsveränderungen		
Andere aktivierte Eigenleistungen		
Sonstige betriebliche Erträge		
Materialkosten		
Bezogene Fremdleistungen		
Summe Personalkosten	o	o
Löhne/Gehälter		
Sozialabgaben und		
Berufsgenossenschaft		
Freiwillige soziale Aufwendungen		
Abschreibungen		
Summe sonstiger betrieblicher Aufwendungen	o	o
Raumkosten		
Fahrzeugkosten		
Werbungskosten		
Reisekosten		
Kommunikationskosten		
Verischerungen/Beiträge/Gebühren		
Beratungskosten		
Leasing		
Lizenzgebühren		
Patente/Schutzrechte		
Sonstige Aufwendungen		
Zinsaufwendungen		
Ergebnis der gewöhnlichen Geschäftstätigkeit	o	o
Außerordentliche Erträge		
Außerordentliche Aufwendungen		
Ergebnis vor Steuern	o	o
Steuern von Einkommen und Ertrag		
Sonstige Steuern		
Jahresüberschuss/Jahresfehlbetrag	o	o
Kumuliert für die Jahre X-...	o	o

Abbildung 3: Gewinn- und Verlustplanung (GuV) nach einer Vorlage des VDI/VDE.[3] Hier sind alle wesentlichen Posten der GuV zusammengefasst. Sollten einzelne Posten nicht auf Sie zutreffen, lassen Sie diese Felder einfach frei.

Ihre gesamten Planungen machen Sie in der Regel für die ersten fünf Jahre, wobei die Jahre 1 bis 3 die wichtigsten sind. Hier können Sie die Zahlen noch einigermaßen genau schätzen. Je weiter Sie in die Zukunft gehen, desto ungewisser wird auch die Basis für Ihre Zahlen. Allerdings gilt, was für alle Planungen zutrifft: Es sind zunächst Zahlen, die nicht unbedingt auch in der Realität so zutreffen. Auch Ihre Planung müssen Sie permanent anpassen. Wenn Sie sich aber in regelmäßigen Abständen mit ihr befassen, bekommen Sie einen ganz guten Blick für die Bereiche, in denen Sie rechtzeitig handeln, d.h. sich um ein weiteres Polster auf Ihrem Konto kümmern müssen. Unerlässlich wird die Planung, wenn Sie nicht als Alleinunternehmer/-in unterwegs sind, sondern im Team Ihre gemeinsamen Ersparnisse zusammenlegen, Fördergelder und Kredite in Anspruch nehmen oder anfangen, die ersten Mitarbeiter/-innen zu beschäftigen.

Linktipps zur Finanzplanung

- Der »Gründerleitfaden Multimedia« des VDI/VDE bietet umfangreiche Excel-Listen zur Finanzplanung zum kostenlosen Download an: www.gruenderleitfaden.de/service/dokumente/bwl-planung.html.
- Das »Softwarepaket« des Bundesministeriums für Wirtschaft und Technologie bietet ebenfalls ein umfangreiches Planungsinstrument für Gründer/-innen: www.softwarepaket.de.

In der Zeit Ihrer Gründung kommen neue und zum Teil einmalige Kosten in Form von Investitionen auf Sie zu: (Computer-)Technik, Werbung etc. Einen Überblick hierfür bietet die Kapitalbedarfsplanung. Dazu hat sich folgende Aufstellung bewährt:

Kapitalbedarfsplanung	
	Gesamter Kapitalbedarf für die Gründung
Summe Kosten der Gründung	0
Beratungen	
Eintrag Handelsregister/Notar	
Gebühren	
Anmeldungen/Genehmigungen	
Sonstiges	
Summe Investitionen in der Gründungsphase	0
Grundstück/Gebäude	
Bau-/Umbaukosten	
Maschinen/Geräte/Produktionsanlagen	
Reserve für Folgeinvestitionen und Unvorhergesehenes	
Betriebsausgaben in der Gründungsphase	0
Material- und Warenlager	
Hilfs- und Betriebsstoffe	
Fremdleistungen	
Personalausgaben in der Gründungsphase	
Marktrecherchen/Marketing/Markteinführungskosten	
Material- und Personalausgaben für Forschung & Entwicklung	
Patent- und Lizenzgebühren	
Reserven für besondere Belastungen in der Gründungsphase	
Sonstige Betriebskosten in der Gründungsphase	
Summe Finanzierungskosten	0
Finanzierungssumme für Forderungen	
Kapitaldienst (Zinsen und Tilgungen)	
Summe Kapitalbedarf	0

Abbildung 4: Kapitalbedarfsplanung in Anlehnung an eine Vorlage des VDI/VDE

Mit der Kapitalbedarfsplanung wissen Sie nun, was Sie an Geld benötigen, um überhaupt starten zu können. Je nach Art Ihrer Unternehmung ist der Zeitraum für die Anfangsphase unterschiedlich. Rechnen Sie mit mindestens einem halben Jahr. Bis ein Unternehmen ›richtig‹ am Markt etabliert ist, gehen allerdings schnell drei Jahre ins Land. Was Sie für diesen (langen) Zeitraum benötigen, um immer liquide zu bleiben, lässt sich in der Liquiditätsplanung darstellen. Hier werden im Unterschied zur Kapitalbedarfsplanung auch die laufenden Kosten pro Monat berücksichtigt. Zu den laufenden Kosten gehört auch Ihr Lebensunterhalt als Unternehmer/-in. Machen Sie sich dazu eine extra Übersicht: Wie viel Geld brauchen Sie jeden Monat für Miete, Essen, Krankenversicherung, Kleidung, Steuern etc.? Bringen Sie den Betrag unter dem Posten »Personalkosten« unter.

LIQUIDITÄTSPLANUNG

Die Planung Ihrer Liquidität, auch »Cash Flow« genannt, ist ein sehr wichtiger Aspekt in Ihrer Finanzplanung. Viele Unternehmen überstehen die Gründungsphase nicht, weil ihnen das Geld ausgeht – und nicht etwa, weil der Markt nicht vorhanden ist.

VORLAGE ZUR LIQUIDITÄTSPLANUNG

Wie viel Geld Sie für Ihr Gründungsvorhaben brauchen, ist also eine Kombination aus einmaligen Anschaffungen und der Deckung der laufenden monatlichen Kosten. Da Sie besonders in der Anfangszeit voraussichtlich nur geringe Umsätze haben werden, müssen Sie das restliche Geld über andere Finanzierungsquellen beziehen. Den Gesamtfinanzierungsbedarf stellen Sie dann übersichtlich in einer Tabelle über die gesamte Gründungszeit hinweg dar. Wenn Sie dafür vorbereitete Kalkulationsvorlagen oder entsprechende Programme nutzen (s. Infokasten), bekommen Sie die Zusammenfassung automatisch geliefert.

Liquiditätsplanungen (Cash Flow), Zeitraum 1 Jahr					
	Januar	Februar	März	April	usw.
Einzahlungen					
Umsatzerlöse					
Anzahlungen					
Kredite					
Beteiligungen					
Staatliche Zuschüsse					
Sonstige Einzahlungen					
Summe der Einzahlungen	0	0	0	0	0
Auszahlungen					
Materialkosten					
Personalkosten					
Fremdleistungen					
Raumkosten					
Fahrzeugkosten					
Werbungskosten					
Reisekosten					
Kommunikationskosten					
Versicherungen/Beiträge/ Gebühren					
Beratungskosten					
Leasing					
Lizenzgebühren					
Patente/Schutzrechte					
Tilgungen					
Zinsen					
Investitionen					
Steuern					
Sonstige Auszahlungen					
Summe der Auszahlungen	0	0	0	0	0
Über-/Unterdeckung	0	0	0	0	0
Saldo Vormonat		0	0	0	0
Effektive Liquidität	0	0	0	0	0

Abbildung 5: Beispieltabelle für eine professionelle Liquiditätsplanung

UNTERSCHIEDLICHE GELDQUELLEN ERSCHLIESSEN

Die Finanzierung von Unternehmen ist eine Wissenschaft für sich – trotzdem ist die Basis ganz einfach. Es gibt eigentlich nur zwei Arten von Kapital: Eigenkapital und Fremdkapital. Eigenkapital hat den Vorteil, dass Sie keine monatlichen Zinsen zahlen und keine Sicherheiten bieten müssen. Der Nachteil besteht darin, dass, sofern Ihr Eigenkapital nicht nur von Ihrem Sparbuch stammt, sondern Ihnen von anderen zugeschossen wurde, diese Personen in Ihrem Unternehmen gerne ein Wörtchen mitreden und in den meisten Fällen ein ordentliches Stück vom Erfolg profitieren wollen. Denn: Eigenkapital, also Kapital für Beteiligung an Ihrem Vorhaben, bekommen Sie von Personen oder Gesellschaften, die Sie für Ihre Idee (und vor allem die Zukunftsaussichten) begeistern können. Das können einerseits Verwandte und Freunde sein, aber auch so genannte Business Angels, Venture-Capital-Gesellschaften und bestimmte Finanziers der öffentlichen Hand, wie die Kreditanstalt für Wiederaufbau (KfW). Da diese Beteiligten ein hohes Risiko eingehen, insbesondere wenn sie Ihr Gründungsvorhaben in einer frühen Phase unterstützen, kommen hier in der Regel nur Vorhaben in Betracht, die ein hohes Marktpotenzial aufweisen. Marktpotenzial bedeutet, dass Sie nach einigen Jahren einen Umsatz von einigen 100.000 Euro oder – im Falle einer Beteiligung von Venture-Capital-Gesellschaften – sogar mehrere Millionen Euro generieren können. Das trifft meistens nur auf innovative und technologieorientierte Gründungsideen zu. Dass es in der Kultur- und Kreativwirtschaft dieses Potenzial durchaus gibt, zeigt die IBB Beteiligungsgesellschaft in Berlin, die einen speziellen Venture-Capital-Fonds für die Kreativwirtschaft geschaffen hat.

Anders verhält es sich mit Fremdkapital. Das wird Ihnen in der Regel als kurz-, mittel- oder langfristiger Kredit gegeben, den Sie mit monatlichen Zinsen und Tilgung zurückzahlen müssen. Ihr Vorteil ist, dass Sie Fremdkapital relativ schnell bekommen können, sofern Ihre Geschäftsidee als aussichtsreich eingestuft wird. Der Nachteil besteht u.a. darin, dass Sie meistens ab dem ersten Monat die Rückzahlungen leisten müssen, die Sie allerdings steuerlich absetzen können. Bei besonderen Gründungskrediten haben Sie eine ›Gnadenzeit‹ für die ersten Monate bzw. Jahre. Diese Zeit wird gewährt, weil Sie am Anfang nicht unbedingt mit regelmäßigen Umsätzen rechnen können. Außerdem verlangen Geldgeber von Fremdkapital Sicherheiten in Form von Eigenkapital, bspw. in Form von Bürgschaften, Immobilien etc.

Wenn Sie jetzt schon wissen, dass Sie Ihr Vorhaben nicht ganz aus der eigenen Tasche finanzieren können, bleiben Ihnen also nur zwei Wege: Sie begeistern andere für Ihre Pläne und überzeugen sie von einer Beteiligung (vor allem über Ihren Businessplan) oder Sie organisieren sich Sicherheiten und eine fundierte Kalkulation, die Ihre monatliche Zahlungsfähigkeit belegen. Auf dieser Basis können Sie einen Kredit oder auch Fördergelder (Fremdkapital) aufnehmen. Gibt es weitere Optionen, wenn Ihnen keiner der beiden Wege behagt? Ja, auch die werden wir Ihnen vorstellen. Egal, welchen Weg der Finanzierung Sie einschlagen: Es läuft fast immer auf eine Mischung unterschiedlicher Formen hinaus, je nachdem, in welcher Phase Ihr Unternehmen sich gerade befindet. Und: Je nachdem, aus welchem Bereich der Finanzierung Ihre Verhandlungspartner kommen, wollen sie von Ihnen unterschiedlich überzeugt werden: Mal ist es mehr Ihre Idee und deren Potenzial, mal sind es mehr die Sicherheiten, die Sie bieten können.

FINANZIERUNG ÜBER EIGENKAPITAL

Eine zentrale Rolle bei der Zusammenstellung des Eigenkapitals spielen Sie als Unternehmer/-in und Eigentümer/-in des Unternehmens. Über Ihre eigenen finanziellen Ressourcen können Sie am besten bestimmen. Sie haben niemanden, der Ihnen bei Entscheidungen hineinredet. Außerdem nehmen auch viele externe Geldgeber Ihre Bereitschaft, Risiken mit eigenem Geld abzudecken, als Gradmesser für Ihre Ernsthaftigkeit. Deswegen sollte Ihr erster Blick auf Sie selbst fallen: Was haben Sie selbst in der Tasche und was brauchen Sie wirklich?

Den Kapitalbedarf noch mal unter die Lupe nehmen

Fangen wir bei den basalen Dingen an: Wer gründet, muss überleben können. Zumindest Wohnung, Lebensmittel und sonstige Standards müssen finanziert werden. Ohne diese Grundlage geht nichts. Durch den Finanzplan haben Sie Ihre monatliche Basis berechnet und außerdem die für Ihre Selbstständigkeit notwendigen zusätzlichen Kosten zusammengestellt. In einem weiteren Schritt können Sie alle Posten noch einmal auf den Prüfstand stellen. Ist tatsächlich alles notwendig, was Sie dort vermerkt haben? Können Sie sich vorstellen, für eine Zeit kürzer zu treten und auf bestimmte Dinge zu verzichten? Auch bezüglich Ihrer Gründung muss gefragt werden, ob das eigene Büro, Mitarbeiter/-innen etc. am Anfang tatsächlich notwendig sind. Stellen Sie für sich folgende Regel auf: Fixkosten sind monatliche Zahlungsverpflichtungen. Halten Sie diese am Anfang so gering wie möglich!

Gerade in der Kreativ- und Kulturwirtschaft ist ein Start in den eigenen vier Wänden in vielen Fällen das Realistischste. Leihen Sie sich notfalls bei Freunden und Verwandten das noch nötige Equipment zusammen. Vieles kann man auch secondhand einkaufen: Bei spezialisierten Händlern gibt es Computer oder Möbel teilweise sogar noch mit Garantie.

In vielen Fällen wird diese Basisausstattung im eigenen Home Office wahrscheinlich ausreichen. In der Kreativ- und Kulturwirtschaft müssen Sie schließlich meist nicht in Produktionsanlagen, Maschinen oder Fabrikhallen investieren. Ihr Produktionsmittel ist Ihr Kopf, denn Sie sind Teil einer neuen wissensbasierten Ökonomie, deren Finanzierung oft anders verläuft als in anderen Wirtschaftsbereichen. Das ist Ihr Vorteil beim Start. Zwar kann es gerade bei Tätigkeiten mit Kundenkontakt dazu kommen, dass ein potenzieller Kunde einmal Ihre »Firma« vor Ort besuchen will – und keine WG-Wohnküche erwartet. Aber Treffen können auch im Büro Ihrer Kunden oder in Cafés stattfinden. Vielleicht kennen Sie auch eine Bürogemeinschaft, die einen Besprechungsraum zur Verfügung hat, den Sie für ein geringes Entgelt spontan nutzen können.

Die eigenen Lebenshaltungskosten in der Gründungsphase abfedern

Geld für eine Gründung kann auch – im Falle einer vorherigen Arbeitslosigkeit – bei der Arbeitsagentur beantragt werden. Arbeitslose, die sich selbstständig machen wollen, erhalten zur Förderung der Aufnahme einer selbstständigen Tätigkeit den so genannten Gründungszuschuss. Den Zuschuss bekommen Sie für neun Monate in Höhe Ihres bisherigen Arbeitslosengeldes plus 300 Euro für Ihre soziale Absicherung ausgezahlt. Der Zuschuss zur sozialen Absicherung kann um weitere sechs Monate verlängert werden, wenn Sie eine intensive unternehmerische Geschäftstätigkeit und deren hauptberufliche Ausübung nachweisen können. In Ihrem Finanzplan taucht dieser Zuschuss in der Liquiditätsplanung unter dem Posten »staatliche Zuschüsse« auf. Ihr Kapitalbedarf reduziert sich bei den Personalkosten um den entsprechenden Betrag. Ein direkter Übergang von einer Beschäftigung in eine geförderte Selbstständigkeit ist beim Gründungszuschuss nicht möglich.

Info: Gründungszuschuss

»Der Gründungszuschuss wird geleistet, wenn der Arbeitnehmer bis zur Aufnahme der selbstständigen Tätigkeit Anspruch auf Entgeltersatzleistungen nach dem SGB III hat oder in einer Arbeitsbeschaffungsmaßnahme nach dem SGB III beschäftigt war.

Bei Aufnahme der selbständigen Tätigkeit müssen Gründerinnen und Gründer noch einen Restanspruch auf Arbeitslosengeld von mindestens 90 Tagen haben, dessen Dauer nicht allein auf § 127 Abs. 3 SGB III beruht. Außerdem müssen sie die notwendigen Kenntnisse und Fähigkeiten zur Ausübung der selbstständigen Tätigkeit darlegen. Bei begründeten Zweifeln an diesen Kenntnissen und Fähigkeiten kann die Agentur für

Arbeit die Teilnahme an Maßnahmen zur Eignungsfeststellung oder zur Vorbereitung von Existenzgründungen verlangen.

Eine fachkundige Stelle muss das Existenzgründungsvorhaben begutachten und die Tragfähigkeit der Existenzgründung bestätigen. Fachkundige Stellen sind insbesondere Industrie- und Handelskammern, Handwerkskammern, berufsständische Kammern, Fachverbände und Kreditinstitute.

[...] Geförderte Personen haben ab dem Monat, in dem sie das Lebensjahr für den Anspruch auf Regelaltersrente im Sinne des Sechsten Sozialgesetzbuches (SGB VI) vollenden, keinen Anspruch auf einen Gründungszuschuss. Eine erneute Förderung ist nicht möglich, wenn seit dem Ende einer Förderung der Aufnahme einer selbstständigen Tätigkeit noch nicht 24 Monate vergangen sind.

Anspruch auf Arbeitslosengeld: Die Dauer des Anspruchs auf Arbeitslosengeld mindert sich (in den ersten neun Monaten der Förderung) um die Anzahl von Tagen, für die ein Gründungszuschuss gezahlt wurde.« (Quelle: www.arbeitsagentur.de)

Love Money – das 3F-Modell

Kleinere Beträge lassen sich evtl. über das 3F-Modell auftreiben: »Family, Friends and Fools« – also die eigene Familie, gute Freunde oder ›gutgläubige Narren‹. Ein Vorteil dieser Finanzierungsvariante, die im angelsächsischen Raum auch »Love Money« genannt wird, ist der Vertrauensvorschuss auf beiden Seiten. Das birgt natürlich Konfliktpotenzial, weil man ein Vertrauensverhältnis für geschäftliche Zwecke nutzt. Vor allem wenn eine Geschäftsidee am Ende nicht aufgeht, kann das zu Problemen führen, wenn das Geld nicht zurückgezahlt werden kann. Die Angst, seine privaten Investoren bei ausbleibendem Erfolg nicht nur geschäftlich, sondern auch als Mensch zu enttäuschen, kann auf jeden Fall Barrieren aufbauen, wenn unternehmerisch risikoreiche Entscheidungen getroffen werden müssen. Grundsätzlich sollten Familie und Freunde wissen, worauf sie sich einlassen. Seien Sie hier sensibel und offen – und nehmen Sie sich viel Zeit: Bevor jemand zusagt, sollte er genau verstanden haben, welche Chancen und Risiken bei Ihrer Geschäftsidee bestehen. Freundschaften werden bei diesem Finanzierungsmodell in einem gewissen Grad zu professionellen Investoren-Unternehmer-Beziehungen.

Das heißt: Halten Sie die Höhe der Zuwendungen sowie die Rückzahlungsmodalitäten schriftlich fest und vereinbaren Sie ggf. »Worst-Case-Szenarien«, wenn Ihr Gründungsvorhaben nicht so laufen sollte, wie Sie sich das erhoffen.

Die Beteiligung von »Love Money« an Ihrer Unternehmung kann sowohl in Form von Eigenkapital als auch mit Hilfe von Fremdkapital erfolgen. Bei Letzterem schließen Sie einen Darlehensvertrag, in dem die beteiligten Personen, die Darlehenshöhe, der Verwendungszweck, der Zinssatz, die Zinszahlungstermine, die Darlehenslaufzeit und die Darlehensrückzahlung aufgeführt sein sollten. Einkünfte aus Darlehensverträgen sind für Ihre Verwandten Einkommen aus Kapitalvermögen und damit einkommenssteuerpflichtig, die Zinssätze müssen sich an marktüblichen Werten orientieren. Dafür können Sie die Zinsen und deren Tilgung jedoch auch im Rahmen Ihrer Gründung beim Finanzamt absetzen, was in der eher von Verlusten geprägten Gründungsphase meist weniger Relevanz besitzt. Damit für Ihre Geldgeber keine überraschenden Steuerzahlungen auf geliehenes oder geschenktes Geld fällig werden, sollte man sich vorher mit einem Steuerberater unterhalten.

Beteiligungskapital: Business Angels und Venture-Capital-Gesellschaften

Vielleicht ist Ihr Vorhaben auch dafür geeignet, an Beteiligungskapital zu kommen. Als Beteiligungskapital werden privatwirtschaftliche Kapitalgeber bezeichnet, die vor allem einen Beitrag zum Eigenkapital in einer frühen Phase Ihrer Gründung leisten. Insbesondere so genannte »Business Angels« bringen auch Managementerfahrungen, Netzwerke und Kontakte mit. Im Gegenzug erhalten sie Anteile an der Firma und gewisse Mitbestimmungsrechte. Zu einem späteren Zeitpunkt, wenn die Firma durch neue Produkte oder Marktanteile im Wert gestiegen ist, verkaufen diese dann ihren Firmenanteil mit Gewinn. Der zusätzliche Vorteil: Wenn Sie einen Business Angel oder eine Venture-Capital-Gesellschaft gewinnen können, hat dies oft Signalwirkung für weitere Kapitalgeber.

Business Angels sind vermögende Privatpersonen, die einen Teil ihres Vermögens in ein Portfolio von Jungunternehmen investieren – im Durchschnitt einen fünfstelligen Eurobetrag pro Projekt. Bester Anlaufpunkt für die Kontaktaufnahme mit den Engeln ist BAND – das Business Angel Netzwerk Deutschland (www.business-angels.de).

Im Gegensatz zu Business Angels, die als Einzelpersonen agieren, sind Venture-Capital-Gesellschaften Unternehmen, die Beteiligungen an Neugründungen anstreben.

Ein Beispiel für eine speziell auf die Kreativwirtschaft ausgerichtete Beteiligungsform ist der bereits erwähnte »VC Fonds Kreativwirtschaft Berlin« der Investitionsbank Berlin (IBB). Das Angebot richtet sich an Gründer/-innen, die in den folgenden Bereichen eine Unternehmensgründung planen: Film, Rundfunk und Fernsehen, Verlage, Musik, Entertainment, Werbung, Mode, Design, Architektur, Multimedia, Games, Software, Kunst und Kultur. Der Fonds geht eine Minderheitsbeteiligung am Eigenkapital mit maximal 49 Prozent ein. Die Beteiligung kann mit einer stillen Beteiligung oder einem Gesellschafterdarlehen kombiniert werden. Stille Beteiligung und Darlehen werden marktüblich verzinst. Persönliche Sicherheiten und Garantien der Gesellschafter sind nicht nötig. Allerdings ist eine Beteiligung auf Gründungen in Berlin beschränkt und das Unternehmen muss in der Rechtsform der Kapitalgesellschaft (s. Kapitel 5) geführt werden.

Kurz nachgefragt bei ...

MICHAEL WETZEL von der IBB Beteiligungsgesellschaft, Berlin (http://vcfondsberlin.de)

Die IBB Beteiligungsgesellschaft ist eine Tochter der Investitionsbank Berlin. Mit dem Ziel, Ideen schneller in marktfähige Produkte umzusetzen, hat die IBB Beteiligungsgesellschaft bisher ausschließlich die Eigenkapitalbasis innovativer Technologieunternehmen gestärkt. Im Januar 2008 erweiterte die Gesellschaft ihre Aktivitäten mit dem VC Fonds Kreativwirtschaft auf die beständig wachsende Kreativbranche.

Michael Wetzel

Was macht den VC Fonds Kreativwirtschaft (VCKW) aus Berlin so besonders?
Der von der IBB Beteiligungsgesellschaft verwaltete VC Fonds Kreativwirtschaft Berlin war deutschlandweit der erste Fonds, der Venture Capital dezidiert für Unternehmen der Kreativwirtschaft angeboten hat. Mit einem Fondsvolumen von 30 Millionen Euro haben wir die Möglichkeit, gemeinsam mit privaten Investoren deutliche Wachstumsimpulse in den kreativen Branchen zu setzen. In unserem Fokus liegen dabei sowohl Branchen, in denen Venture Capital als Finanzierungsmodell schon bekannt ist (z.B. Internet, Games, Mobile), aber auch solche, für die das Thema neu ist (z.B. Mode, Design, Musik).

80 Prozent der Selbstständigen in der Kultur- und Kreativwirtschaft sind Kleinstunternehmer ohne Mitarbeiter. Die Branche ist sehr kleinteilig organisiert. Für wen ist der Fonds interessant?

Wir finanzieren Unternehmen – also keine Projekte oder Einzelpersonen –, die ein hohes Wachstumspotenzial aufweisen und sich entsprechend aufgestellt haben. Ein Venture-Capital-Investor investiert Eigenkapital und wird für einen Zeitraum von üblicherweise drei bis sieben Jahren Miteigentümer der Gesellschaft. Letztlich realisiert ein Investor seine Rendite, indem er seine Anteile am Unternehmen wieder verkauft – Ziel ist also die Wertsteigerung des Unternehmens.

Das impliziert, dass diese Finanzierungsform nur für solche Kreativunternehmen geeignet ist, die konsequent auf schnelles Wachstum setzen und ein skalierbares Geschäftsmodell aufweisen. Für Einzel- und Kleinstunternehmer ist Venture Capital also kein geeignetes Finanzierungsmodell. Tatsächlich dürfte Venture Capital für weniger als 1 Prozent der Gründungen in den kreativen Industrien geeignet sein, für diese bietet sich allerdings die Chance auf einen deutlichen Wachstumsschub.

Welchen Vorteil bringt das Beteiligungsmodell über VC im Vergleich zu anderen Finanzierungsquellen?
Ein VC-Investor geht voll mit in das unternehmerische Risiko und investiert Eigenkapital i.d.R. ohne Sicherheiten, Verzinsung oder Rückzahlungspflichten. Die Volumina sind dabei hoch – im sechs- bis siebenstelligen Bereich –, dem finanzierten Unternehmen werden also erhebliche Mittel zugeführt, mit denen rapides Wachstum und die Eroberung von Marktanteilen vorangetrieben werden können.

Da der VC-Fonds im Gegenzug Geschäftsanteile übernimmt und somit Miteigentümer wird, ist die Betreuung durch die Investment Manager des Fonds deutlich intensiver als beispielsweise durch eine Bank. Das hat positive Aspekte – der Venture Capitalist kann durch strategischen Input, Zugang zu seinem Netzwerk und Beratung Mehrwerte über den reinen Geldbeitrag hinaus leisten. Die Unternehmer müssen sich allerdings auch darüber im Klaren sein, dass der lukrative Verkauf der Unternehmensanteile nach drei bis sieben Jahren das oberste Ziel ist. Darauf muss die Strategie abgestimmt sein, und darauf müssen die Unternehmer mit den Investoren gemeinsam und vertrauensvoll hinarbeiten.

Welche Fehler machen Kreative, wenn Sie mit Ihnen ›ins Geschäft‹ kommen wollen?
Vielen Kreativen ist das Instrument Venture Capital nicht bekannt. Sie sprechen uns teilweise mit falschen Erwartungen an – vielleicht, weil das Wort »Fonds« aus anderen Zusammenhängen bekannt ist und man ein Förder- oder Kreditprogramm erwartet.

Ein Venture-Capital-Fonds hat sehr spezifische Anforderungen, über die man sich im Vornherein, z.B. im Internet, gut informieren kann und die zur Strategie und Philosophie der Gründer passen müssen. Wichtig ist dabei, dass das Unternehmen strukturell auf Wachstum vorbereitet werden muss und die dafür notwendigen Kompetenzen im Managementteam abgedeckt sein müssen – dazu zählen neben den eigentlichen kreativen Prozessen auch kaufmännische Themen oder Marketing und Vertrieb.

Die Finanzierung über Beteiligungskapital ist für besonders ambitionierte Gründungen relevant. Die Investoren erwarten ein klares und schnelles Szenario über die Wertentwicklung der Firma und investieren erst ab einem größeren Betrag, meistens in Millionenhöhe. Hat das Unternehmen zu einem bestimmten Zeitpunkt den erwarteten Wert erreicht, steigen die Beteiligten aus. Dieser Ausstieg, der so genannte »Exit«, und der anvisierte Zeitrahmen werden zuvor vertraglich festgelegt.

Als Ergänzung zu privaten Beteiligungen gibt es auch die Möglichkeit, über die Kreditanstalt für Wiederaufbau (KfW) eine Beteiligungsfinanzierung in frühen Phasen der Unternehmensgründung zu bekommen (siehe: www.kfw-mittelstandsbank.de).

Für alle Beteiligungen an Eigenkapital gilt: Sie müssen mit einem innovativen Konzept und Ihrer Person bzw. Ihrem Team überzeugen und Vertrauen aufbauen – das ist alles, was Ihre Geldgeber als Sicherheiten von Ihnen in dieser frühen Phase bekommen können.

Info: Letter of Intent (LoI) von Kunden

Sollten Sie bereits in der glücklichen Lage sein, erste interessierte Abnehmer für Ihre zukünftigen Leistungen oder Produkte zu haben, bitten Sie diese, Ihnen einen so genannten Letter of Intent auszustellen. Dieser ist eine Art informelle Interessensbekundung an Ihrer Unternehmung und teilt möglichst auch mit, in welchem Umfang der Verfasser mit Ihnen ins Geschäft kommen will (z.B. anvisierte Menge der Abnahme). Den Letter of Intent legen Sie als Anhang Ihrem Businessplan bei. Das ermöglicht Kapitalgebern eine Einschätzung Ihres Vorhabens auf einer breiteren Basis.

FINANZIERUNG ÜBER FREMDKAPITAL

Eine weitere Möglichkeit für Sie, an Geld zum Gründen zu kommen, ist Fremdkapital. Hierfür wird zunächst ein gewisser Teil Eigenkapital benötigt. Private Fremdkapitalgeber, wie z.b. Banken, kommen häufig erst für eine spätere
Phase der Finanzierung Ihrer Unternehmung in Frage – dann können Sie nämlich mit Jahresabschlüssen und ggf. mit einer gewissen Eigenkapitalbasis als
Beleg für Ihre Kreditwürdigkeit aufwarten. Bei größeren Vorhaben sind Groß-
und Geschäftsbanken Ihre Adresse, bei kleineren Vorhaben kommen eher
Sparkassen und Genossenschaftsbanken in Betracht.[4] In jedem Fall sollten
Sie mit mehreren Banken oder auch Filialen ins Gespräch kommen – so kön-
nen Sie vergleichen.

In den seltensten Fällen erhalten Sie Kredite von Geschäftsbanken, weil
das Finanzierungsvolumen in der Kultur- und Kreativwirtschaft oft zu gering
und somit nicht profitabel für kommerzielle Geldgeber ist. Die Bearbeitungs-
kosten von Krediten unter 10.000 Euro lohnen sich schlicht für Kapitalgeber
und Banken nicht. Auch basieren Kreativunternehmen meistens auf imma-
teriellen Ideen und kreativen Prozessen, die nur ungenügende Sicherheiten
bzw. kaum bankübliche Sicherheiten wie Produktionsanlagen oder materielle
Gegenwerte bieten. Dennoch gibt es auch für Gründer/-innen in der Kreativwirtschaft Wege, an Kredite zu kommen:

Mikrokredite und Microlending der Kreditanstalt
für Wiederaufbau (KfW)

Die KfW ist eine staatliche Förderbank, die zinsgünstige Darlehen auch für
Gründerinnen und Gründer vergibt. Die meisten Darlehen der KfW können
bei der Hausbank beantragt werden – diese bearbeitet den gesamten Dar-
lehensantrag und zahlt Ihnen auch das Geld aus. Um das Ausfallrisiko für Ihre
Bank zu minimieren, übernimmt die KfW einen großen Teil der Sicherheiten,
teilweise bis zu 80 Prozent. Da insbesondere kleinere Beträge für die Haus-
banken wenig attraktiv sind – der Bearbeitungsaufwand ist bei geringen Ge-
bühreneinnahmen für die Bank relativ hoch – ist es gut, wenn Sie informiert in
ein solches Bankgespräch gehen und aktiv nach den unterschiedlichen Dar-
lehensvarianten fragen.

Das interessanteste Darlehen der KfW für Gründungen in der Kultur- und
Kreativwirtschaft ist das »KfW-StartGeld«. Seit Januar 2008 sind in diesem För-
derinstrument der ehemalige »Mikrokredit« und »Mikro-10« der KfW zusam-
mengeführt. Sie können insgesamt zweimal einen Antrag stellen und Darlehen
bis zu einer Höhe von 50.000 Euro in Anspruch nehmen. Die Rückzahlung erfolgt in den ersten Jahren tilgungsfrei, d.h. Sie zahlen nur die entsprechenden
Zinsen. Die Beantragung muss innerhalb der ersten drei Jahre nach der Grün-

dung erfolgen. Die Mittel können für Investitionen ebenso wie für laufende Betriebsmittel (bis 20.000 Euro) verwendet werden. Achtung: Die Nutzung von »StartGeld« schließt Sie von einer weiteren Antragsstellung bei der KfW-Produktfamilie »ERP-Kapital für Gründung« aus! Wenn Sie also deutlich mehr als 50.000 Euro an Startkapital benötigen, sollten Sie gleich eine Beantragung des »ERP-Kapital für Gründung« anvisieren.

Nähere Informationen und ein Merkblatt über die Details erhalten Sie direkt auf den Seiten der KfW unter: www.kfw-mittelstandsbank.de.

Auch regionale Banken wie die Investitionsbank Berlin (IBB, www.ibb.de) haben speziell auf Mikrokredite ausgerichtete Programme.

Deutsches Mikrofinanzinstitut e.V. (DMI)

Das DMI ist ein im Jahre 2004 gegründeter Verein mit dem Anliegen, die seit den 1990er Jahren immer größer werdende Finanzierungslücke bei Kleinstunternehmen und Gründungen aus der Arbeitslosigkeit heraus mit Modellen des »Microlending« zu überbrücken. Das DMI arbeitet eng mit regionalen Mikrofinanzierern, Förderern, Fonds und den Kreditnehmerinnen und -nehmern selbst zusammen. Das DMI fungiert als Vermittler zwischen den verschiedenen Beteiligten. Über das »Microlending« können schon Kredite ab 1.000 Euro beantragt werden. Weitere Informationen finden Sie auf der Website des DMI: www.mikrofinanz.net.

Wenn Sie nach Größerem streben – Fremdkapital über 50.000 Euro

Natürlich können Sie bei jeder beliebigen Bank einen Kredit anfragen. Möglicherweise werden Sie hier aber schnell an Grenzen stoßen, wenn die Bank Sicherheiten verlangt. Hier werden so genannte Nachrangdarlehen interessant. Von der KfW wird das oben erwähnte »ERP-Kapital für Gründung« als Nachrangdarlehen vergeben. Das bedeutet, dass im Falle einer Insolvenz das Darlehen nicht an erster Stelle zurückzuzahlen ist. Somit können andere Kapitalgeber den ersten Rang einnehmen. Eine Investition in das Unternehmen wird damit interessanter. Nachrangdarlehen erfüllen so in Teilen die Funktion von Eigenkapital ohne Übertragung von Mitbestimmungsrechten auf andere Personen. Über das »ERP-Kapital für Gründung« können bis zu 500.000 Euro beantragt werden. In jedem Fall brauchen Sie für die Beantragung von Krediten einen tragfähigen Businessplan.

Fremdkapital über Bürgschaften

Falls Sie ein größeres Vorhaben zusammen mit anderen planen und z.B. den Erwerb eines Gebäudes im Auge haben, um eine Genossenschaft zu gründen (siehe Kapitel 5), können Sie über eine Vielzahl separater, privater Bürgschaften aus dem Bekanntenkreis Sicherheiten für einen beträchtlichen Kredit zusammenbekommen. Diesen Vorteil können Sie deshalb nutzen, weil Bürgschaften von Privatpersonen bis zu einer Höhe von 3.000 Euro nicht über aufwändige Verfahren geprüft werden – in der Regel reicht eine einfache Unterschrift des Bürgen.

Linktipp zur weiteren Information über Finanzierungsmöglichkeiten

Weitere Informationen zu konventionellen Finanzierungsmöglichkeiten für Ihre Existenzgründung finden Sie auf dem Existenzgründungsportal des Bundesministeriums für Wirtschaft und Technologie (BMWi): www. existenzgruender.de/selbstaendigkeit/finanzierung.

Kurz nachgefragt bei ...

Dr. KLAUS GOLDHAMMER von »Goldmedia«, Berlin (www.goldmedia.com)

Seit ihrer Gründung im Jahr 1998 entwickelte sich die Goldmedia GmbH Media Consulting & Research zu einer umfangreichen Unternehmensgruppe mit Standorten in Berlin, Köln und München. Das Unternehmen bietet seinen Kunden Wettbewerbsanalysen, differenzierte Prognosen und Hochrechnungen sowie Strategieberatung und Implementierung.

Dr. Klaus Goldhammer

Wieso sind Kulturunternehmer/-innen bei den Geschäftsbanken so unbeliebt?
Kulturunternehmer sind überhaupt nicht unbeliebt bei Geschäftsbanken. Eher im Gegenteil: Es gibt inzwischen sogar eine Reihe von spezifischen Fördermitteln und -angeboten gerade für die Kreativbranche. Politik, Investoren und Banken entdecken derzeit die wirtschaftliche Relevanz der Kultur- oder Kreativindustrie. Und wer sich hier richtig präsentiert, wird auch Geld bekommen. Natürlich müssen die wirtschaftlichen Daten und der Businessplan professionelles Niveau haben. Aber prinzipiell müssen

Handel, Handwerk, klassische Industrie und Kulturunternehmen die gleichen Anforderungen bei Sicherheiten und der Nachvollziehbarkeit ihrer Planungen erfüllen. Vielleicht ist es nur manchmal der Fall, dass kreative Kulturunternehmer etwas zu blauäugig, das heißt ohne betriebswirtschaftliche Hintergründe, an das Thema Finanzierung herangehen, und dann wird es schwierig, wenn es keine gemeinsame Sprache mit einem Banker gibt. Aber hier kann man sich Hilfe holen.

Wieso kann es problematisch sein, bei »Friends and Family« Geld zu leihen?
Die Probleme sind praktisch vorprogrammiert: Ist man erfolgreich, freuen sich alle und man zahlt das geliehene Geld zurück. Klappt es aber nicht, steht man a) vor einem beruflichen Scherbenhaufen *und* hat b) auch noch Schulden bei den lieben Verwandten und Freunden. Das kann ganz schön zusätzlich belasten, vor allem wenn die Mittel auch bei den Leihgebern knapp sind und man ihnen erklären muss, dass es mit der Rückzahlung nichts wird. Andererseits gibt es kaum nachsichtigere Leihgeber. Es bleibt einfach eine Gratwanderung.

Sind Social-Lending-Plattformen eine zukunftsweisende Finanzierungsquelle für Kultur- und Kreativunternehmer/-innen?
Sicher können solche Plattformen auch als Finanzierungsquelle dienen. Aber auch hier gelten letztlich die gleichen Regeln: Macht meine Planung Sinn, kann ich die Raten zurückzahlen und welche Sicherheiten gibt es, falls es mit der Rückzahlung einmal haken sollte? Als zusätzliche Option aber sind Social-Lending-Angebote sicher zu begrüßen. Man sollte jedoch nicht zu viel davon erwarten, weil doch meist nur geringere Summen vergeben werden.

Was tun, wenn man kein Risikokapital auftreiben kann? Muss die Geschäftsidee begraben werden?
Ich persönlich finde es eher schwierig, wenn ein Gründer (s)ein Unternehmen starten will und zunächst einmal per Kredit ein teurer Geschäftswagen finanziert werden soll. Ich bin davon überzeugt, dass gerade im Kulturbereich viele Gründungen ohne großes Risikokapital möglich sind. Hier braucht man oft keine teuren Maschinen oder Rohstoffe. Und wenn man es als Gründer schafft, mit möglichst wenig fremdem Kapital selbst etwas auf die Beine zu stellen, mag der Weg manchmal etwas länger sein. Aber umgekehrt ist man sein eigener Herr und nicht mit hohen Rückzahlungsverpflichtungen belegt. Vielleicht hilft es also, erst einmal kleine Schritte zu gehen und sich den oftmals hohen Akquiseaufwand für Ri-

sikokapital zu sparen und stattdessen im Markt tatsächlich Geld zu verdienen. Erst wenn diese Option aufgrund des geplanten Angebotes gar nicht realistisch ist, kann und muss man sich um Fremdkapital kümmern. Dann aber am besten mit professioneller Beratung.

ALTERNATIVE FINANZIERUNGSQUELLEN

Vielfältige Finanzierungsmöglichkeiten hin oder her – eins ist sicher: Wenn Sie nicht die von Ihren Geldgebern erwarteten Umsätze und Gewinne haben oder wenn Sie nicht in weiser Voraussicht bereits eigene Ersparnisse zur Seite gelegt haben, den Bausparvertrag oder die Lebensversicherung kündigen – dann werden Sie es als Gründer/-in oder Kleinstunternehmer/-in schwer haben, an Geld zu kommen.

Wenn Ihnen Ihre Hausbank nicht einmal einen Dispokredit einräumt, wird es Zeit, alternative Wege der Finanzierung zu beschreiten:

Info: Tauschringe – das Beispiel Helmholtzkiez in Berlin

Wie funktioniert ein Tauschring? Wie der Name schon vermuten lässt – ein Tausch erfolgt im Ring-Prinzip: Anna designt Ansgars Website, Göran macht die Steuererklärung für Nicole, Nicole schneidert eine neue Hose für Micha. Wer Leistungen nutzen oder Gegenstände zur Verfügung stellen möchte, muss Mitglied werden. Auch Gewerbetreibende, Genossenschaften, Vereine oder sonstige kulturelle und soziale Einrichtungen können sich beteiligen. Verrechnet werden die Leistungen mit den so genannten Helmholtztalern, indem die Tauschpartner einen Buchungsauftrag ausfüllen und dem Tauschring zukommen lassen. Der Preis der Dienstleistungen wird zwischen den Tauschpartnern ausgehandelt und auf dem Tauschkonto gutgeschrieben bzw. abgezogen. Regelmäßig erscheint eine Tauschring-Zeitung, in der die aktuellen Gesuche und Angebote der Mitglieder veröffentlicht werden. Weitere Infos: http://tauschring.kiez-lebendig.de.

Tauschen statt zahlen

Wenn Sie ein Unternehmen gründen, haben Sie auch immer etwas zu bieten. Dies bringt uns zu einer alten Idee: Tauschringe. Vielleicht können Sie Ihre Dienstleistung oder Ihr Produkt tauschen? Eine Druckerei kann für eine neu gegründete Werbeagentur etwas drucken und bekommt dafür ein Werbekonzept. Dem Steuerberater kann für seine Beratung und Dienstleistung eine neue Website angeboten werden. Aber Achtung: Solche Tauschgeschäfte müssen ggf. auch in der Steuererklärung angegeben werden. Das Tauschprinzip kann informell im eigenen Netzwerk initiiert werden. Man kann die Idee der Tauschringe jedoch auch stärker institutionalisieren. Grundsätzlich: Tauschsysteme (Tauschring, Tauschbörse, »LETS«-Tauschringe, Zeitbörse etc.) sind Zusammenschlüsse von Menschen in einer Region, in denen mit Hilfe selbst geschaffener Verrechnungseinheiten untereinander geldlos getauscht wird. Tauschsysteme bieten Lösungen für die Befriedigung von Bedürfnissen, ohne den Beschränkungen des Geldkreislaufs unterworfen zu sein. Die eigenen Ressourcen, vorhandene Talente und Begabungen, machen das möglich. Die Tauschvorgänge beruhen auf dem Vertrauen, dass für gegebene Leistungen auch Leistungen in Anspruch genommen werden können. Mehr Informationen zu Tauschringen finden sie unter www.tauschringe.info.

Social Lending – private Kredite

Social Lending- oder Peer-to-Peer-Börsen sind seit einigen Jahren auf dem Markt aktiv und ergänzen die konventionellen Finanzierungsmethoden. Die Idee stammt u.a. aus der Entwicklungszusammenarbeit. Grundidee ist: Jedem sollte die Möglichkeit gegeben werden, aus gutem Grund Geld zu erhalten, unabhängig von vorhandener Bonität – und wenn Banken dabei zum Hindernis werden, müssen sich die Menschen selbst organisieren und gegenseitig finanzieren.

Beim Marktplatz-Modell des Peer-to-Peer-Kredits im Internet können private Kreditgeber private Kreditnehmer finden – und umgekehrt. Das Ganze geschieht in einem börsenähnlichen Prozess. Der Begriff »Social Lending« geht dabei auf die Idee einer Community zurück, die sich aus einem gemeinsamen thematischen Interesse zusammenschließt. Es gibt hier den Aspekt der Transparenz und der sozialen Rendite (zu wissen, wen man mit seinem Geld unterstützt), vor allem geht es aber um den strukturellen Vorteil, Geld ohne den Umweg einer Bank direkt leihen zu können und hierfür eine sichere, seriöse Plattform (Kreditbörse bzw. -marktplatz) zu nutzen. Peer-to-Peer-Kredite bauen auch auf der Annahme auf, dass existierende interpersonale Beziehungen oder andere Formen sozialer Bindung die fiskalische Verantwortung und damit die Rückzahlungsquote verbessern. Weltweit wurden im Jahr 2005 118 Millionen Dollar mittels Peer-to-Peer-Krediten verliehen. Für das Jahr 2010 peilen die Kreditbörsen eine Summe von 5,8 Milliarden Dollar an. Der größte deutsche P2P-Kreditmarktplatz www.smava.de hat seit seiner Gründung 2007 Kredite in Höhe von über 20 Millionen Euro vermittelt. Das auf smava zahlreiche Selbstständige auch als Anleger auftreten, hat dabei den Vorteil, dass entsprechende Kreditprojekte von Gewerbetreibenden und Freiberuflern sehr viel positiver bewertet werden als von einem (oft unkundigen) Bankberater, der strikt nach der Handlungsmaxime seines Instituts agiert. Aber: Diese Kreditkultur bedeutet nicht, dass auf marktübliche Absicherungen verzichtet wird. Die Schufa-Auskunft ist Pflicht, bevor Kreditnehmer/-innen für den Marktplatz zugelassen werden. Als Anleger kann dort jeder mitmachen, der ein deutsches Bankkonto hat und über 18 Jahre alt ist. Im Schnitt fragen Kreditsuchende bei smava etwa 6.000 Euro an, die bei ca. 80 Prozent durch viele kleine Beträge der Community auch zusammenkommen. Bei Selbstständigen muss der Betrieb jedoch seit zwei Jahren existieren. Verbraucherschützer zeigen sich aber bis heute kritisch gegenüber dem Social Lending – vor allem, weil sie wegen des einfacheren Zugangs zu Geld oder teils hoher Zinsen eine neue Schuldenfalle für Leute fürchten, die nicht umsichtig genug mit Geld umgehen.

Gründerstipendien und Stiftungen
Ein sehr komfortabler Weg zu Gründung und Selbstständigkeit ist ein Gründerstipendium, wie es vom Bundeswirtschaftsministerium im Rahmen seines EXIST-Programms vergeben wird. Das Programm ist allerdings nicht für alle Bereiche der Kultur- und Kreativwirtschaft zugeschnitten, da es vor allem innovative, technologieorientierte Gründungsvorhaben im produzierenden Gewerbe sowie wissensbasierte Dienstleistungen, die auf wissenschaftlichen Erkenntnissen beruhen, fördert. Außerdem müssen Gründer/-innen einen akademischen Hintergrund haben. Das EXIST-Gründerstipendium ist Teil des Programms »Existenzgründungen aus der Wissenschaft (EXIST)«, das zur Verbesserung des Gründungsklimas an Hochschulen und Forschungseinrichtungen beitragen soll. Mit dem Gründerstipendium wird die Vorbereitung innovativer Existenzgründungen aus Hochschulen und Forschungseinrichtungen in der Frühphase der Unternehmensgründung, insbesondere die Erstellung eines tragfähigen Businessplans und die Entwicklung marktfähiger Produkte und Dienstleistungen, gefördert. Interessant ist, dass auch Studierende während des Studiums gefördert werden, ebenso ganze Gründungsteams bis maximal drei Personen, wobei die Geldgeber darauf achten, dass unterschiedliche Kompetenzen eingebracht werden. Das ideale Gründerteam für EXIST vereint Vertreter/-innen aus Informatik, Geisteswissenschaften und BWL.

Je nach akademischem Grad werden für ein Jahr bis zu 2.500 Euro pro Monat bezahlt. Interessant sind auch die Fördermittel für Sachausgaben und Coachings, die bei Teams bis zu 17.000 Euro (Sachausgaben) bzw. 5.000 Euro (Coachings) betragen. Die maximale Förderdauer beträgt ein Jahr.

Mehr Infos zum Gründerstipendium: www.exist.de/exist-gruendersti pendium.

Um Entrepreneurship beim Nachwuchs zu fördern, unterstützen auch die Heinz Nixdorf Stiftung und die Stiftung der Deutschen Wirtschaft (sdw) seit

2005 zukunftsweisende Gründungsideen. Im Rahmen des Wettbewerbs »Herausforderung Unternehmertum« werden jährlich die überzeugendsten Konzepte der sdw-Stipendiaten ausgezeichnet. Die Nachwuchsgründer/-innen erhalten damit die Chance, unternehmerische Qualifikationen zu erwerben, diese auf ihr eigenes Konzept anzuwenden und eine Existenzgründung vorzubereiten. Das Themenspektrum reicht von klassischen Gründungsideen bis hin zu Vorhaben im Sinne eines »Social Entrepreneurship«. Siehe: www.herausforderung-unternehmertum.de.

Gründerwettbewerbe

Zahlreiche bundesweite, regionale bzw. spezialisierte Gründerwettbewerbe bieten, ähnlich den Businessplan-Wettbewerben (siehe Kapitel 2, S. [Verweis_05]), Möglichkeiten, unter Hilfestellung der Wettbewerbsausrichter aus innovativen Geschäftsideen tragfähige Geschäftskonzepte zu entwickeln sowie Kontakte zu Kapitalgebern, potenziellen Partnern oder Kunden zu knüpfen. Darüber hinaus werden Preisgelder in verschiedener Höhe ausgelobt, die oftmals die ersten Investitionen für die ersten Schritte in die Selbstständigkeit decken. Für die Kreativ- und Kulturwirtschaft sind insbesondere die landesweiten oder regionalen Gründerwettbewerbe interessant, da sie meist keinerlei Beschränkungen bezüglich der Branchen und Gründungsidee haben. Aber auch hier gilt: Lassen Sie sich nicht zu sehr ablenken von Ihrem eigenen Vorhaben. Gründerwettbewerbe bieten zwar Preisgelder, viel wichtiger ist aber das, was Sie dabei noch mitnehmen können: Feedback zu Ihrem Businessplan, Kontakte, Marketing. Schauen Sie sich vorher jedoch genau an, ob der jeweilige Gründerwettbewerb auch für Ihre Gründung in der Kultur- und Kreativwirtschaft relevant ist: Wenn zu den bisherigen Siegern nur Unternehmen aus dem Technologiebereich zählen, werden Sie wahrscheinlich geringe Chancen haben, davon zu profitieren. Halten Sie Ausschau nach speziellen Segmenten bei den Ausschreibungen wie z.B. Dienstleistungen.

Von den nationalen Wettbewerben sind folgende für die Kreativ- und Kulturwirtschaft relevant:

1. *Deutscher Gründerpreis:* Der »Deutsche Gründerpreis« ist der bundesweit bedeutendste Wettbewerb für Existenzgründer. Als Partner fungieren die Sparkassen, der Stern, das ZDF und Porsche. Der »Deutsche Gründerpreis« wird für beispiellose Leistungen bei der Entwicklung von Geschäftsideen und beim Aufbau neuer Unternehmen in Deutschland in folgenden Kategorien verliehen: Schüler, Start-up, Aufsteiger und Lebenswerk. Mit Ausnahme der Kategorie »Schüler« basiert der Preis in allen Kategorien auf einem Nominierungsverfahren. Siehe: www.deutscher-gruenderpreis.de.

2. Gründerwettbewerb im Multimediabereich: Das Bundesministerium für Wirtschaft und Arbeit initiiert einen Gründerwettbewerb im Multimediabereich. Zusätzlich vergibt die Deutsche Post World Net einen Sonderpreis in Höhe von 5.000 Euro für innovative Ideen zum Fokusthema »Multimedia in der Logistik«. Siehe: www.gruenderwettbewerb.de.

3. IT-Gründungswettbewerb und Wettbewerb für alle Branchen: Mitmachen können alle, die eine Produkt- oder Geschäftsidee aus dem Bereich der Informationstechnologien haben und damit ein Unternehmen gründen wollen. Der »Wettbewerb für alle Branchen« ist unabhängig von der jeweiligen Ausrichtung Ihrer Idee. Beide Wettbewerbe sind überregional ausgerichtet. Siehe: www.start2grow.de.
Mehr Informationen zu Gründerwettbewerben in Deutschland finden Sie unter: www.gruenderwettbewerbe.de.

Nebenjobs suchen
Besonders in der Anfangszeit kann es sein, dass Sie sich zur Finanzierung der Selbstständigkeit – und zur Sicherung der Lebensgrundlage – erst einmal einen Nebenjob suchen müssen. Auf Dauer wird diese »schleichende Gründung« aber kaum funktionieren – irgendwann müssen Sie den Absprung in die eine oder andere Richtung machen, sonst kann Ihre Idee nicht wachsen.

Kurz nachgefragt bei ...

MAT HAND von »handmademurals«, Berlin und Nottingham
(www.handmademurals.com)

Untitled image, Mat Hand, Berlin 2009

Als Künstler des öffentlichen Raumes steht Mat Hand dafür, öffentliche Räume für die Kunst zurückzugewinnen, Gebäude zu kennzeichnen und kulturelle Zusammenhänge sichtbar zu machen. Mat Hand arbeitet vor allem für öffentliche Kulturinstitutionen, Kommunen, soziale Einrichtungen, Bauunternehmer und private Kunden.

Ihre Arbeiten findet man hauptsächlich an öffentlichen Gebäuden – Ihre Kunden sind Hausbesitzer oder Sanierungsunternehmen. Wie gestaltet sich die Neukundengewinnung bei Ihnen im Allgemeinen?
Der erste Kontakt mit meinen Kunden findet oft über E-Mail statt, meist ausgelöst durch eine Weiterempfehlung von Bekannten oder eine Suche im Netz. Ich treffe mich anschließend mit den Hausbesitzern, Architekten und ihren Subunternehmern. Dies ist oft der spannendste Teil eines jeden Projekts: Zum einen muss ich meinen Kunden die Bedenken gegenüber Graffitis an ihrer Hauswand nehmen oder Einschränkungen bezüglich der vorgeben Gestaltung beachten. Zum anderen muss ich ein Design erarbeiten, auf das ich auch stolz bin und das klar macht, dass Kunst ein wichtiger Beitrag zum Stadtbild sein kann. Kunden wünschen oft (oder sie denken, sie wünschen) ein rein dekoratives Endprodukt, aber meistens kann man sie davon überzeugen, ambitionierte Projekte umzuset-

zen. Für mich ist es wichtig, die Balance zwischen Kundenwünschen und meinem eigenen Kunstverständnis zu halten, wenn ich Projekte annehme. Ein Anfängerfehler von mir war z.B., meinen Kunden zu viele Designoptionen anzubieten. Ich merkte, dass sie sich fast immer für die konservativste Möglichkeit entschieden. Ich fing also an, den Kunden nach und nach immer weniger Wahlmöglichkeiten zu geben. Schließlich entschied ich mich dafür, nur noch eine Option pro Besprechung zu präsentieren – die Kunden entscheiden sich entweder dafür oder dagegen. Oft haben Personen aus dem Gebäudemanagement oder der Stadtplanung keinen künstlerischen Hintergrund: Man muss sie etwas wachrütteln, auf eine nette Art und Weise. Manchmal funktioniert es, manchmal nicht.

Zurzeit suche ich nach einem deutschsprachigen Partner, der mir bei Verhandlungen für größere, ambitionierte Projekte in Berlin hilft.

Bezogen auf die Finanzierung Ihrer Arbeit, was ist der Unterschied zwischen selbstfinanzierten Projekten und Aufträgen von Gebäudeplanern?

Meine Bilder auf LKWs (siehe Website) sind komplett selbstfinanziert. Es ist oft schwierig, die Erlaubnis von Leuten zu bekommen, sich auf ihren Besitztümern frei auszutoben. Wenn sich also jemand für meine Ideen offen gezeigt hat, habe ich die Möglichkeit am Schopf gepackt. Die Umsetzung war sehr kostengünstig (35 Euro Materialkosten) und in zwei Tagen fertig. Der Maßstab dieser Werke ist relativ klein, viel größer ist jedoch die künstlerische Zufriedenheit, die ich dafür bekomme. Ich brauche Projekte wie diese zum Experimentieren und zur Ausarbeitung neuer Ideen. Sie unterstützen mich außerdem dabei, meine nichtkommerzielle Kunstproduktion im Stadtbild zu etablieren. Wenn hingegen Geld für ein Bild bezahlt wird, folgt immer eine Auseinandersetzung: Der Kunde hat die Möglichkeit, das Aussehen und das Gefühl des Bildes zu beeinflussen – und das hat er auch immer getan. Ich habe versucht, einen Stil zu etablieren, den die Menschen sehen wollen und für den sie auch bereit sind zu bezahlen. Diese Aufträge stemmen letztendlich die nichtfinanzierten, freien Arbeiten.

Gibt es in Ihrer Branche bezüglich der Finanzierung eine spezifische »eigene Dynamik«?

Bauunternehmen jonglieren oft mit riesigen Budgets. Meine Arbeit macht bei größeren Sanierungsprojekten nur einen sehr kleinen Teil aus. Ich muss oft flexibel sein und mich einem vororganisierten Bauplan anpassen. Kritisch wird es, wenn sich Bauprojekte verzögern – Einrüstung und anderes Equipment kann dann sehr schnell teuer werden. Ich habe aber auch die Erfahrung gemacht, dass die Unternehmen sich bemühen, Geld und Zeit zu sparen, indem sie mir Hilfe zur Seite stellen und großzügig bei der Finanzierung von Material sind. Ein Beispiel dafür ist das Projekt »PLAY« (siehe Website): Ich merkte, dass es Wochen dauern würde, die riesigen Buchstaben allein auf die Gebäudewand zu malen. Ich sprach mit dem Bauleiter und er stellte mir die Malerfirma, die an dem Gebäude arbeitete (Budget: 4,2 Millionen Euro), zur Seite. So konnte das Gerüst rechtzeitig für die Außentreppe abmontiert werden, die per Kran gebracht wurde. Bei solch großen Aufträgen ist es immer wichtig, im ständigen, guten Kontakt mit den Bau- und Projektleitern zu sein.

Wie finanzieren Sie Ihre Projekte?
Es gibt verschiedene Möglichkeiten. Wenn ich mich um Projektunterstützung in Großbritannien bemühe, verlangt das Arts Council England, dass ich eine Eigenbeteiligung von mindestens zehn Prozent mitbringe. Diese verbindliche Zusage zur Eigenbeteiligung ist das Kapital, das ich mitbringe. Bei Privatkunden kalkuliere ich einen Pauschalpreis abhängig von meiner Arbeitszeit und dem Material. Bei größeren Projekten übernimmt das Bauunternehmen die Materialkosten. Manchmal muss ich bei kleineren Aufträgen das Material im Voraus bereitstellen und bekomme die Kosten am Ende zurück. Da der größte Kostenfaktor bei meinen Arbeiten jedoch das Design und meine Arbeitszeit ist, kann ich die Materialkosten für kleine bis mittlere Projekte meist ganz gut allein stemmen.

WENN KEIN GELD IN SICHT IST

Sie haben sich auf die Suche nach Finanzierungsmöglichkeiten gemacht, sich Monat um Monat mit neuen Menschen getroffen, Ihre Idee präsentiert – und haben außer einem wohlwollenden Nicken bisher keine harte Währung zur Finanzierung erhalten? Das heißt nicht, dass Ihre Idee schlecht ist – weist aber darauf hin, dass Sie etwas Grundlegendes übersehen haben könnten. Nehmen Sie es als ein wichtiges Signal des Marktes – und feilen Sie weiter an Ihrem Vorhaben. Oder überlegen Sie sich, eines der zahlreichen, häufig kostenfreien Angebote im Bereich Gründercoaching in Anspruch zu nehmen. Angebote speziell für die Kultur- und Kreativwirtschaft finden Sie z.B. im Kreative Coaching Center des TCC in Berlin (www.tcc-berlin.de). Über ähnliche Angebote in anderen Regionen informieren oft Banken oder IHKs. Alternativ können Sie aber auch Ihre Geschäftsidee ›downsizen‹. Statt des eigenen Büros mieten Sie einen Arbeitsplatz – statt gleich mit Mitarbeitern zu starten, machen Sie's erst mal selbst.

Reflexion – Ist meine Gründung finanzierbar?

Beantworten Sie in Ihrem Gründungstagebuch folgende Fragen:

- Welches Feedback habe ich bisher von den unterschiedlichsten Personen auf meine Gründungsidee bekommen?
- Wo überschneiden sich die Meinungen der Feedbackgeber, wo unterscheiden sie sich?
- Was sind die Hauptgründe, warum sich bisher niemand zur Finanzierung meiner Idee bereit gefunden hat? Sind das inhaltliche Gründe (Idee noch nicht ausgereift genug) oder eher strukturelle Gründe (z.B. nicht genug Sicherheiten)?
- Habe ich alle Finanzierungsmöglichkeiten und deren Kombinationen ausprobiert oder habe ich eine wichtige Quelle übersehen?
- Habe ich bisher die richtigen Geldgeber angesprochen oder sitzen meine Ansprechpartner etwa an ganz anderer Stelle?

»JOHANNAS WELT«: JOHANNAS KASSENSTURZ

theaterkasse, podewil berlin

Der Businessplan war fertig, der Gründungszuschuss bewilligt. Claudia, eine Freundin, hatte gesagt: »Super, dann kann's ja jetzt losgehen. Nachttisch freiräumen, dann hast du deine Agentur.« – Schön wär's. Trotzdem brauchte sie mehr als nur den Nachttisch und eine freie Ecke: Sie musste sich neue Hardware kaufen, die gängigen Softwareprogramme, das eigene Home Office musste eingerichtet werden – und leben musste sie ja auch. Zwar war sie durch den Gründungszuschuss erst mal einigermaßen abgesichert, aber das war auch alles nur auf Zeit. Irgendwann musste es richtig losgehen ... In ihrer Finanzplanung hatte sie einen Investitionsbedarf von ca. 6.000 Euro ausgerechnet. Das Geld brauchte sie vor allem für die Rechner und die Software. Die Hälfte von den 6.000 Euro hatte sie selbst noch, dafür musste allerdings ihre erst vor einigen Jahren abgeschlossene Lebensversicherung dran glau-

ben. Johanna hatte drei Mal überlegt, ob sie die Lebensversicherung verkaufen sollte. Am Ende war das aber die bessere Lösung für sie, als sich Geld
zu leihen. Geld leihen? Bei der Bank? Bei Freunden? Also Freunde wollte sie
in ihre Pläne finanziell nicht reinziehen, das erschien ihr zu kompliziert. Am
Ende war es dann ihre Großmutter, die ihr die restlichen 3.000 Euro gab – als
Geschenk. »Kind, mach was draus«, hatte sie gesagt ...

→ KAPITEL 5.
DIE RECHTSFORM: DER PASSENDE ANZUG ZUR IDEE

Dieses Kapitel zeigt Ihnen, ...

- ... wie man den richtigen Zeitpunkt einschätzt, zu dem man sich Gedanken über die Rechtsform machen sollte.
- ... wie Sie Ihre Idee durch die formale Brille eines Juristen und anderer Interessengruppen sehen können.
- ... welche Charakteristika, Kosten sowie Vor- und Nachteile die verschiedenen Rechtsformen haben.
- ... wie man bei der Anmeldung der Rechtsform vorgehen sollte.

Sie sind mit Ihren Plänen schon sehr weit gekommen. Wenn Sie alle bislang beschriebenen Schritte hinter sich haben, stellen sich folgende Fragen:

- Wann und wie kann ich starten?
- Mit welchen rechtlichen und steuerlichen Konsequenzen muss ich nach meinem Start rechnen?
- Wie gestalte ich den Einfluss auf Entscheidungen in meinem Unternehmen?
- Was kostet mich die Rechtsform?

Was nun ansteht, ist die Entscheidung über eine passende Rechtsform für Ihr Unternehmen. »Rechtsform«, das heißt für viele Kreative: Formalisierung wo keine Formalisierung gewünscht ist; in ein Raster gedrückt zu werden, wo man sich Freiheiten erhofft; Auflagen und Aufgaben, die man sich für seine berufliche Tätigkeit gar nicht vorgestellt hat; ein Korsett, das künstlerische Freiheiten nicht mehr zulässt.

Was ist die Konsequenz? Gründer/-innen in der Kultur- und Kreativwirtschaft geraten oftmals unbeabsichtigt in Rechtsformen hinein, die sie selbst nicht bewusst gewählt haben und deren steuerliche, haftungsbedingte oder kostenverursachende Auswirkungen sie dann an meist unerwarteter Stelle einholen. Es lohnt sich also, sich mit dem »Juristenkram« auseinanderzusetzen, um die eigene Rechtsform aktiv mitgestalten zu können.

Und darum geht es uns in diesem Kapitel: Setzen Sie sich für eine kurze Zeit eine neue Brille auf: Lernen Sie die ›formale‹ Perspektive kennen, mit der andere auf Ihre neu entstehende Unternehmung schauen und gestalten Sie diese in der Folge aktiv mit. Niemand kennt die innere Logik und die speziellen Bedarfe Ihres Vorhabens besser als Sie. Überlassen Sie diesen Schritt deshalb nicht anderen.

Dass der Blick auf die geeignete Rechtsform auch für Einzel- und Kleinstunternehmen in der Kultur- und Kreativwirtschaft relevant ist, zeigt das folgende Beispiel:

Eine Designerin bietet als Freiberuflerin Designleistungen im Textilbereich an. Ihre Kunden waren vor allem Textilfirmen, Innenausstatter und Innenarchitekten. Neben Ihren Aufträgen entwickelte die Designerin ein Taschendesign, das neben einem innovativen, neuen Material auch eine spezielle Farbigkeit und Form enthält. Zunächst verschenkte sie im unmittelbaren Bekanntenkreis einige Prototypen ihrer Entwicklung. Als aus dem erweiterten Freundeskreis immer mehr Nachfragen zu dieser speziellen Tasche kommen, entscheidet sich die Designerin, selbst in die Produktion der Tasche einzusteigen und einen eigenen Vertrieb zu eröffnen. Sie kauft Material, verarbeitet es zusammen mit einer ihr bekannten Schneiderin und verkauft die Taschen über einschlägige Läden. Was ihr dabei nicht bewusst ist: Mit der Herstellung und den Vertrieb eigener Produkte hat sie sich aus der Freiberuflichkeit weg hin zur Tätigkeit eines gewerblichen Einzelunternehmens bewegt. Sie muss eine gewerbliche Tätigkeit anmelden und wird damit ab einem gewissen Gewerbeertrag gewerbesteuerpflichtig. Sollten die Umsätze aus dem Vertrieb ihrer Taschen wie erwartet weiter steigen, kann für die Designerin eine Pflicht zur Eintragung als Kauffrau in das Handelsregister erforderlich werden, was z.B. die Pflicht zur doppelten Buchhaltung nach sich zieht, aber auch den Vorteil mit sich bringt, einen differenzierteren Blick auf Materialbestände, noch nicht gezahlte Rechnungen von Kunden oder die eigenen Zahlungsverpflichtungen gegenüber Lieferanten zu entwickeln und Verluste steuerlich über mehrere Jahre angerechnet zu bekommen. Da die Designerin und die von ihr bislang über Honorarverträge beschäftigte Schneiderin sowieso schon seit längerer Zeit überlegt haben, ihre unternehmerischen Energien zusammenzulegen und das Geschäft mit den Taschen weiter auszubauen, entscheiden sich die beiden schließlich zur Gründung einer offenen Handelsgesellschaft (OHG) und vermeiden damit Steuernachzahlungsforderungen, Nachforderungen der Berufsgenossenschaften u.ä.

Dieses Buch ersetzt nicht die umfassenden Empfehlungen für eine geeignete Unternehmensform, wie sie von Expertinnen und Experten, Steuer- oder Gründungsberatungen bereitgestellt werden. Dieses Kapitel soll vielmehr einen Überblick verschaffen – und Sie animieren, sich weiter in die Materie einzuarbeiten. In den Interviews mit Gründern stellen wir Ihnen deren Beweggründe für die jeweilige Rechtsform vor.

IN DER NEUEN ROLLE ALS UNTERNEHMER/-IN DENKEN

Wer gründet, wechselt die Rolle: Entscheidungen werden nicht mehr von einem Chef gefällt, sondern müssen selbst in die Hand genommen werden. Sie kümmern sich selbst um neue Aufträge – und Sie gestalten Ihr Image gegenüber Kunden selbst. In dieser neuen Rolle werden neue Erwartungen an Sie herangetragen – Sie kommen auch mit neuen Menschen und Institutionen in Kontakt, die für Sie zuvor kein Thema waren: das Finanzamt, Gläubiger und Geldgeber, Berufsgenossenschaften und Kammern. Diese neuen Interaktionspartner haben u.a. folgende Fragen im Kopf:

- Kann man Sie und Ihr Unternehmen als vertrauenswürdig einstufen?
- Sind Sie selbst von den eigenen Leistungen und Produkten auch in langfristiger Hinsicht überzeugt?
- Sind Sie in fachlicher und unternehmerischer Hinsicht kompetent genug?
- Handeln Sie auch im Sinne Außenstehender (Kunden, Lieferanten etc.) verantwortungsbewusst?

Durch die Wahl der Rechtsform können Sie in gewissem Rahmen die Antworten, die die oben genannten Personen und Institutionen sich auf diese Fragen geben, beeinflussen – und die Basis für die weitere Zusammenarbeit mit den jeweiligen Partnern legen. Erst wer die Erwartungen der anderen kennt, kann entscheiden, welche er bedienen will und welche nicht. Eine Rechtsform bringt immer Vor- und Nachteile mit sich – Sie müssen also zunächst Ihre persönlichen Prioritäten kennen.

Worauf ist also zu achten? Im Folgenden zeigen wir Ihnen sechs Aspekte, die Sie in Ihre Überlegungen einbeziehen sollten:

Den Zeitpunkt abschätzen

Häufig geht der Prozess der Unternehmensgründung so vonstatten: Zuerst steht die Idee; es folgen die ersten unternehmerischen Handlungen und Rückmeldungen von Kunden und vom Markt. Erst dann beschäftigen sich viele Gründer/-innen mit der angemessenen Rechtsform. Die ›Form folgt eben der Funktion‹. Und das ist auch gut so – denn die Idee, der Inhalt muss ziehen ... und nicht die Verpackung.

In der Zeit zwischen der Entscheidung zur Gründung, der Ideenkonkretisierung und dem ersten Geldfluss zwischen Ihnen und Ihren ersten Kunden bewegen Sie sich allerdings in einer Grauzone. Die unternehmerischen Handlungen sind teilweise noch so diffus, dass sie sich nicht konkret auf ein bestimmtes Ziel hin beschreiben lassen. Gleichzeitig entsteht, z.B. durch erste

Messebesuche, ein Außenauftritt – und erste Verkäufe generieren Umsätze oder Garantieansprüche.

Achtung: Spätestens mit dem Ausstellen der ersten Rechnungen werden Sie unternehmerisch tätig. Sie sind verpflichtet, Ihre Umsätze zu versteuern, ggf. ein Gewerbe anzumelden oder Ihre freiberufliche Tätigkeit beim Finanzamt anzuzeigen. Sie gehen neue Risiken ein: Wenn einer Ihrer Kunden sich beim Anschluss Ihrer neuen Installation einen Stromschlag holt und Sie verklagt, haften Sie mit Ihrem gesamten Privatvermögen, denn Sie werden über das BGB automatisch als Einzelunternehmen (wenn Sie im Team agieren: als Gesellschaft bürgerlichen Rechts [GbR]) eingestuft, sofern Sie sich nicht um eine andere Form der Haftungsbeschränkung gekümmert haben. Eine Rechtsform haben Sie also von Anfang an! Ob es allerdings die für Ihre Tätigkeit passende ist, können Sie entscheiden – und entsprechende Änderungen einleiten.

Beschränkung des Risikos

Eines Ihrer zentralen Interessen sollte die Beschränkung des Risikos, das Ihre unternehmerische Tätigkeit mit sich bringt, sein. Das heißt nicht, dass Sie sich mit einer geschickten Wahl der Rechtsform aus der Verantwortung ziehen können. Allerdings sind z.B. die Möglichkeiten für Gläubiger, auf das Privatvermögen der Gesellschafter einer Kapitalgesellschaft (z.B. einer GmbH) zuzugreifen, beschränkt: Der Inhaber haftet nur mit dem Vermögen der Gesellschaft. Bei der Wahl der Rechtsform geht es u.a. darum, die Risiken sowohl im Innenverhältnis mit Ihren Mitgründern, als auch im Außenverhältnis mit Kunden, Lieferanten und anderen Parteien für Sie einschätzbarer zu machen.

Bei Gründungen im Team sind die *Bedürfnisse* der Gründer/-innen wichtig: in Bezug auf Sicherheit, Einflussnahme auf Entscheidungen, Risikofreudigkeit oder auch die individuelle Lebensplanung. Denn was bringt Ihnen z.B. die Gründung einer »Mini-GmbH«, wenn einer aus dem Team die Sache sowieso nur als vorübergehendes Schauspiel sieht?

Dazu müssen Sie zunächst Ihr *Risiko* erörtern: Was könnte bei einem Auftrag schlimmstmöglich passieren? Dass Ihnen das Honorar nicht bezahlt wird? – Oder könnten Regressforderungen in vielfacher Höhe Ihres Honorars auf Sie zurückfallen? Arbeiten in Ihrem Namen noch andere für Sie direkt beim Kunden, auf die Sie wenig Einfluss haben? Nehmen Sie durch Ihre Tätigkeit tief greifende Eingriffe in Bereiche Ihrer Kunden vor, bei denen unvorhergesehen Nebeneffekte auftreten können? (So z.B. bei der Installation von Software, bei der unbeabsichtigt andere Systemkomponenten lahmgelegt werden könnten.)

Ihre Kunden haben ein Anrecht darauf, dass die Qualität des Produktes bzw. der Leistung, ebenso Liefertermine, die ihnen versprochen wurden, auch eingehalten werden. Es entstehen dadurch erste *Garantie- und Gewährleistungs-*

ansprüche – und damit ein Risiko für Sie. Auch wenn Sie es nicht schriftlich ausformuliert vor sich liegen haben – die Kunden schließen einen Vertrag mit Ihnen, für den beide Seiten gerade stehen müssen: der Kunde, indem er das Geld zahlt – Sie, indem Sie liefern. Auch wenn Ihre Leistung oder Ihr Produkt beim Kunden einen unvorhergesehenen Schaden anrichtet, sollten Sie mit Ihrer Unternehmung so aufgestellt sein, dass Sie im Falle eines Falles dem Kunden gegenübertreten und dessen Ansprüche bedienen können, ohne dass Ihre Existenz zu Grunde geht. Die Rechtsform spielt hierbei eine wichtige Rolle.

Auch hat die Rechtsform unter Umständen Einfluss darauf, welches *Vertrauen* Ihnen Kunden als Anbieter entgegenbringen. Das hängt stark von der Art Ihrer Leistungen und Produkte ab. Wenn Sie als Eventagentur zum Beispiel große Shows auf die Bühne bringen wollen und dafür ggf. in Vorleistung bei der Erarbeitung und Ausstattung der Show gehen müssen, werden Sie als Kapitalgesellschaft mit einem garantierten Stammkapital mehr Vertrauen bei der Akquise bekommen als ein Ein-Personen-Unternehmen. Bei öffentlichen Ausschreibungen werden meist sogar bestimmte Rechtsformen vorausgesetzt. Im Kopf des Kunden kursiert nämlich die Frage: »Kann dieser Anbieter die Last der Verantwortung in finanzieller und rechtlicher Hinsicht tragen?«

Ein weiterer Aspekt bei der Risikoabschätzung ist der *Einfluss*, den Sie in der jeweiligen Rechtsform auf *Entscheidungen* im Rahmen der Geschäftstätigkeit haben. Grundsätzlich gilt: Wer das Risiko trägt, hat auch Einfluss auf Entscheidungen. Die Frage ist, ob Sie diesen Einfluss im Alltag Ihres Unternehmens auch geltend machen können. Wenn Sie z.B. im Team eine GbR gründen, tragen Sie zu gleichen Teilen das Risiko von Entscheidungen Ihrer Mitgesellschafter. Sollte Ihre Tätigkeit aber so gestaltet sein, dass jede Partei in einzelnen risikoreichen und komplexen Projekten schnell entscheidungsfähig sein muss (wie zum Beispiel in der Architektur) und Sie nicht immer im ganzen Team entscheiden wollen, könnte für Sie eher die Gründung einer Partnergesellschaft in Frage kommen. Bei beiden Rechtsformen können im Gesellschaftsvertrag allerdings zusätzliche Regelungen, etwa für die Entscheidungsfindung, vereinbart werden.

Der goldene Mittelweg aus dem Dilemma zwischen Haftungsbeschränkungen des Unternehmers und Sicherheitsbedürfnissen der Kunden und Mitgesellschafter/-innen führt meistens zu einer Mischung aus branchentypischer Rechtsform mit einer vertraglichen Klärung der Verantwortlichkeiten und Entscheidungsbefugnisse innerhalb der Geschäftsführung sowie der Absicherung einzelner Aufträge durch entsprechende Versicherungen, z.B. bei Architekten. Wichtig ist auf jeden Fall, dass Sie ein Bewusstsein dafür entwickeln, welche Sicherheitslücken Ihre jeweilige Rechtsform für Sie als Unternehmer/-in mit sich bringt und wie es sich mit den jeweiligen auftragsbezogenen Risiken verhält.

Wenn Sie eine (finanzielle) Beteiligung Dritter bei Ihrer Unternehmung anstreben (siehe Kapitel 4), bleibt Ihnen häufig gar keine andere Wahl, als in Form einer Kapitalgesellschaft zu gründen. Denn nur so ist für die Beteiligungsgesellschaft ein Einstieg mit Haftungsbeschränkung möglich.

Besteuerung

Bei der Entscheidung für eine bestimmte Rechtsform ist auch der Blick auf die Steuerseite sinnvoll. Bei jeder Rechtsform gibt es unterschiedliche steuerliche Aspekte zu berücksichtigen, je nachdem fällt auch der Gewinn unterschiedlich aus. Welche Steuern auf Sie zukommen könnten, hängt allerdings stark von der Tätigkeit ab, die Sie als Unternehmen ausüben wollen. So können Sie z.b. als Einzelunternehmer/-in keinen Mietvertrag mit sich selbst schließen, den Sie dann steuerlich wirksam machen können. Hier empfiehlt es sich, im Vorfeld der Gründung eine Steuerberatung in Anspruch zu nehmen. Wenn Sie an einem Gründercoaching teilnehmen, bekommen Sie oft Zugang zu kostenfreien Seminaren, in denen erste Grundlagen zu Steuern, Buchhaltung und Rechtsformen vermittelt werden.

Sobald Sie Geld zwischen Kunden und Ihnen bewegen, also Umsatz machen, hat der Staat, vertreten durch das Finanzamt, ein Anrecht auf einen Teil davon. Und das gleich mehrmals: in Form der Umsatzsteuer, die Sie ggf. über die Mehrwertsteuer auf den Preis Ihrer Produkte aufschlagen müssen; in Form der Gewerbesteuer, wenn Sie als gewerblich tätige Unternehmung gelten; in Form von Einkommenssteuer, was Ihre Einkünfte aus Ihrer Unternehmung betrifft. Soweit die schlechte Nachricht. Und nun die gute: Das Finanzamt berücksichtigt dabei die Aufwendungen, die Sie für Ihre Geschäftätigkeit haben. Und diese Aufwendungen sind in der Regel in der Gründungsphase höher als Ihre Einnahmen. Sobald Sie also Auslagen haben, die sich der Realisierung Ihrer Geschäftsidee bzw. der Vorbereitung der Gründung zuordnen lassen, sammeln Sie die Belege. Sie können alle Ausgaben, die im Vorfeld Ihrer Gründung mit dieser in direktem Zusammenhang stehen, ohne zeitliche Begrenzung steuerlich geltend machen.

Rechtliche Vorgaben bei der Wahl der Rechtsform

Auch der Gesetzgeber hat ein Interesse an Ihrer neuen Tätigkeit, das unter Umständen in Ihrer Rechtsform Beachtung finden muss. Falls Sie sich z.B. als Restaurator selbstständig machen wollen, gilt Ihre Tätigkeit unter Umständen als Handwerk. Sie brauchen eventuell Zulassungen, wie einen Meisterbrief, um überhaupt ein eigenständiges Gewerbe aufbauen zu dürfen. Ob Sie sich mit Ihrer Tätigkeit im rechtlich vorgegebenen Rahmen im Sinne des Gesetzgebers bewegen, hängt meistens weniger von der Rechtsform ab, als vielmehr von dem, was Sie unter dieser Rechtsform tun. Es lohnt sich auf jeden Fall darüber nachzudenken, wo genau Ihre geplante unternehmerische Tätigkeit angesiedelt ist.

Info: Freie Berufe

Insgesamt sind in Deutschland rund eine Million selbstständige Frei-berufler/-innen tätig, die ca. drei Millionen Mitarbeiter beschäftigen und 10,1 Prozent des Bruttoinlandsproduktes erwirtschaften.[1] Unter die freien Berufe fallen in Deutschland vier Berufsgruppen: Heilkundler wie etwa Ärzte, Zahnmediziner und Apotheker; rechts-, wirtschafts- und steuerberatende Freiberufler; Techniker wie beispielsweise Architekten und Ingenieure und schließlich die Angehörigen der Freien Kulturberufe. In das Partnerschaftsgesellschaftsgesetz (PartGG) § 1 Abs. 2 wurde im Juli 1998 folgende Definition der Freien Berufe aufgenommen:»Die Freien Berufe haben im Allgemeinen auf der Grundlage besonderer beruflicher Qualifikation oder schöpferischer Begabung die persönliche, eigenver-antwortliche und fachlich unabhängige Erbringung von Dienstleistungen höherer Art im Interesse der Auftraggeber und der Allgemeinheit zum Inhalt.«

Ob eine Tätigkeit unter die Freien Berufe fällt, wird im Einzelfall entschie-den. Diese Entscheidung obliegt dem jeweiligen Finanzamt.

Mehr Informationen dazu: Bundesverband der freien Berufe (BfB), www.freie-berufe.de.

In der Kultur- und Kreativwirtschaft sind sehr viele Menschen aus den Freien Berufen tätig. Da die Zustimmung zu Ihrer Freiberuflichkeit der Entscheidung des jeweils für Sie zuständigen Finanzamtes unterliegt, empfiehlt es sich, vor der Aushandlung mit dem Finanzamt eine Beratung, z.B. durch eine entspre-chende Gründungsberatungsstelle oder einer Steuerberatung in Anspruch zu nehmen. Dies gilt vor allem, wenn Sie sich in der von Ihnen anvisierten Tätigkeit nicht in den bereits bei den Finanzämtern vorliegenden Listen der so genannten »Katalogberufe« oder »den Katalogberufen ähnliche Berufe« bewegen.

Einmal mit dem Finanzamt ausgehandelt, können Sie sich in der Regel auf Ihre weitere Einordnung als Freiberufler verlassen. Da sind die Kosten für die Beratung gut investiert. Bei der Gründung im Team findet die Freiberuflichkeit nur im Rahmen von Personengesellschaften Anwendung, nicht bei Kapitalge-sellschaften.

Jedes gewerblich tätige Unternehmen ist per Gesetz Mitglied in einer In-dustrie- und Handelskammer; bei einer handwerklichen Tätigkeit besteht Mitgliedschaft in einer Handwerkskammer. Davon befreit sind die freien Berufe und landwirtschaftliche Betriebe. Der Beitrag richtet sich nach der Höhe der Gewerbeerträge. Für Gründer/-innen gibt es eine Sonderregelung zur Freistellung. Die Beiträge sind steuerlich abzugsfähige Betriebsausgaben. Falls Sie als gewerbliches Unternehmen und nicht als Freiberufler/-in tätig werden, können Sie dies also bei Ihrer Jahressteuererklärung für Ihre Unternehmung angeben.

Rechtsform als vertrauensbildendes Moment

Als Gründer/-in und ebenso längerfristig als Unternehmer/-in sind Sie vor allem von einem abhängig: dem Vertrauen Ihrer Kunden. Sie wollen das Bestmögliche tun, um dieses Vertrauen aufzubauen und damit Aufträge zu generieren. Sie werden sich u.a. dann von anderen unterscheiden, wenn Sie zeigen, dass Sie keine Eintagsfliege sind. Diesen Willen drücken Sie auch durch die Ernsthaftigkeit aus, mit der Sie bei der Unternehmensgründung vorgehen. Auf Ihren Visitenkarten und Geschäftspapieren ist die Rechtsform Ihres Unternehmens sichtbar, entsprechend den jeweiligen rechtlichen Vorgaben. Auf Ihrer Website wird nicht nur im Impressum deutlich, was und wer hinter Ihrem Unternehmen steckt – sei es ein Team aus kompetenten Partnern, die eine Gesellschaft gegründet haben, sei es ein Einzelunternehmen, das auf Referenzen und Erfahrungen in der Zusammenarbeit mit anderen verweisen kann.

Auch Ihre Lieferanten wollen sicher sein, dass sie mit Ihnen einen rechtlich und finanziell verlässlichen Kooperationspartner haben. Das bewegt sich in einem überschaubaren Rahmen, wenn Sie den Zuschnitt für Ihr nächstes Architekturmodell bestellen. Eine andere Sache ist es aber, wenn Sie umfangreichere Aufträge vergeben und vielleicht auch anfangen, in Absprache mit den Lieferanten damit zu kalkulieren, dass Sie den letzten Abschlag erst zahlen, wenn Ihr Kunde bezahlt hat. So werden Lieferanten zu Ihren Partnern, die in Ihnen u.a. ein rechtlich fundiertes Gegenüber sehen wollen.

Allerdings werden Sie feststellen: Je intensiver Ihre Kunden- und Lieferantenbeziehungen werden, desto unwichtiger wird die Rechtsform. Ihr persönliches Verhalten zählt. Ob die Rechtsform für Ihre Tätigkeit vertrauensbildend bei Ihren zukünftigen Kunden und Lieferanten wirkt, hängt stark von deren bisherigen Gewohnheiten ab. Eine bestimmte Rechtsform rein aus Prestigegründen zu wählen, hat sich jedoch selten bewährt. Wichtiger ist eher, dass Sie die von Ihnen gewählte Form dann auch in der Art nach außen darstellen, wie sie den rechtlichen Vorgaben entspricht.

Gerade in wissensintensiven Bereichen, wie der Kultur- und Kreativwirtschaft, gibt es ein weiteres Interesse, das Sie als Unternehmer/-in – wenn vielleicht nicht in der Gründungszeit, dann aber später – verfolgen: Um gut zu sein, brauchen Sie kluge Köpfe. »Gut« können Sie als attraktiver Arbeitgeber sein.

Eine passende und stabile Rechtsform ist ein Schritt in diese Richtung. In so stark vernetzten Branchen wie der Kultur- und Kreativwirtschaft können Sie hier aber auch viel über den Aufbau tragender Partnerbeziehungen erreichen – unabhängig von Ihrer Rechtsform.

Kosten der Rechtsform

Jede Rechtsform hat ihre spezifischen Gründungskosten. Das sollten Sie ebenfalls in Ihre Überlegungen einbeziehen. Mit welchen Beträgen Sie jeweils bei der Anmeldung rechnen müssen, haben wir unten bei der Vorstellung der Rechtsformen für Sie zusammengetragen. Allerdings sind die Kosten der Anmeldung langfristig gesehen die geringeren. Die laufenden Kosten, die bei bestimmten Auflagen der jeweiligen Rechtsformen entstehen, sind auf Dauer ausschlaggebender. Bei Ihrer Entscheidung sollten Sie sich aber nicht allein von den Kosten leiten lassen, sondern vor allem eine Abschätzung der Risiken und steuerliche Gesichtspunkte mit einbeziehen.

Sie sehen: Die Entscheidung für die Rechtsform ist ein wichtiger Schritt in der Gründungsphase, den man nicht auf die lange Bank schieben sollte: Spätestens wenn Sie die ersten Umsätze generieren, Rechnungen stellen und in eine vertragliche Bindung mit Außenstehenden eintreten, ist es so weit.

Kurz nachgefragt bei ...

IRENE SANG von »BATATA«, einem Label für nachhaltig produzierte Kinderkleidung, Berlin (www.BATATA.de)

»BATATA« steht für nachhaltig produzierte Kinderkleidung aus deutscher Produktion. Doreen Grunert und Irene Sang beweisen mit ihren Kollektionen, dass umweltfreundliche, aus fair gehandelter Baumwolle hergestellte Kinderkleidung nicht langweilig sein muss. Unter dem Label »BATATA« produzieren sie ansprechende Kindermode, die den Bedürfnissen von Kindern und Eltern Rechnung trägt.

Doreen Grunert und Irene Sang

Die GbR ist sozusagen der »Volkswagen« unter den Unternehmensfor-
men, gerade in der Kreativbranche ist sie besonders verbreitet. Wieso
hat sich »BATATA« als GbR gegründet?
Das hat insbesondere bei mir eine eigene Geschichte: Ich habe mit 20
Jahren das erste Mal gegründet, hatte ein Label und Laden mit einem
Freund zusammen, der sich nach einiger Zeit nicht wirklich als guter Ge-
schäftspartner entpuppte: Er ist mit allem Geld ins Ausland sprichwörtlich »durchgebrannt« – und ich stand mit Anfang 20 mit 60.000 Euro
Schulden da. Ich hatte gegen meinen »Freund« aber kaum etwas in der
Hand, auch wenn ich am Ende einen Titel gegen ihn erstreiten konnte.
Ich hatte damals einen für Gründer wohl typischen Fehler gemacht: Wir
hatten alles nur mündlich vereinbart, vieles auch einfach ausgespart,
weil wir uns ja schon seit Kindertagen kannten. Diese Erfahrung prägt.
Für mich war anschließend erst einmal klar, dass ich nur noch alleine
arbeiten wollte – sozusagen auf eigene Rechnung. Dann weiß man, was
man hat. Mittlerweile habe ich mit Doreen Grunert allerdings wieder eine
Geschäftspartnerin, mit der ich 2004 »BATATA« gegründet habe. Auch
wenn wir uns persönlich sehr gut verstehen: Geschäft ist Geschäft. Wir
haben sprichwörtlich als allererstes einen GbR-Vertrag aufgesetzt und
beispielsweise festgelegt, dass keine von uns ohne Rücksprache über
finanzielle Angelegenheiten der Firma entscheiden kann. Bei allen Entscheidungen über 100 Euro und sämtlichen Kontosachen müssen immer
beide mitreden bzw. unterschreiben. Der GbR-Vertrag ist für uns eine
notwendige Formalisierung gewesen, um sich gegenseitig zu vertrauen.

Sie haben im Team gegründet: Wieso ist das eine Herausforderung und
welche Auswirkungen hatte das bei Ihren Überlegungen auf die Unter-
nehmensform?
Im Team zu gründen hat natürlich seine Vorteile, man kann sich gegenseitig entlasten – vor allem, wenn man Kinder hat. Wir haben schnell
festgestellt, dass ein wesentlicher Erfolgsfaktor des gemeinsamen Gründens eine funktionierende, offene Kommunikation in unternehmerischen
Fragen ist. Wie in der eigenen Partnerschaft ist auch ein Firmenpartner
pflegebedürftig. Es ist wie in einer Beziehung: Man muss reden, Probleme und Missverständnisse klären, um den Blick für das unternehmerisch
Richtige zu behalten. Sich zuvor über die Art und Weise der Zusammenarbeit Gedanken gemacht zu haben, auch festzuschreiben, welche Entscheidungen nur gemeinsam getroffen werden können, zwingen auch
in Konflikten zur gemeinsamen Lösungsfindung. Unser GbR-Vertrag ist
insofern auch eine Entlastung bei der Gestaltung der gemeinsamen Kom-

munikation. Im Team zu gründen hatte aber keine unmittelbare Auswirkung auf die Unternehmensform. Da standen andere Aspekte im Vordergrund.

Wieso dachten Sie, dass die GmbH nicht der »passende Anzug« für Ihre Ideen sei?
Die GmbH hätte natürlich Vorteile gehabt, gerade im Hinblick auf Haftungsbegrenzungen, wenn etwas schief geht. Aber gleichzeitig war uns eine GmbH am Anfang zu teuer und zeitaufwändig beispielsweise mit doppelter Buchführung. Limiteds oder die mittlerweile vorhandene »kleine« GmbH wären nicht in Frage gekommen – vor allem, weil sie imagemäßig auch ein wenig seltsam wirken.

Aber gibt es nicht eher Imageprobleme am Markt, wenn man nur als GbR auftritt?
Es kommt auf die Branche an. Ich kenne Beispiele, wo Webdesigner mit Firmen wie Siemens zusammengekommen sind und einfach nicht ernst genommen worden wären, wenn sie nicht in einer bestimmten Form aufgetreten wären. Da wird man dann u.a. auch gleich gefragt, wie man firmiert. Aber in der Modebranche ist das anders. Wir beliefern hauptsächlich kleine Kinderläden, die selbst Kleinunternehmen sind. Wenn man da als GmbH oder sogar als AG aufträte, würde man eher Glaubwürdigkeit einbüßen als umgekehrt. Klein und fein zu sein, ist sympathischer und kann auch als Marketing-Argument im richtigen Umfeld genutzt werden. Aber ich will nicht ausschließen, dass sich unsere Unternehmensform einmal ändert: Eine GmbH ist langfristig gesehen vielleicht interessant, um sich besser abzusichern. Die Risiken wachsen schließlich mit dem Geschäft. Wir sind gerade an einem Punkt angekommen, wo wir erste Mitarbeiter einstellen müssten. Das Auftragsvolumen wächst. Es ist nicht ausgeschlossen, dass zukünftig auch Fremdkapital eingesetzt werden muss – beispielsweise, wenn wir unsere Stoffe in großen Mengen im Voraus bezahlen müssen. Bei wachsender Nachfrage wird auch der Bedarf an der Vorfinanzierung unserer Kollektionen größer. Dann lohnt es sich zunehmend, auch Haftungsbeschränkungen zu bedenken.

DIE PASSENDE RECHTSFORM ZUR IDEE UND WIE SIE SIE INS LEBEN RUFEN

Jede Rechtsform hat Vor- und Nachteile. Auch gibt es nicht für jede Eventualität genau das Richtige. Welche Aspekte Sie besonders berücksichtigen sollten, haben wir im ersten Teil dieses Kapitels beleuchtet. Dabei sollten Sie auch Ihre Vorstellungen zur mittelfristigen Unternehmensentwicklung einbeziehen: Wo wollen Sie mit Ihrem Unternehmen in drei bis fünf Jahren sein? Spätere Umwandlungen sind zum Teil aufwändig und kostenintensiv. Steigen Sie eher mit einer leichten und zunächst kleineren Form ein und entwickeln Sie einen Blick dafür, wann Ihre Tätigkeit den Übergang in eine andere Form erforderlich macht.

Im Folgenden stellen wir die grundlegenden Unterschiede zwischen Einzelunternehmen, Personen- und Kapitalgesellschaften vor.

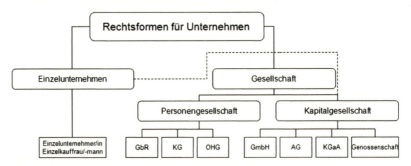

Abbildung 6: Die passende Rechtsform

Einzelunternehmen und Personengesellschaften

Ein *Einzelunternehmen* gründen Sie als einzelne Person. Das ist die Form, die in der Kultur- und Kreativwirtschaft bislang am häufigsten vertreten ist.[2] Für eine *Personengesellschaft* benötigen Sie mindestens zwei Personen. Beiden Formen ist gemeinsam, dass die Beteiligten voll mit ihrem Privatvermögen haften. Es gibt also keine Haftungsbeschränkung.

Für ein Einzelunternehmen in den Freien Berufen brauchen Sie sich lediglich beim Finanzamt anmelden. Sie bekommen dafür eine eigene Steuernummer für Ihre unternehmerische Tätigkeit. Wenn Sie mit Ihrer Tätigkeit nicht unter die Freien Berufe fallen, müssen Sie zusätzlich beim Gewerbeamt ein Gewerbe anmelden. In beiden Fällen muss Ihr ganzer Name in der Unternehmensbezeichnung zu finden sein. Ihr Gewinn entspricht bei dieser Rechtsform Ihrem zu versteuernden Einkommen. Für die Kosten der Unternehmensgründung kommt man mit 100 Euro gut hin. Wenn man sich aufgrund der Art der Tätigkeit notariell beglaubigt ins Handelsregister eintragen lassen muss, wird es etwas teurer. Die Kosten bleiben aber trotzdem überschaubar.

Wenn Sie im Team gründen wollen, bietet sich in der Kultur- und Kreativwirtschaft in den meisten Fällen eine Personengesellschaft an. Hier gibt es die Partnergesellschaft (PartG) speziell für die Freien Berufe oder die Gesellschaft bürgerlichen Rechts (GbR). Erstere findet man häufig im Architekturbereich, da bei ihr besondere Regelungen z.B. bezüglich der Haftung einzelner Partner bei allein verantwortlicher Auftragsabwicklung gelten. Bei der GbR haften Sie im Zweifel alle zusammen, sofern Sie im Gesellschaftervertrag keine abweichenden Regelungen getroffen haben. Da macht es Sinn, untereinander Absprachen zu treffen, wie Sie z.B. gemeinsam zu Entscheidungen kommen, wie Sie die Gesellschaft nach außen vertreten oder auf welchen finanziellen Umfang sie Einzelentscheidungen begrenzen wollen. Als GbR brauchen Sie zwar nicht notwendig einen Gesellschaftervertrag, da alles im BGB geregelt ist, für abweichende Vereinbarungen sollten Sie aber auf jeden Fall einen solchen anlegen. Ein guter Nebeneffekt: Durch die Erstellung eines Gesellschaftervertrags sind Sie gezwungen, sich im Team mit den Ecken und Kanten Ihrer Rechtsform auseinanderzusetzen. Das macht Sie fit für zukünftige Entscheidungen Ihrer unternehmerischen Tätigkeit, bei denen Sie Ihre Rechtsform mitdenken müssen.

Die *Partnergesellschaft* müssen Sie im Partnerschaftsregister notariell beglaubigt beim zuständigen Amtsgericht eintragen und im Bundesanzeiger veröffentlichen lassen. Im Namen müssen mindestens der Name eines Partners und die entsprechenden Berufsbezeichnungen zu finden sein. Die Kosten der Eintragung sind in den meisten Fällen entsprechend dem Eintragungsaufwand gestaffelt. Am besten, Sie informieren sich direkt bei dem für Sie zuständigen Amtsgericht.

Im Vergleich dazu ist die Gründung der *GbR* weniger aufwändig: Als Freiberufler-GbR – hierunter fallen in der Regel auch so genannte Künstlerkollektive – brauchen Sie wie beim Einzelunternehmen lediglich die Anmeldung beim zuständigen Finanzamt. Wenn Sie nicht unter die Freien Berufe fallen, also ein Gewerbe ausüben, müssen Sie sich zuvor beim Gewerbeamt in Ihrer zuständigen Gemeinde anmelden. Das Formular dazu erhalten Sie in der Regel zum Download auf den entsprechenden Webseiten der Gemeinde. Die Gebühren hierfür bewegen sich im unteren zweistelligen Bereich.

Freiberuflich tätige Einzelunternehmen oder Personengesellschaften können in den meisten Fällen für die Steuererklärung eine Einnahme-Überschuss-Rechnung erstellen, sie müssen also nicht bilanzieren. Auch unterliegen diese Gesellschaftsformen keinen weiteren Berichtpflichten. Sie sind also sehr »leichte« und auf die Jahreskosten, z.B. Steuererklärung, bezogen sehr günstige Rechtsformen.

Wenn Sie als Team gründen, mit Ihrer Tätigkeit aber nicht unter die Freien Berufe fallen, weil Sie z.B. Handel betreiben oder eigene Produkte herstellen, bietet sich die Gründung einer *offenen Handelsgesellschaft (OHG)* an. In diese ›GbR für Fortgeschrittene‹ müssen Sie umwandeln, sobald Art und Umfang des Gewerbes vollkaufmännische Einrichtungen wie z.B. die doppelte Buchführung erfordern.[3] Eine OHG muss in das Handelsregister eingetragen werden. Ob Ihre Tätigkeit nach »Art und Umfang vollkaufmännische Einrichtungen« erfordert,

finden Sie am besten zusammen mit einer Steuerberatung heraus – dazu ist
eine Gesamtbetrachtung Ihres Unternehmens notwendig.

Kapitalgesellschaften

Anders verhält es sich mit den Kapitalgesellschaften. Diese können wie die
Personengesellschaften von einer Person oder mehreren Gesellschaftern
gegründet werden. Mit der Gründung wird in der Regel eine Kapitaleinlage
getätigt. Die Kapitalgesellschaft ist eine eigenständige juristische Person,
die sich letztendlich nicht mehr für ihre eigenen Gründer/-innen interessiert.
D.h., es wird auch nicht mehr auf das Privatvermögen der Gesellschafter/-in-
nen zugegriffen, wenn das Unternehmen z.b. einer Schadensersatzforderung
ausgesetzt ist. Wenn Sie allerdings für Kapital mit Banken in Verhandlung treten, wollen diese in der Regel Sicherheiten aus dem persönlichen Vermögen
der Gesellschafter/-innen, Kapitalgesellschaft hin oder her. Zu den Kapitalgesellschaften gehören die *Gesellschaft mit beschränkter Haftung (GmbH),*
die *Genossenschaft* und die *Aktiengesellschaft (AG).*

Für eine Gründung in der Kultur- und Kreativwirtschaft sind die GmbH und
die Genossenschaft interessant. Sie bieten die Möglichkeit, eigenständige
Unternehmungen zu gründen, die weniger abhängig von den ursprünglichen
Gründern sind. Entscheidungen können eigenständiger gefällt werden – es ist
ja vor allem das Kapital der Gesellschaft und nicht das Privatvermögen der
Gesellschafter betroffen. Auch kann für die Ausübung der Geschäfte eine Ge-
schäftsführerin bzw. ein Geschäftsführer bestellt werden, die/der nicht gleichzeitig Gesellschafter/-in ist.

Für die Gründung einer Kapitalgesellschaft – und ebenso für den laufenden
Betrieb – gibt es allerdings eine Reihe von Vorgaben, die Sie beachten müssen: Das fängt bei der notariellen Beglaubigung des Gesellschaftervertrages
an und geht über die Eintragung ins Handelsregister, die Bereitstellung des
Stammkapitals von 25.000 Euro bei der Gründung bis hin zur Bilanzierung der
laufenden Geschäfte. Die Gründungskosten, ohne das Stammkapital, liegen
da schnell im unteren dreistelligen Bereich. Eine Gründung in dieser Größen-
ordnung will also gut überlegt sein – allerdings kommt es auch hier auf den
Inhalt an: Wenn Ihre Unternehmung vor allem unabhängig von einzelnen Gesellschaftern laufen soll, wenn Sie mit viel Kapital jonglieren, vielleicht auch
beabsichtigen, Gebäude mit in die Gesellschaft zu nehmen, dann könnte z.B.
eine GmbH eine interessante Form für Sie sein.

Auch eine Genossenschaft bietet hier gute Möglichkeiten, z.B. beim Aufbau eines Gewerbehofs das Kapital der Gesellschaft in Form von Genossen-
schaftsanteilen einzusammeln und relativ sicher für die einzelnen Genossen-
schaftler/-innen zu verwalten.

Zudem hat die GmbH durch die Reform des GmbH-Rechts im Jahr 2008 an

Attraktivität für Gründungen gewonnen: Mit der Einführung der so genannten Unternehmergesellschaft (UG) oder auch »Mini-GmbH« ist eine weitere haftungsbeschränkte Kapitalgesellschaft entstanden, bei der jedoch zum Zeitpunkt der Gründung kein Stammkapital in Höhe von 25.000 Euro vorhanden sein muss. Schon ab einem Euro Stammkapital kann die Gründung erfolgen. Vorbild ist die so genannte Limited (Ltd.) aus dem angelsächsischen Raum. Allerdings ist die Unternehmergesellschaft so ausgelegt, dass Sie auf die Umwandlung in eine vollwertige GmbH hinarbeiten. So müssen Sie z.b. einen bestimmten Prozentsatz Ihres Gewinns jährlich als Kapitaleinlage für das Stammkapital tätigen.

Wenn Sie sich mit der Gründung einer Kapitalgesellschaft beschäftigen, dann bleibt Ihnen gar nichts anderes übrig, als sich gründlich in die Fachliteratur einzuarbeiten und den Rat von Steuerberatungen zu suchen. Hier gibt es sowohl in rechtlicher als auch in steuerlicher Hinsicht viel zu beachten und abzuwägen.

Verein als Rechtsform für eine Gründung
Für die Gründung eines Vereins braucht man mindestens sieben Gründungsmitglieder. Es gibt einen gewählten Vorstand aus dem Kreis der Mitglieder, die den Verein in bestimmten Aufgabenfeldern vertreten. Für die Führung der Geschäfte kann ein Geschäftsführer bestellt werden. Zentral für einen Verein ist die Vereinssatzung, in der der Vereinszweck festgelegt ist. In das Vereinsregister eingetragene Vereine tragen den Zusatz »e.V.« und verfolgen keinen wirtschaftlichen Zweck.

Warum ist diese Rechtsform interessant für die Kultur- und Kreativwirtschaft? In einigen Bereichen der Kultur- und Kreativwirtschaft wird von den Beteiligten nicht primär ein wirtschaftlicher Zweck verfolgt. Das heißt nicht, dass man keine Gelder bewegt. Sie sind lediglich nicht auf Gewinn ausgerichtet. So mietet ein Verein, der vorrangig die Bereitstellung von Atelierplätzen zum Ziel hat, eigene Gewerbeflächen an und nimmt Mietanteile seiner Mitglieder ein. Unterm Strich darf dabei aber kein Gewinn erzielt werden. Entsprechend vorsichtig muss man sein, wenn im Kassenbericht auf einmal Überschüsse auftauchen.

Die Struktur des Vereins – einzelne Mitglieder werden durch Organe wie den Vorstand vertreten – ist das Vorbild für Kapitalgesellschaften. Ein Verein ist rechtlich eine eigenständige Person. Wenn sich also der Zweck Richtung Gewinnerzielung ändern sollte, könnte die Gründung einer GmbH angebracht sein.

Stiftungen
Stiftungen ranken sich rund um ein Stiftungsvermögen, das für einen bestimmten Zweck gestiftet worden ist. In der Regel ist die Stiftung auf den Er-

halt des Stiftungsvermögens angelegt und wirtschaftet vor allem mit den Erträgen aus diesem Vermögen. Im Unterschied zu Vereinen haben Stiftungen keine Mitglieder, die Vertretung nach außen erfolgt über einen Vorstand. In Deutschland unterliegen Stiftungen der Stiftungsaufsicht. Die meisten Stiftungen verfolgen gemeinnützige Ziele. In der Kultur- und Kreativwirtschaft sind Stiftungen nicht nur als potenzielle Geldgeber interessant. Gerade um Nachlässe von Künstlerinnen und Künstlern herum werden häufig Stiftungen gegründet. Sollte es sich bei Ihrem Vorhaben also um die Bewirtschaftung von Erträgen aus einem Vermögen, sei es finanzieller oder materieller Art handeln, könnte hierfür die Stiftung die geeignete Form sein.

Kurz nachgefragt bei ...

SIMON SEEGER von der textunes GmbH, Berlin (www.textunes.de)

Simon Seeger studierte Medienwissenschaft und Unternehmenskommunikation in Deutschland und den USA und war für »Die Zeit« und für eine Unternehmensberatung für Marketing und Kommunikation tätig. 2009 gründete Simon Seeger mit Partnern die textunes GmbH, ein Unternehmen, das sich auf die Veröffentlichung von Verlagsinhalten auf mobilen Endgeräten spezialisiert. Das Unternehmen unterhält mittlerweile Verträge mit Europas größten Verlagsgruppen und ist Marktführer für deutschsprachigen Content auf Smartphones.

Simon Seeger

Weshalb haben Sie ein Unternehmen, das Literatur aufs iPhone bringt, als GmbH gegründet? Wieso war das der »passende Anzug« für Sie?
Zunächst einmal war es für uns wichtig, das Unternehmen als juristische Person zu gründen. Als Dienstleister und Vertriebskanal ist man verschiedenen Risiken ausgesetzt, für die es sinnvoll ist, nicht persönlich haften zu müssen. Die GmbH ist eine Rechtsform, die sich nach der Reform des GmbH-Gesetzes recht einfach und schnell gründen lässt. Wir haben die Limited oder eine AG in Erwägung gezogen, uns jedoch dann für Ersteres entschieden. Die AG ist formal um einiges aufwändiger, die Limited schien uns gegenüber unseren B2B-Kunden weniger vertrauensvoll.

Die textunes GmbH wurde als Joint Venture der theCode AG und On-
kel&Onkel gegründet – hat die Diskussion über die richtige Unterneh-
mensform bei Gemeinschaftsunternehmungen/Teamgründungen eine
besondere Relevanz?
Die Ausgründung aus einem Joint Venture hatte keinen direkten Einfluss
auf die gewählte Unternehmensform. Eine Personengesellschaft hätte
es allerdings kaum ermöglicht, die Interessen der Gründer unter einen
Hut zu bringen. Ein formales Korsett ist wichtig, um Einfluss und Rollen-
verteilung in einem Unternehmen festzuschreiben. Die Erfahrungen der
beiden an der Gründung beteiligten Unternehmen mit ihren jeweiligen
Unternehmensformen haben sicherlich auch zur Entscheidung für eine
Unternehmensform beigetragen.

Ist die Gründung einer GmbH tatsächlich vertrauensstiftend? Wird man
als Unternehmer ernster genommen?
Ja und nein. Tatsächlich erschien uns die GmbH vertrauensstiftender als
eine Limited. Inwiefern ein Unternehmen ernst genommen wird, hat aus
unserer Sicht aber weniger mit der Firmierung zu tun – viele andere Faktoren spielen hier hinein. In unserem Tätigkeitsfeld in der Verlagsbran-
che sind Personengesellschaften weit verbreitet. Hier stehen gewachse-
ne Vertrauensverhältnisse und Leistung im Vordergrund.

An welchen Punkten haben Sie den »Anzug« einer GmbH als unpassend
empfunden?
Mit der Zeit stößt man auf Nachteile der GmbH, die im Detail liegen. Dies
betrifft z.B. die Sozialversicherungspflicht von Geschäftsführern oder
die mangelnde Möglichkeit der Gesellschaft, selbst Anteile zu halten.
Insgesamt fühlen wir uns aber doch recht wohl im »Anzug« einer GmbH.
Bei wichtigen Entscheidungen, so ist unsere Erfahrung, lohnt es sich,
rechtliche Beratung hinzuzuziehen – auch wenn die Tagessätze von An-
wälten in der Gründungsphase besonders schmerzen. Gleichsam bieten
verschiedene Berliner Förderinstitutionen zumeist kostenfreie Beratung
an, die zielführend sein kann.

Zu welchem Zeitpunkt sollten sich Gründer/-innen in der Kultur- und Krea-
tivwirtschaft mit der Unternehmensform genau auseinandersetzen?
Als Gründer vernachlässigt man im Eifer des Gefechts oft juristische, ver-
sicherungsrechtliche, steuerliche und andere finanzielle Aspekte, die in
einem direkten Zusammenhang mit der Unternehmensform stehen. Weiterhin unterschätzt man den zeitlichen Aufwand für die Formalia einer

Unternehmensgründung. Es ist deshalb ratsam, das Thema nicht nur von Anfang an im Hinterkopf zu haben, sondern auch zeitnah mit der Vorbereitung einer Unternehmensgründung zu beginnen. So verhindert man, dass einem das Thema im Tagesgeschäft »zwischen die Füße« fällt. Zum Beispiel ist ohne Steuernummer keine Rechnungsstellung möglich und ohne eingetragenes Unternehmen erhält man keine Steuernummer – die Folge ist ein erheblicher Verzug im Cashflow. Für den gesamten Prozess einer Unternehmensgründung sollte man unserer Erfahrung nach drei Monate veranschlagen.

Es raucht einem schnell der Kopf, wenn man sich mit dem Thema befasst. Wir hoffen, dass wir Ihnen dennoch zeigen konnten: Mit einer passenden Rechtsform lässt sich viel besser arbeiten als mit einer unpassenden. Außerdem ist die Wahl der Rechtsform ein fortlaufender Prozess, der mit Ihrer Tätigkeit mitwächst. Und noch etwas sollte deutlich geworden sein: Man bewegt sich schnell in Bereichen, in denen man sich ohne professionellen steuerrechtlichen Hintergrund nicht mehr gut auskennt. Ein guter Anlass, sich genau dafür bei geeigneten Stellen Rat und Orientierung einzuholen. Die letztendliche Entscheidung müssen dann sowieso Sie und Ihr Team treffen.

Reflexion – Welche Rechtsform ist die richtige für mich?

Beantworten Sie in Ihrem Gründungstagebuch folgende Fragen:
- Welche Risiken liegen in meiner unternehmerischen Tätigkeit? Sind diese Risiken überschaubar und kann ich diese Risiken mit meinem Privatvermögen abdecken?
- Welche Rechtsform herrscht in meiner Branche vor?
- Welche Rechtsformen haben Unternehmen gewählt, auf deren unternehmerische Entwicklungsstufe ich in den nächsten Jahren aufsteigen will?
- Welche Rechtsform ist am geeignetsten, Kreditwürdigkeit zu vermitteln?
- Wie will ich das Vertrauen meiner zukünftigen Kunden gewinnen? Welchen Beitrag kann die Rechtsform dazu liefern?
- Steht der Aufwand für die favorisierte Rechtsform im richtigen Verhältnis zum erwarteten Nutzen am Markt?

Wenn Sie zusammen mit anderen gründen:

- Welche Sicherheitsbedürfnisse haben Ihre Mitgründer/-innen? Gibt es Unterschiede und wie wollen Sie diese Unterschiede untereinander absichern (z.B. im Rahmen eines Gesellschaftervertrages)?
- Wie viele Einzelentscheidungen erfordern Ihre Tätigkeiten im Gründerteam? Wie wollen Sie diesen Entscheidungsspielraum zur Risikoabsicherung begrenzen (z.b. gemeinsame Entscheidungen ab einem bestimmten Finanzvolumen)?
- Wer soll das Unternehmen leiten? Ist es eine einzelne Person, ein Team oder gar ein Kollektiv? Welche Rechtsform wahrt am besten die Interessen im Gründungsteam?
- Und noch mal: Welches Risiko birgt meine/unsere Geschäftsidee? Welche Rechtsform federt dieses Risiko in geeignetem Maße ab? Soll die persönliche Haftung beschränkt werden?
- Wie viel Eigenkapital kann ich, können wir aufbringen? Welche Vorstellungen habe ich, für meine Geschäftsidee an Kapital zu kommen?
- Muss eine Eintragung ins Handelsregister erfolgen?
- Sollen möglichst wenige Formalitäten bei der Gründung entstehen?[4]

»JOHANNAS WELT«: JOHANNAS KLEIDERPROBE

spiegel, café/bar wohnzimmer, berlin

*Den passenden Anzug für die Selbstständigkeit finden … ›schön und gut,
aber was steht mir am besten?‹, dachte Johanna. Gut, hier half ein genauer
Blick in den Spiegel: Wenn die Wahl einer Rechtsform vor allem eine Frage der Risikoabsicherung und dafür da ist, Vertrauen am Markt zu stiften,
dann war die Frage nach dem passenden Anzug bei ihr relativ schnell klar:
Passend war erst mal das unifarbene T-Shirt: Sie war Einzelunternehmerin.
Größere Risiken hatte sie nicht zu tragen. Im Fall der Fälle musste sie jedoch
mit ihrem eigenen Geld haften – nur: Erstens gab es da eh nichts zu holen,
zweitens: was sollte der Fall der Fälle bei ihr überhaupt sein? Möglich wäre
schon, dass sie vielleicht einmal einen großen Druckauftrag betreut, der
vom Kunden nicht schriftlich freigegeben wurde; 100.000 Exemplare einer
Broschüre würden gedruckt werden – mit Fehlern, die ihr dann zugeschoben
werden würden. In einem solchen Fall müsste sie dann ggf. haften. Aber
gleich eine GmbH zu gründen war ihr für den Anfang wirklich eine Nummer zu groß. Allein die Tatsache, dann doppelte Buchführung praktizieren
zu müssen, ließ sie bereits jetzt in Gedanken abwinken. Interessant wäre
höchstens eine ›kleine‹ GmbH, eine Unternehmergesellschaft, um das private Geld zu schützen. Aber auch diesbezüglich wollte sie sich eigentlich noch
nicht festlegen. Tilo hatte gesagt, sie solle wenn, dann eine richtige GmbH*

gründen, dann könnte sie gleich auch bei den großen Kunden mitspielen, bei denen sie sonst keine Chance auf Aufträge hätte. Aber wegen solchen hypothetischen Kunden gleich das ganze Businessmodell umkrempeln? Johanna glaubte, dass sie vor allem authentisch sein muss, um Vertrauen zu stiften. Vielleicht wäre die GmbH in ein paar Jahren passend, wenn man sich mit anderen zusammentut und tatsächlich auch große Projekte stemmt. Aber jetzt wollte sie erst mal klein anfangen und ihre Unternehmung überschaubar halten.

→ KAPITEL 6. MARKT UND MARKETING: WIRKSAM WERBEN UND SICHTBAR WERDEN

Dieses Kapitel zeigt Ihnen, ...

- ... warum der Begriff »Marketing« Kreativschaffenden manchmal die Haare zu Berge stehen lässt.
- ... wie Sie Märkte aktiv gestalten und für sich nutzen können.
- ... wie Sie ein schlüssiges Marketing-Konzept erstellen, das die besonderen Rahmenbedingungen der Kultur- und Kreativwirtschaft berücksichtigt.
- ... wie Sie die Vorteile neuer Kommunikationsmedien für Ihr Marketing nutzen können.

Sie haben bereits erspürt, wo Ihr Markt liegen könnte, haben erste Rückmeldungen von potenziellen Kunden eingeholt, Interessen und Bedarfe eruiert. Sie haben mit diesen Anregungen weiter an Ihrer Idee gefeilt, erste Prototypen entwickelt oder Versuche mit Testkunden gestartet. Jetzt ist es an der Zeit, den Sprung von der Beobachterrolle zum aktiven Gestalter zu machen. Jetzt ist Markttag. Sie können mitmischen und mitgestalten: durch Ihr Angebot (dessen Besonderheiten Ihre Mitbewerber aufhorchen lässt), durch Ihre Preise (auf die andere irgendwie reagieren werden), durch die Kommunikation Ihrer Taten und durch die Wahl der Orte, an denen Sie Produkte anbieten. Das alles wird unter dem Begriff »Marketing« zusammengefasst.

Sicher, als Gründer/-in kommt Ihnen der Markt vor wie ein undurchsichtiges Nebelfeld, voll unbekannter Größen und Stolpersteine – aber daran haben Sie sich beim Gründen wahrscheinlich schon gewöhnt. Sie kennen dann wahrscheinlich schon das magische Gefühl, wenn das Nebelfeld sich lichtet, wenn aus Gedanken Tatsachen werden, erste reale Kundenkontakte, der lange vorbereitete Auftritt oder ein Pressetermin anstehen. Allerdings streiten wir auch nicht ab: Gutes und in sich schlüssiges Marketing ist gerade am Anfang schwierig. Dafür gibt es mehrere Gründe:

Nur in wenigen Fällen werden Sie eine Ausbildung im Marketing-Bereich haben. Sie müssen sich also (wieder mal) ein weites Feld der Expertise selbst aneignen, zumindest die Grundbegriffe kennenlernen.[1]

Ihr Budget ist gerade in der Anfangszeit nicht übermäßig groß – und mit Marketing können Sie viel Geld versenken. Sie müssen also die für Sie passenden Mittel zusammenstellen, gerade auch unter Kostenaspekten.

Marketing ist ein konstanter Prozess, dessen Ergebnisse nicht immer sofort sichtbar sind: Bis Sie ein schlüssiges Image für Ihre Dienstleistung bzw. Ihre Produkte aufgebaut haben, gehen schnell drei bis fünf Jahre ins Land. Gerade beim Gründen geraten die konstant anfallenden To Dos für das Marketing angesichts eines vollen Tagesplans schnell in Vergessenheit.

Und schließlich kommen in der Kultur- und Kreativwirtschaft noch ein paar Besonderheiten dazu, die dazu beitragen, dass gerade Kreativschaffende sich so wenig selber vermarkten, ja, dies vielleicht direkt ablehnen. Dazu zwei Glaubenssätze, die uns in diesem Bereich immer wieder begegnen:

»Das Ergebnis des kreativen Prozesses will das Gegenüber herausfordern, Neues an sich und seiner Umwelt zu entdecken – dafür nehmen wir auch zeitweilige Verstimmungen des Rezipienten und Konsumenten in Kauf.«

Natürlich: Die Quelle von Kreativität ist oft Reibung. Reibung an althergebrachten Herangehensweisen, die es zu überdenken gilt, Reibung an gewohnten Abläufen im eigenen Alltag. Dieses Reiben steht allerdings im Gegensatz zum modernen Marketing, teilweise auch im Gegensatz zum unternehmerischen Denken: Was sind die Bedürfnisse des Kunden und wie kann ich diese Bedürfnisse mit meinem Angebot bedienen? »Was?!« – werden nun vielleicht einige unserer Leser erstaunt ausrufen, »Schumpeter hat mit seiner kreativen Zerstörung von Althergebrachtem durch den Unternehmer genau das beschrieben!« Stimmt. Hier gibt es Ähnlichkeiten zwischen künstlerischen und unternehmerischen Herangehensweisen.[2] Allerdings: Der kreativ-künstlerische Prozess ist vorrangig eine Reflexion über sich selbst, der unternehmerische eine Reflexion über den Markt. Entsprechend ist die Motivation eine grundlegend andere. Eine Orientierung am Markt ist nicht unbedingt im Sinne von Kreativschaffenden. Allerdings bewegen sich auch Kreativschaffende nicht im luftleeren Raum: Geld braucht jeder zum Leben. Und dieses lässt sich am besten über den Markt generieren.

»Das Ergebnis wirkt für sich, wer das nicht sieht, ist selber schuld.«

Kreativ-künstlerische Arbeit ist darauf ausgerichtet, die passende Sprache – auch auf einer sehr intuitiven und emotionalen Ebene – zu finden: in Form, in Farbe, im Zusammenwirken der Einzelteile, im gesamten Ergebnis. Marketing verfolgt da durchaus ein ähnliches Ziel: eine in sich geschlossene und ganzheitliche Kommunikation über ein bestimmtes Produkt, eine Dienstleistung hin zu bestimmten Zielgruppen. Um dies zu erreichen, greifen Unternehmen nicht von ungefähr auf Dienstleistungen von Kreativen zurück: Grafiker/-innen, Werbetexter/-innen, Filmemacher/-innen etc.

Allerdings steht oben zitierter Glaubenssatz für uns auch dafür, dass Kultur- und Kreativschaffende ihre Beziehung zum Markt vielfach noch nicht verinnerlicht haben: So genial eine Lösung ist, sie ist für Außenstehende nicht immer auf Anhieb zu erkennen. Manchmal stehen der Nutzung auch alte Gewohnheiten entgegen, die erst mal aufgebrochen werden müssen. Alles eine Frage der aktiven Kommunikation auf mehreren Ebenen – Marketing eben.

Unser Anliegen hierbei ist, dass Sie Ihren Blick über Ihr eigenes Produkt, Ihre Dienstleistung hinaus erweitern: Ein Produkt ist nicht isoliert. Es wird wesentlich mitbestimmt von der Beziehung, die es zu seinen Nutzern, zu seinem Markt hat. Dass diese Beziehung durchaus kreativ zu gestalten ist und auch für angestammte Unternehmen immer Neues bereit hält, zeigen die Möglichkeiten neuer Kommunikationswege wie des Web 2.0.

Übrigens: Der genannte Glaubenssatz findet sich nicht nur im Kultur- und Kreativbereich: Auch bei deutschen Ingenieuren ist er weit verbreitet – ein Grund, warum trotz vieler Erfindungen wenige ihren Weg zum Kunden, zum Verbraucher finden. Produktorientierung stand und steht zu oft noch vor Marktorientierung.

Durch diese besonderen Problemstellungen passiert es häufig, dass junge Unternehmen Marketing nur bruchstückhaft verfolgen, zu wenig strategisch angehen oder zu spät in den unternehmerischen Prozess integrieren. Es ist am Ende wie mit eigenen Kindern, in die man zu verliebt ist, die man zu sehr verhätschelt und beschützt, sie nicht aus dem Haus und schon gar nicht mit den Schmuddelkindern da draußen spielen lässt – am Ende sitzt ihr ›Muttersöhnchen‹ lebenslang bei Ihnen zu Hause rum und hat den Sprung ins Leben nicht geschafft. Also: Raus mit den ›Nesthockern‹! Wir bieten Ihnen deshalb die wichtigsten Ansatzpunkte, um die grundsätzlichen Ideen, die Sprache und einzelne Instrumente des Marketings kennenzulernen.

Kurz nachgefragt bei ...

Dr. HARTMUT JOHN von ».JOHN – Die Beratung für Museen und Kultur«,
Pulheim (www.johnonline.eu)

Nach fast drei Jahrzehnten Tätigkeit für die
staatliche Museumsberatung und die Quali-
fizierung von Museumspersonal machte sich
Hartmut John als »Senior-Jungunternehmer«
selbstständig. Er bietet strategische Beratung u.a. für die Positionierung, Neuausrich-
tung und den Markenaufbau von Museen und
Kultureinrichtungen.

Hartmut John

*Wieso glauben Sie, dass gerade in der Kultur- und Kreativwirtschaft das
Thema Marketing so stiefmütterlich behandelt wird? Ist den Kreativen
das »Sich-Verkaufen« und Am-Markt-Positionieren peinlich?*
Ich bin stark im Zweifel, ob man diese apodiktische Aussage treffen kann.
Kultur- und Kreativwirtschaft umfassen ein weit gefächertes, heteroge-
nes Spektrum unterschiedlicher Branchen, Unternehmen, vieler Firmen
im »Microbusiness«, Organisationen und Einrichtungen im privaten, öffentlichen und Dritten Sektor. Kein Unternehmen des Verlagsgewerbes,
der Film- oder Designwirtschaft kann ohne Marketing reüssieren und
überleben. Reserven und Vorbehalte – seit längerem schwindend – findet man sicher noch im staatlichen und intermediären Kulturbereich –
und unter manchen Klein- und Kleinstfirmen künstlerischer Produktion.
Hier mag bisweilen noch der Blick dafür verstellt sein, dass auch und gerade intelligente innovative Produkte nicht von selbst genügend Käufer
finden.

*Wieso ist es auch für Kulturunternehmen und Kultureinrichtungen not-
wendig, aktives Marketing zu betreiben?*
Alle, die heute auf dem hoch entwickelten, dynamischen und weithin gesättigten Markt der kreativen Bedeutungs-, Kontext- und Erlebnisanbie-
ter agieren, sind gleichen Wettbewerbsbedingungen unterworfen. Alle
Akteure auf dem Markt dieser neuen »Einheitskultur« (Georg Franck)

sind darauf angewiesen, dass ihre Produkte und Leistungen mit der begrenzten Währung Aufmerksamkeit bezahlt werden. Mehr noch: (punktuelle) Aufmerksamkeit muss in andauernde Beachtung und diese in heißes Begehren und alternativlose Kaufpräferenz verwandelt werden. Ohne professionelles Marketing ist dies schwerlich möglich.

Kann man gutes Marketing auch alleine machen oder braucht man Dienstleister?
Methodisch fundiertes, handwerklich solides und innovatives Marketing beherrscht nur der, der die Profession gelernt hat – von seltenen Ausnahmen abgesehen. »Make or buy« lautet auch hier die Devise. Wer nicht über das entsprechende Know-how verfügt, muss es zukaufen. Je fester Kulturbetriebe und -unternehmen Marketing intern verankern als unverzichtbaren Beziehungs-, Kommunikations- und Austauschprozess mit Umfeld und Adressaten, desto weniger externe Beratungskosten werden sie budgetieren müssen.

WIE MAN DIE VIER PS FÜR SICH NUTZT

Wenn Sie gründen, müssen Sie Ihr Produkt, Ihre Dienstleistung in einem erweiterten Zusammenhang sehen: Die Beziehungen Ihres Unternehmens zum Markt, zum Kunden sind Teil des Ganzen. Ohne diese Beziehungen werden Sie keinen oder höchstens nur zufälligen Erfolg haben. Marketing ist deshalb auch bei Kleinstunternehmen absolute Chefsache und sollte einer der zentralen Punkte Ihrer Selbstständigkeit sein. Umgekehrt ausgedrückt: Es wäre ein fataler Fehler, Ihre Marktbeziehungen im umfassenden Sinne nicht schon von Anfang an mitzudenken. Ein weiterer Fehler ist es, zu meinen, dass sich Marketing lediglich in Kommunikationsaufgaben erschöpfen würde. Mal eine Anzeige zu schalten oder einen Flyer zu verteilen ist kein Marketing – das wäre nur eine vereinzelte und völlig unzureichende Maßnahme unter vielen, die unter dem Begriff des Marketings zusammengefasst werden.

Marketing umfasst alle Aktivitäten, die Ihre Beziehungen zum Markt im Sinne der Absatzförderung gestalten, also der Maßnahmen, die dazu beitragen, dass Sie Ihre Leistungen und Produkte beim Kunden absetzen. Der Kunde steht dabei immer im Zentrum aller Überlegungen. Wie die Geschichte des Marketings zeigt, war das nicht immer so: Die Märkte haben sich geändert. Der Kunde ist König – und von diesem zentralen Gedanken ausgehend, werden im Marketing alle Aktivitäten planvoll und strategisch angegangen. Die Kernfrage für Ihr Handeln lautet dabei:

Wo liegt der Nutzen für meine Kunden, wenn ich Dienstleistungen oder Produkte anbiete?

Damit ist auch gemeint: sich vom Wettbewerb abzusetzen, erfolgreicher als die Konkurrenz zu agieren und Chancen am Markt früher als andere zu erkennen.

Dazu werden Marketing-Strategien entwickelt, die mit Hilfe von Marketing-Instrumenten umgesetzt werden. In der Marketing-Literatur werden hierzu vier Handlungsfelder – die so genannten vier Ps – angeführt:

- Product: die Produkt- und Leistungspolitik,
- Price: die Preispolitik,
- Promotion: die Kommunikationspolitik und
- Place: die Art und Weise, wie Sie Ihre Produkte vertreiben und wo Sie diese anbieten, die Vertriebspolitik.

Bevor wir uns aber mit dem planvollen Aufbau eines Marketing-Konzepts beschäftigen, das die Besonderheiten der Kultur- und Kreativwirtschaft berücksichtigt und selbst für die kleinste Unternehmung notwendig ist, stellen wir uns gemeinsam mit Ihnen ein paar zentrale Fragen, die dabei helfen sollen, Ihre ›Marketing-Denke‹ zu entwickeln. Sammeln Sie Ihre Gedanken zur Gründungsidee, an denen Sie bisher gefeilt und geschliffen haben:

Checkliste »Marketing-Denke«

Testen Sie sich selbst: Haben Sie inzwischen die Antworten auf diese Fragen innerhalb von ein paar Sekunden parat?

- Welche Kundenbedürfnisse kann ich mit meinem Produkt oder meiner Dienstleistung befriedigen?
- Wie würde ich meine Marktlücke definieren und welchen Zusatznutzen bietet meine Leistung, mein Produkt am Markt im Vergleich zur Konkurrenz?
- Zeigt sich die Lösung, die ich den Kunden für ihre Probleme anbiete, in allen Einzelheiten: vom Kernprodukt über Design, Verpackung und Vertrieb bis hin zum Service?
- Preise gestalten Marktbeziehungen: Welchen Preis kann oder will ich für mein Produkt bzw. meine Dienstleistung verlangen?
- Wie kommuniziere ich am Markt die Vorteile meiner Dienstleistungen und Produkte und binde über ein positives Image Kunden?

- Wie einfach oder kompliziert ist es, als Kunde meine Produkte oder Dienstleistungen zu finden und zu konsumieren? Das heißt: Welche Vertriebswege habe ich bisher ins Auge gefasst?

DIE PRODUKTPOLITIK – ENTSCHEIDUNGEN FÜR DAS IMAGE

»Die Produktpolitik umfasst alle Entscheidungen, die die Gestaltung der Leistungen eines Unternehmens betreffen. In diesen Bereich fallen z.b. die Analyse, Planung und Umsetzung von Produktentwicklung und -veränderungen sowie Serviceleistungen, die Markenpolitik, Namensgebung oder die Verpackungsgestaltung.« (Gabler Wirtschaftslexikon)[3]

Im Rahmen der Produktpolitik muss der Kundennutzen immer die zentrale Kategorie aller Entscheidungen sein. Ein Name, den keiner aussprechen kann, ist nicht kundenorientiert. Eine Verpackung, die keiner aufkriegt, ebenso. Eine Dienstleistung, die keiner versteht, auch.

Ein Beispiel: Eine Gründerin bezeichnete ihre Dienstleistung als »multimediale Schnittstelle«. Ihre Dienstleistung sollte es vor allem kleinen und mittleren Unternehmen ermöglichen, neue, webbasierte Kommunikationskanäle für den Vertrieb ihrer Produkte zu erschließen. Die Zielgruppe war bisher eher an klassische Vertriebswege wie Händler und Messen gewöhnt. Auf ihrer Website konnten interessierte Unternehmen über ein interaktives Element exemplarisch ihren persönlichen Vertriebsmix zusammenstellen. Die Dienstleistung der Gründerin bestand dann darin, die Integration dieser unterschiedlichen Vertriebswege zu einem einheitlichen Bild mit multimedialen Elementen gegenüber den Kunden aufzubereiten. Über ein Kontaktformular auf ihrer Website konnten interessierte Unternehmen Kontakt aufnehmen.

Was wird an diesem Beispiel über die Produktpolitik der Gründerin deutlich? Zunächst scheint es sich um eine sehr erklärungsbedürftige Dienstleistung zu handeln. Das ist nichts Ungewöhnliches, vor allem wenn es sich um Neuheiten handelt. Allerdings scheint die Gründerin bisher noch keine Bezeichnung für ihre Leistung gefunden zu haben, die leicht und eingängig die wesentlichen Vorteile und den Nutzen vermittelt. Sie scheint außerdem bei ihren Zielkunden, kleine und mittlere Unternehmen, davon auszugehen, dass diese vor allem über das Internet mit ihr in Kontakt treten und beim Zusammenstellen des individuellen Vertriebsmixes bereits eine Affinität zu Medien mitbringen. Allerdings ist gerade das ein Manko ihrer Zielgruppe, das sie mit ihrer Leistung erst beheben will. Ihre Namensgebung, die Vertriebswege, ihr Service und die Art der Leistungserbringung sind also nicht auf die von ihr anvisierte Zielgruppe ausgerichtet. Die Produktpolitik ist in diesem Beispiel nicht im Einklang mit dem zu erwartenden Markt.

Also: Ein Produkt darf nicht nur über die ihm innewohnende Idee definiert werden, sondern sollte in seinem komplexen Zusammenhang von Idee, Umsetzung und Wahrnehmung gesehen werden. Produktpolitik lässt sich vor allem an Markenprodukten gut erklären: Eine Modemarke wie Hugo Boss wird heute mit relativ klaren Wertedimensionen wie Exklusivität, Qualität, Coolness, Trendiness und Lifestyle wahrgenommen. Aus einer solchen – sehr verkürzt dargestellten – Anspruchsdefinition lassen sich die weiteren Entscheidungen fürs Marketing herleiten. Eine solche Marke würde nicht preiswert verkauft werden, man würde sie nicht in Anzeigenblättchen bewerben – und man würde sie nicht bei Aldi vertreiben. Auch das würde nicht im Einklang mit dem Markt stehen – die Erwartungen der Kunden sind anders. Die Produktpolitik muss entsprechend darauf abzielen.

Wie steht es nun mit Ihrer Produktpolitik? Dazu einige Stichpunkte:

1. Kundennutzen verdeutlichen: Für Ihre Produktpolitik müssen Sie immer die (reale) Situation am Markt berücksichtigen. Wie wir bereits gesehen haben, schleichen sich schnell eigene Einschätzungen oder die von wohlwollenen Freunden ein (siehe Kapitel 2, »Trauen Sie nie Ihrer Familie«, Seite 45). Damit Sie Ihr Produkt richtig platzieren können, müssen Sie den Kundennutzen auf einen einfachen und verständlichen Nenner bringen, ohne Plattitüden zu produzieren: Man kann als Werber/-in nicht einfach behaupten, dass man kreativ ist. Glaubwürdiger ist es, dieses Nutzenversprechen auch zu beweisen: durch Auszeichnungen, Rückmeldungen von Kunden, Referenzen.

2. Qualitätsversprechen einhalten: Zur Produktpolitik gehört genauso die Frage nach der Qualität Ihrer Dienstleistungen und Produkte. Auch die Kundenbetreuung und Projektabwicklung müssen halten, was Sie versprechen. Ein Modedesigner kann außergewöhnliche, noch nicht gesehene Schnitte anbieten, aber er muss sich genauso Gedanken über die Qualität seiner Verarbeitung, seiner Textilien machen. Ein Verleger kann ganz neue Themen am Markt anbieten, aber die Aufmachung der Bücher, die Qualität des Papiers, die Bindung oder der Bildanteil in einem Buch sowie eine anspruchsvolle Grafik – sofern Sie diese dem Kunden versprochen haben – spielen ebenfalls eine Rolle. Wenn eine Kundin bei mir ein Einzelstück erworben und dafür extra Geld auf den Tisch gelegt hat – bekommt sie dafür bei Bedarf einen extra Änderungsservice? Wie gehe ich damit um, wenn schon nach dem ersten Tragen eine Naht aufgeplatzt ist? Und vor allem: Wie mache ich meine Qualität nach außen hin deutlich?

3. Die richtigen Kunden ansprechen: Zunächst sind Sie vielleicht froh, überhaupt Kunden zu bekommen. Sind das aber auch die Kunden, die Sie wollen? Das können Sie mit Ihrer Produktpolitik steuern. Unsere Gründerin im obigen Beispiel hat festgestellt, dass sie mit ihrer neuen Dienstleistung der »Multimedialen Schnittstelle« sowieso am ehesten bei den Kunden landen kann, die schon eine Affinität zu webbasierten Vertriebskanälen mitbringen, die schon die Schwierigkeiten der Integration der Vertriebswege kennengelernt haben und nun jemanden suchen, von dem sie diese Leistung extern einkaufen können. Für Ihre Produktpolitik würde das bedeuten: Sie richten Ihre Leistung und deren Abwicklung auf das Vorhandensein eines gewissen Basiswissens beim Kunden aus.

MIT DEN RICHTIGEN PREISEN JONGLIEREN

Auch über Ihren Preis steuern Sie Ihre Beziehung zum Markt. Sie machen damit deutlich: Das ist meine Arbeit, das ist mein Produkt wert! Es geht bei dieser Frage nicht nur um Geld, um mehr oder weniger Gewinn, sondern um eine aus der Produktpolitik logisch ableitbare Entscheidung. Preise kommunizieren schließlich auch Inhalte. An ihnen lässt sich beispielsweise festmachen, ob ein Anzug »Premium« ist oder ein demokratisches Angebot für alle sein soll. Mit Preisen grenzen Sie bestimmte Kundengruppen aus oder beziehen andere ein.

Für einige Bereiche der Kultur- und Kreativwirtschaft mag sich das befremdlich anhören: Wenn z.B. künstlerische Projekte für absolute Dumpingpreise zuhauf angeboten werden, gewöhnen sich die Kunden an solche Preise – und schon sind Sie selbst mitten in einer Spirale. Einer der größten Fehler bei Newcomern ist tatsächlich, Preisdumping zu betreiben. Das hat zwar Vorteile, weil der Markteinstieg dadurch erleichtert werden kann, aber gerade bei arbeitsintensiven Produkten und Dienstleistungen werden Sie mit einer solchen Einsteigerstrategie nicht weit kommen, wenn die Qualität nicht leiden soll oder wenn Sie es nicht schaffen, niedrige Preise durch entsprechend hohe Abverkäufe in der Masse zu kompensieren. Außerdem werden Sie es im weiteren Verlauf schwer haben, Ihre Preise wieder anzuheben. Denn wie erklären Sie dem Kunden, dass Sie Ihre Dienstleistung bzw. Ihr Produkt bisher so günstig anbieten konnten und jetzt auf einmal nicht mehr? Unserer Meinung nach ist es deshalb nicht klug, möglichst preiswert einzusteigen. Feilen Sie lieber an Ihrem Alleinstellungsmerkmal: Die Kunden müssen Sie wollen – koste es, was es wolle ... Allerdings: Sie müssen die Kunden aktiv mitnehmen, nur so erhöhen Sie die Akzeptanz Ihrer Dienstleistung. Also auch bei Ihrer Preispolitik gilt: Denken Sie strategisch.

Was sind Sie und Ihre Produkte wert? Die Beantwortung dieser Frage ergibt sich natürlich aus den Kosten, die gedeckt werden müssen. Der Preis muss – zumindest auf Dauer – die Selbstkosten übersteigen. Aber auch das Verhalten der Konkurrenz muss berücksichtigt werden und sich an der Preisbereitschaft der Kunden orientieren. Diese drei Aspekte werden in der Marketing-Literatur als das »Magische Dreieck der Preispolitik« bezeichnet.

Abbildung 7: Dreieck Preispolitik

Innerhalb des »Magischen Dreiecks« müssen Sie selbst die Schwerpunkte bestimmen – mit den entsprechenden Konsequenzen, die Ihnen der Markt zeigen wird. So können Sie sich nicht ausschließlich an der Konkurrenz orientieren, wenn Ihre Produktionskosten einfach höher sind oder Sie meinen, dass Ihr Produkt mehr wert ist, weil es besondere Features bietet. Wenn Sie nur Ihre eigenen Kosten im Blick haben, übersehen Sie vielleicht, dass die Preisbereitschaft des Marktes viel größer ist als Sie glauben. Sie können ein wenig experimentieren, um den richtigen Preis für sich auszutarieren. Preisschwankungen sind durchaus üblich. Wenn eine Preisstrategie also nach einer angemessenen Zeit nicht aufgeht und der Absatz lahmt, können Sie mit den Preisen nachregeln. Jedoch sind hier auch die strategischen Grenzen zu berücksichtigen: Ein Premiumprodukt kann nicht auf einmal zum Discountpreis angeboten werden oder umgekehrt. Noch einmal: Der Preis ist eine Botschaft, die die Wertedimensionen Ihres Produktes und Ihrer Dienstleistungen transportiert. Deshalb lohnt es sich, sich intensiv Gedanken über die Preisgestaltung zu machen. Die endgültige Entscheidung kann Ihnen niemand abnehmen – und auch wir können Ihnen lediglich Anhaltspunkte nennen, nach denen Sie Ihre Entscheidungen treffen können.

Im Folgenden tauchen wir tiefer in die einzelnen Bereiche des »Magischen Dreiecks« ein:

Kostenorientierte Preisbildung

Bei der kostenorientierten Preisbildung bestimmen die anfallenden Kosten des Produktes oder der Dienstleistung den Preis. Mit einer einfachen Rechnung kommen Sie hier zu einer Festlegung.

Rechnen Sie zusammen:

- *Variable Kosten:* Diese Kosten werden direkt von Produkt bzw. der Leistung verursacht, etwa durch Materialverbrauch, Handelsrabatte oder Fremdleistungen. Diese Kosten sind abhängig vom Umsatz.
- *Fixkosten:* Diese Kosten entstehen Ihnen unabhängig vom Umsatz. Zu ihnen gehören z.b. Büromiete, Versicherungsbeiträge, Telefon- und Internetkosten, Personalkosten (auch Sie selbst).
- *Angemessener Gewinnaufschlag:* Zuschlag in Höhe eines gewissen Prozentanteils pro Einzelteil oder für ein Gesamtprojekt. Daraus finanzieren Sie z.b. Zeiten geringer Umsätze, Rücklagen für Investitionen etc.

Damit erhalten Sie den Nettopreis. Nun schlagen Sie noch die Mehrwertsteuer drauf, insofern sie für Sie zutrifft (vgl. Seite 216), und erhalten so den Bruttopreis.

Dieses Verfahren hat seinen Vorteil darin, leicht gehandhabt werden zu können. Außer den Kosten und dem gewünschten Gewinn sind keine weiteren Informationen erforderlich. Allerdings kalkulieren Sie damit unter Umständen auch am Markt und den Kunden völlig vorbei. So ist es möglich, dass zu diesem Preis keiner das Produkt kaufen will. Andererseits könnte es aber auch sein, dass der Markt einen wesentlich höheren Preis akzeptieren würde. Gerade in der Kultur- und Kreativwirtschaft ist es jedoch wichtig, dass Sie zumindest für sich selbst die Kostenperspektive durchgerechnet haben, auch wenn Sie letztendlich vielleicht auf eine andere Preisfindungsstrategie zurückgreifen werden. Sie bekommen damit Argumente gegenüber den Kunden in die Hand – und eigene Entscheidungshilfen, ob Sie ein weiteres Projekt ohne Kostendeckung annehmen wollen. Hier wird der nächste Aspekt der Preisbildung interessant.

Konkurrenzorientierte Preisbildung

Sie sind nicht allein auf dieser Welt. Auf dem Markt wird es immer vergleichbare Produkte und Wettbewerber/-innen geben, mit denen Sie konkurrieren. Wenn PR-Dienstleistungen von Wettbewerbern zu einem bestimmten Preisniveau angeboten werden, dann wäre es problematisch und schwer kommunizierbar, wenn Sie das Fünffache der normalen Preise verlangen würden. Es ist deshalb sinnvoll, sich an dem Preis bzw. den Preis-Leistungs-Verhältnissen im Wettbewerb zu orientieren. Gucken Sie sich genau um, sammeln Sie

Informationen und rechnen Sie einfach mal nach, wie hoch der Durchschnitts-
preis aller Anbieter liegt oder was der Preis des jeweiligen Marktführers ist.
In vielen kreativen Bereichen können Sie auch auf Statistiken einzelner Bran-
chenverbände zurückgreifen. So gibt es für die Werbe- und PR-Branche, auch
für Übersetzer/-innen, Lektorinnen und Lektoren, Grafiker/-innen und viele
andere Bereiche teils jährliche Statistiken über Durchschnittshonorare, die
Sie als Orientierung für Ihre eigene Preisfindung nutzen können.

Sehen Sie sich diese Honorartabellen genau an. In vielen kreativen Berei-
chen sind die Verdienstmöglichkeiten nicht überirdisch hoch. Wenn Sie den
Marketing-Gedanken aber verinnerlicht haben, wissen Sie, dass der Markt
nicht einfach ein statisches Gebilde ist. Auch bei der Preispolitik haben Sie
Spielräume und sind nicht sklavisch an den Branchendurchschnitt gebunden.
Um eine eigene Preispolitik betreiben zu können, sollten Sie immer wieder versuchen, sich durch einen Mehrwert von der Konkurrenz abzuheben. Ein gutes
Beispiel dafür sind die digitalen Ausgaben klassischer Literatur. Rechtefreie
Texte von Goethe bis Marx werden im Internet mittlerweile zuhauf kostenlos
als Download angeboten. Darüber hinaus gibt es zahlreiche Anbieter dersel-
ben Contents, die dafür Geld verlangen und sogar erfolgreich sind. Als E-Book
lässt sich z.B. das »Kommunistische Manifest« von Marx und Engels allerdings
nur verkaufen, wenn im Gegensatz zu den kostenlosen Versionen ein Anbieter als Mehrwert eine quellentreue Ausgabe verspricht. Die digitale Version
ist dann mit der Erstpublikation abgeglichen worden. Mehrwert entsteht und
rechtfertigt einen höheren Preis, wenn weitere redaktionelle Inhalte hinzuge-
fügt werden, bspw. eine Einleitung, ein Text über die Wirkungsgeschichte des
Buches, Kurzbiografien oder Multimediainhalte.

Nachfrageorientierte Preisbildung
Bei der nachfrageorientierten Preispolitik stehen die aktuellen Marktverhält-
nisse im Mittelpunkt, also die Zahlungsbereitschaft der Kunden. In der Freien
Kunst kann man seine Grafiken nicht nur nach Kosten und dem Preisniveau
der Wettbewerber/-innen kalkulieren. Gerade am Kunstmarkt bringen Samm-
ler und ihre Leidenschaft alle rationalen Kalküle durcheinander. Aber auch
bei anderen Produkten wie Mode, Designobjekte oder etwa Ghostwriting-
Dienstleistungen ist es sehr hilfreich, die Zahlungsbereitschaft potenzieller
Kunden zu erfragen. Das können Sie durch einfache Fragebögen bei Ihren
Zielgruppen machen. Dazu gehören Händler, die immer ein gutes Gespür für
die Verkäuflichkeit von Produkten haben, aber auch Endkunden, an die Sie
verkaufen wollen. Drei Herangehensweisen gibt es:

- *Preisschätzungstests:* Hier fragen Sie, was das Produkt kosten sollte.
- *Preisempfindungstests:* Hier fragen Sie, ob ein Produkt sehr teuer, teuer, billig oder sehr billig ist.
- *Preisbereitschaftstest:* Hier benennen Sie bereits einen konkreten Preis und fragen, ob Kunden bereit wären, das Produkt zu diesem Preis zu kaufen.

Im Idealfall haben Sie diese Abfrage schon in Ihrer ersten Marktanalyse vorgenommen (siehe Kapitel 2, »Was der Markt von Ideen hält – Kunden befragen«, Seite 43). Es ist jedoch sinnvoll, immer wieder die Nase am Boden zu halten. Je mehr Erfahrung Sie aufbauen, desto differenzierter können Sie nachfragen.

Anhand solcher Tests werden Sie evtl. auch feststellen, dass der Markt kein monolithisches Gebilde ist, sondern Varianzen zeigt, die bspw. regional oder kulturell geprägt sind.

Sie haben nun drei Vorgehensweisen kennengelernt, die Sie bei Ihrer Preisfindung unterstützen können. Zusätzlich gibt es noch eine Vielzahl weiterer Vorgehensweisen. So können Sie Preise z.B. nach Kundengruppen oder bestimmten Angebotszeiten unterscheiden. Dazu vertiefen Sie sich am besten in die spezielle Literatur zum Thema Pricing.

Literaturtipp zur Preisgestaltung

Werner Pepels: Pricing leicht gemacht. Höhere Gewinne durch optimale Preisgestaltung, München: Redline Wirtschaft 2006.

PROMOTION – TUE GUTES UND REDE DARÜBER

Das, wofür Sie stehen und was Sie dem Markt anbieten wollen, muss kommuniziert werden – denn wer nicht kommuniziert, kann nicht wahrgenommen werden. Im Idealfall präsentieren Sie Ihr Unternehmen bspw. als kreativ und nachhaltig mit einem einzigartigen Produkt oder einer einzigartigen Dienstleistung. Wer dieses Produkt oder diese Dienstleistung kauft, identifiziert sich mit Ihrem Produkt, Ihrer Dienstleistung und letztendlich mit Ihrer Philosophie. Sie denken: Nichts leichter als das? Um eine derartige Wahrnehmung am Markt aufzubauen, sind in aller Regel jedoch große Anstrengungen vor allem bei der Kommunikation erforderlich. Mit kommunikativen Eintagsfliegen ist solch ein Ergebnis kaum zu erreichen. Ihre Promotion muss über einen längeren Zeitraum in sich konsistent aufgebaut sein.

Vielleicht denken Sie jetzt: Wer hat als Gründer/-in schon einige hunderttausend Euro in der Hand, um eine europaweite Medienkampagne mit klassischer Werbung, Product Placements und begleitender PR zu finanzieren? Allerdings würden Sie so etwas vielleicht auch gar nicht wollen: Denn was Sie versprechen, sollten Sie auch halten – und könnten Sie im Zweifel Nachfragen aus allen Teilen Europas bedienen? Ihre Kommunikation muss also auch auf Ihre Leistungsfähigkeit abgestimmt sein. Sie wächst mit Ihren Ressourcen, mit Ihrem Unternehmen mit. Aber Geld ist bei der Promotion nicht alles. Sie brauchen auch Zeit. Die Texte für eine Website sind nicht so schnell nebenher erstellt, die begleitende Pressemitteilung braucht Zeit und Konzentration und die regelmäßigen Blogeinträge ein paar spritzige Gedanken, die nicht im hektischen Alltag entstehen. Auch die Optimierung Ihrer Suchmaschinenauffindbarkeit im Internet kann schnell ein paar Abende fressen. Aber selbst wenn Zeit beim Gründen knapp ist: Regelmäßige Kommunikationsaktivitäten sind für Ihre Unternehmung essentiell – reservieren Sie sich Zeit dafür und lassen Sie es nicht unter den Tisch fallen. Sie können hier schon mit relativ wenig viel ausrichten. Und fehlendes Geld können Sie durchaus mit Kreativität ersetzen.

Der grundsätzliche Anspruch der Kommunikationsarbeit im Rahmen Ihres Marketings ist, alle relevanten Zielgruppen mit Informationen zu versorgen, Imageaufbau zu betreiben und den Verkauf zu befördern. Seit Jahrzehnten nutzt man hierfür ein Modell, das die Aufgaben von Kommunikation am Markt beschreibt: das AIDA-Modell. Erstellt von Elmo Lewis im Jahre 1898, ist es hilfreich, um einen grundlegenden Gedankengang vorzustellen.

AIDA ist ein Akronym und steht für:

- Attention (Aufmerksamkeit): Die Aufmerksamkeit des Kunden wird angeregt.
- Interest (Interesse): Das Interesse des Kunden wird erregt. Er interessiert sich für das Produkt.
- Desire (Verlangen): Der Wunsch nach dem Produkt wird geweckt. Der Besitzwunsch wird ausgelöst.
- Action (Handeln): Der Kunde kauft möglicherweise das Produkt.[4]

Dieses Modell hat seinen Reiz, weil es einen idealtypischen Vorgang, der durch gezielte Kommunikationsarbeit von Unternehmen ausgelöst werden kann, beschreibt. Man kann diesen Prozess von der Aufmerksamkeitsgenerierung hin zum Handeln, also dem Kauf eines Produktes, nach wie vor als Ziel definieren. Für Sie als Gründer/-in heißt das z.B.: Sie können zwar in aufwändig gestalteten Flyern Ihre Unternehmung vorstellen – das wird Ihnen aber wenig bringen, wenn Sie nicht gleichzeitig darstellen, wie der Kunde Ihr Produkt oder Ihre Dienstleistung kaufen kann. Ihre Energie und Ihr Geld verpuffen ohne Effekt. Allerdings: Das AIDA-Modell steht zu Recht auch in der Kritik, weil es zu schematisch ist – und weil es den Kunden zum Objekt eines simplen Reiz-Reaktions-Prozesses macht. Wir wissen: Der Kunde ist König und mittlerweile auch mündig, informiert und nicht einfach steuerbar. Unserer Meinung nach kann eine erfolgreiche und zeitgemäße Kommunikation deshalb nur dialogisch und auf Augenhöhe stattfinden – zumal, wenn Sie darauf angewiesen sind, direktere, aber auch kostengünstigere Wege der Kommunikation zu nutzen.

Dialogische Kommunikation auf Augenhöhe bedeutet zunächst einmal, seriöse Informationen zu vermitteln und den Kunden ernst zu nehmen. Kunden, die sich für dumm verkauft fühlen, sind das Schlechteste, was Ihnen passieren kann, sie richten kollaterale Imageschäden an, z.B. indem sie im Internet entsprechende Informationen posten.

Zum Aufbau dieses Dialogs mit Ihren Kunden stehen Ihnen verschiedene Wege der Kommunikation zur Verfügung:

- Klassische Werbung
- Public Relations (PR)
- Virales Marketing

Diese drei Felder gehen ineinander über. Wir stellen sie hier dennoch getrennt dar, da sie jeweils unterschiedliche Schwerpunkte setzen. Für die Kultur- und Kreativwirtschaft sind insbesondere die Möglichkeiten des Internets interessant. Diesem Medium widmen wir in den drei Bereichen besondere Aufmerksamkeit.

Werbung in der Kultur- und Kreativwirtschaft
Unter Werbung verstehen wir die (zunächst einseitig von Ihnen ausgearbeitete) Darstellung Ihrer Unternehmung, Ihrer Produkte, Ihrer Dienstleistungen in der Öffentlichkeit. Das können Sie über verschiedene Medien tun: Sie erstellen Ihre eigene *Website*, eine *Postkarte*, einen *Informationsflyer*, eine *Broschüre*.

Egal welches Medium Sie wählen, Sie brauchen zunächst ein Logo, einen Namenszug, eine Bildmarke, die sich von der grafischen Gestaltung von anderen in Ihrem Umfeld abhebt. Solche Bilder prägen sich bei Ihren Kunden wesentlich schneller ein als lange Erklärungen. Mit jeder Kommunikationsaktivität hinterlassen Sie mit Ihrem Logo eine Spur im Gedächtnis Ihrer Kunden. Wenn Sie sonst kein hartes Geld investieren wollen – hier müssen Sie es. Es muss nicht gleich die teuerste Agentur sein, die Sie beauftragen. Aber ein freier Grafiker, der Ihnen verschiedene Vorschläge macht und gemeinsam mit Ihnen die Besonderheit herausarbeitet, sollte es aber schon sein. Auch Sie selbst müssen sich mit Ihrem Logo identifizieren. An der Aufmachung Ihres Logos, Ihres Namenszuges sollte sich dann auch der Eindruck Ihrer Geschäftspapiere orientieren: Ihre Briefbögen, Rechnungsvorlagen und Visitenkarten sind Ihre Eintrittskarte beim Kunden.

Wenn Sie sich für eine Informationsmappe oder einen Flyer entscheiden, können Sie Ihr Logo und die damit erstellten Stilvorgaben gleich zur Anwendung bringen. Nehmen Sie sich außerdem das AIDA-Modell vor und überlegen Sie, ob in Ihrem Flyer alle Informationen zu den vier beschriebenen Schritten vorhanden sind.

Anzeigen stellen eine weitere Möglichkeit für Ihre Werbung dar. Der Vorteil davon ist, dass Sie die Botschaft darin selbst bestimmen können und keine Redaktion die Inhalte bewertet und abändert – wie es etwa bei Ihrer Pressearbeit der Fall ist. Werbung eignet sich vor allem zum ›emotionalen‹ Imageaufbau. Lassen Sie Anzeigen jedoch unbedingt von professionellen Dienstleistern erstellen, denn selbstgebastelte Anzeigen wirken in der Regel kontraproduktiv. Auch bei der Werbung ist die Frage der Platzierung in relevanten Zielmedien essentiell. Für diese so genannte Mediaplanung gibt es eigene Dienstleister. Wenn Sie jedoch keine breite nationale Bewerbung Ihres Produktes betreiben müssen, sondern bspw. als Grafiker vor allem Dienstleistungen für Verlage anbieten wollen, dann können Sie die Mediaplanung auch selbst vornehmen, schließlich bieten sich da meist nur einige wenige Fachzeitschriften der jeweiligen Branche an. Nehmen Sie direkt Kontakt mit deren Anzeigenabteilungen auf und erfragen Sie Konditionen sowie Formatvorgaben.

Auch mit *Sponsoring*, einer besonderen Werbeform, können Sie sich bekannt machen. Das muss nicht immer in Form eines finanziellen Beitrages geschehen: Auch durch die Mitwirkung in einem Organisationskomitee, als Mitveranstalter haben Sie Möglichkeiten,»Gutes zu tun und von sich reden zu machen«.

Besonders wichtig für Ihre Werbung ist Ihre *Website*: Wer keine digitale Existenz aufbaut, wird mittlerweile auch kaum in der analogen Welt wahrgenommen. Das gilt auch, wenn Sie nur ein Ladengeschäft betreiben und von Laufkundschaft leben – wir haben erwähnt, dass Kunden immer informierter werden, sie schauen sich unter Umständen Ihre Produkte an und vergleichen danach im Netz. Auch deswegen wird ein virtuelles Pendant zum realen Laden immer wichtiger. Vor allem Dienstleister/-innen müssen sich Gedanken über ihren virtuellen Auftritt im Netz machen.

Ihre Website ist Ihr Aushängeschild. Sie muss Ihrer Unternehmung entsprechen und sollte Ihre Kunden vom Design her genauso ansprechen wie wenn sie Ihnen gegenüber stünden. Auf der Website haben Sie außerdem die Möglichkeit, Ihren Kunden konkrete Beispiele und erste Referenzen zugänglich zu machen. Eine Website hat außerdem einen großen Vorteil: Sie können Texte und Bilder schnell und ohne Kosten aktualisieren. Vermeiden Sie jedoch große Textwüsten. Das schreckt Besucher/-innen eher ab. Bringen Sie auch hier Ihre Botschaft auf den Punkt. Wenn Ihre Kunden dennoch vertiefende Informationen haben wollen, können Sie diese in Form von speziellen Downloads oder extra Seiten zur Verfügung stellen.

Für die Werbung in der Kultur- und Kreativwirtschaft hält das Internet besondere Möglichkeiten bereit: Musikalische Geschmacksproben lassen sich über Plattformen wie www.myspace.com oder auch www.youtube.com in die eigene Website einbinden, umfangreichere Videos auch über www.sevenload. com.

Die schönste Website macht allerdings wenig Sinn, wenn sie nicht gefunden wird. Natürlich können Sie die Adresse Ihrer Website auch ausschließlich an persönliche Kontakte weitergeben. Sie vergeben damit aber unter Umständen ein Potenzial, das durchaus auch für andere, Ihnen bis dato unbekannte Menschen, interessant sein könnte. Je mehr Menschen sich mit eigenen Websites und Angeboten im Netz tummeln, desto wichtiger ist die Optimierung der eigenen Seite für die Suchmaschine.[5] Schon mit ein paar einfachen Griffen können Sie zu Ihrer Auffindbarkeit beitragen: Vergeben Sie Stichworte in den Metatags Ihrer Seite, die sich auch im Text Ihrer Website wiederfinden. Halten Sie die Inhalte aktuell und sorgen Sie dafür, dass Ihre Seite im Netz vernetzt ist, d.h. dass nicht nur Sie auf andere, sondern auch andere auf Sie verweisen. Und schauen Sie sich von Zeit zu Zeit die Besucherstatistik Ihrer Website bei Ihrem Provider an: Wie viele Seiten meines Webauftrittes schauen sich meine Besucher/-innen in der Regel an? Favorisieren sie eine spezielle Seite? Habe ich besonders viele Besucher/-innen nach oder vor einer Werbeaktion? Wie viele habe ich überhaupt? Website-Optimierung ist inzwischen sehr umfangreich, dazu gibt es ausreichend Fachliteratur. Halten Sie für sich den richtigen Aufwand im Blick.

Literatur- und Linktipp zu Suchmaschinenoptimierung

- Thomas Promny: Grundlagen der Suchmaschinenoptimierung, It's not a trick – it's knowledge, 2008. Zum kostenlosen Download unter www. seo1.de.
- Mario Fischer: Website Boosting 2.0: Suchmaschinen-Optimierung, Usability, Online-Marketing, Frechen: Verlag mitp 2008, 2. Auflage.

Kurz nachgefragt bei ...

CHRIS LEJEUNE von »Event Entertainment Chris Lejeune«, Stuttgart
(www.buskin-chris.com)

Chris Lejeune bereiste als Entertainer Euro-
pa, Nordamerika und Asien. Nach 15-jähriger
Weltreise kehrte er nach Deutschland zurück
und agiert seitdem als One-Man-Band auf
Gala-Veranstaltungen, Messen, Hochzeiten,
Firmenevents etc. Im Interview spricht Chris
Lejeune über seine Marketing-Strategie.

Chris Lejeune

*Sie sind Entertainer und erreichen Ihre Kunden vor allem über das Inter-
net. Welche Bedeutung hat Suchmaschinenoptimierung für die Kultur-
und Kreativwirtschaft im Allgemeinen und für Künstler im Speziellen?*
Für Entertainer z.B., die nicht bekannt sind, ist das eine der wenigen Mar-
keting-Möglichkeiten, die heutzutage überhaupt funktionieren. Agenturen haben ihre Stammkünstler und gehen von diesem Pool auch selten
ab. Wenn jemand neu ist, wie soll der sich präsentieren? Flyer schicken
ist out, das wird komplett ignoriert. Mit meiner Website habe ich aber
inzwischen eine Klickrate von über 300 am Tag. Ich habe zu 100 Prozent
meine spezielle Zielgruppe getroffen.
Mit Suchmaschinenoptimierung drehe ich die Herangehensweise an den
Kunden um: Ich streue mein Marketing nicht mehr, sondern habe die
Möglichkeit, mich genau in den Kopf des Users hineinzudenken – und
wenn ich das Suchverhalten der User studiere und verstehe, dann kann
ich die Suchmaschinenoptimierung genau so gestalten, dass ich mit meiner Seite auf dem Bildschirm des Kunden erscheine. Dann bin ich nicht
mehr auf die Vermittlung durch Agenturen angewiesen.

*Suchmaschinenoptimierung ebnet den ersten Weg des Kunden zum
Künstler. Was kommt danach?*

Wenn ich gefunden werde, muss auch meine Präsentation gut sein. Sonst bringt es mir nichts, gefunden zu werden. Das ist einerseits die Darstellung auf der Website. Außerdem erspart mir die Optimierung nicht das gute Marketing-Gespräch mit den Kunden. Wenn ich z.B. zehn Anfragen per E-Mail beantworten würde, wird aus keiner ein Auftrag. Wenn ich aber mit allen ein gutes Telefonat führe, dann werden daraus zwei Aufträge. Ein gutes Marketing-Gespräch ist immer noch das A und O. Bei Künstlern steht die Persönlichkeit im Vordergrund. Suchmaschinenoptimierung hilft mir als Künstler, den Kunden überhaupt erst mal für ein Gespräch an die Angel zu bekommen. Wenn ich von meiner Kunst leben will, dann ist das der Punkt vor dem Herrn: Seine Person überhaupt an den Mann zu bringen.

Wird Suchmaschinenoptimierung zur Zusatzaufgabe für Künstler/-innen?
Das möchte ich bezweifeln, weil Suchmaschinenoptimierung ein so komplexes Thema ist, dass es jahrelang dauert, bis man da wirklich durchblickt. Ich würde dazu raten, insgesamt mindestens ein Viertel eines Jahreseinkommens zu investieren und jemanden zu engagieren, der das für mich macht. Wenn ich mich da selber reinhänge, bin ich bis dahin verhungert, da mache ich besser meine Kunst.
Allerdings gibt es auf dem Feld extrem viele Scharlatane. Deswegen ist es gut, ein paar Tests zu machen: Wo steht der Dienstleister selber bei Google zu seinen Suchbegriffen? Welche Kunden hat er bereits optimiert und an welcher Stelle der Suchmaschinen stehen diese Kunden zu den jeweiligen Suchbegriffen nach einiger Zeit der Optimierung?

Sie stehen zum Zeitpunkt dieses Gesprächs unter dem Suchbegriff »Entertainer« auf Platz eins und zwei bei Google. Wie lange haben Sie gebraucht, diese Position zu erreichen?
Es hat Jahre gebraucht. Die Optimierung einer Internetpräsenz ist ein gekonntes und gezieltes Zusammenspiel von plus/minus 200 Faktoren. Entweder man macht das oder man lässt es bleiben. Wenn jemand zu mir kommt mit dem Wunsch, in ca. sechs Monaten in relevanten Suchergebnissen aufgefunden zu werden, und er hat möglicherweise schon 30 Faktoren, die ein gutes Suchergebnis ermöglichen, ist selbst daraufhin noch eine immense Aufbauarbeit nötig.
Wenn ich mir wirklich die Frage stelle: Was ist meine Lebensaufgabe? Kunst ja oder nein? Wenn ja, dann ist das der erste Tag, an dem ich mich an die Suchmaschinenoptimierung dransetze. Dann investiere ich entweder in den Aufbau meines eigenen Wissens oder in die Beauftragung

eines professionellen Anbieters. Wenn dazu kein Geld vorhanden ist, dann muss man einen Kredit aufnehmen. Wenn man nichts investiert, kann man nichts ernten, auch nicht als Künstler. Sonst geht es einem so wie dem Künstler, der in ein Auto investiert, um zu seinen Shows zu fahren, aber keine Shows bekommt, zu denen er fahren kann.

Weitere Werbeinstrumente können für entsprechende Fragestellungen herangezogen werden: Direktmailings, Messeauftritte, Product Placements. Die Entscheidung zur Nutzung eines Kommunikationsinstruments steht und fällt immer mit der Frage, inwiefern Sie damit die für Sie relevanten Zielgruppen erreichen können. Denken Sie immer daran, dass die Kommunikationsarbeit niemals alle potenziellen Kunden auf einmal erreichen wird. Es geht auch nicht um die Ansprache jeder einzelnen Person, sondern immer um Synergie- und Bündelungseffekte durch (massenmediale) Multiplikatoren. Um es bildlich zu machen: Gehen Sie nicht von Haustür zu Haustür und klingeln bei jedem Menschen auf dieser Welt mal an der Türklingel (soweit vorhanden). Das wäre purer Unsinn und eine unlösbare Aufgabe. Suchen Sie vielmehr die Gelegenheiten, wo Sie eine relative Masse an für Sie interessanten potenziellen Kunden über die Medien erreichen können.

Public Relations (PR) Stück für Stück aufbauen
Public Relations geht über die rein einseitige, werbliche Darstellung Ihrer Produkte und Leistungen unter Verkaufsaspekten hinaus. Mit PR bauen Sie gezielt Beziehungen zu Kundengruppen auf. Sie dient dazu, Ihr Unternehmen und damit Ihre Produkte und Dienstleistungen bekannt zu machen. Allerdings ist auch hier im Blick zu behalten: Im Sinne Ihres Unternehmens und Ihrer Existenzsicherung ist Bekanntheit in einem speziellen Kreis nur sinnvoll, wenn Sie damit mehr Umsatz generieren. Bei der Planung Ihrer PR-Aktivitäten sollten Sie also gut überlegen, ob diejenigen, die Sie damit erreichen, dann auch Ihre Kunden sein werden. Gemäß der AIDA-Formel: Wenn Sie »interest« generiert haben – kann dann auch »desire« bzw. »action« folgen? Medien, die Sie für Ihre PR nutzen können, sind die klassischen Medien wie Zeitungen und einschlägige Zeitschriften. Nach wie vor haben diese analogen Medien einen großen Vorteil – ihnen wird mehr Glaubwürdigkeit zugeschrieben als Informationen aus dem Internet. Dazu kommen webbasierte Medien wie Online-Zeitungen. Egal ob on- oder offline: Ein wichtiges Werkzeug, um Medien als Multiplikatoren auf sich aufmerksam zu machen, ist die Pressemitteilung.

Um Pressearbeit zu betreiben, müssen Sie zunächst Ihre Botschaften formulieren: Was genau bieten Sie an? In welcher Qualität, zu welchem Preis, wo und wie kann man es kaufen? Welche Wertedimensionen (besonderes Design, langjährige Erfahrung etc.) bieten Sie an? Diese grundsätzlichen W-Fragen müssen Sie für sich beantworten können und auf einfache Formeln bringen, die jeder versteht. Nutzen Sie dann für die Presse relevante Anlässe, um auf sich aufmerksam zu machen: Ihre Geschäftseröffnung, Buchveröffentlichungen, neue Kollektionen etc. Kommunizieren Sie nach außen, was Nachrichtenwert hat. Hierfür sind folgende Kriterien ausschlaggebend:

- Aktualität: Eine Nachricht bezieht sich auf eine aktuelle Tatsache.
- Neuigkeit: Das Thema ist in den Redaktionen und bei den Leserinnen und Lesern nicht bekannt.
- Relevanz: Das Thema hat eine Bedeutung für Ihre Zielgruppen.
- Originalität: Ungewöhnliche Aktionen sind eine Nachricht wert.

Info: Pressemitteilung (PM)

Kurz und knapp, das Wichtigste an den Anfang (die Redaktion muss von hinten abschnittsweise kürzen können), sachlich und direkt kommunizieren – das sind die wichtigsten Regeln beim Erstellen einer Pressemitteilung. Je journalistischer die PM verfasst wird, desto wahrscheinlicher ist es, dass die Empfänger – Journalistinnen und Journalisten – den Text ernst nehmen und Interesse entwickeln. So wird eine PM aufgebaut:

- Die Kopfzeile: Sie enthält das Logo bzw. den Absender, der die PM kommuniziert.
- Die Headline: Kurz und prägnant, verdichtet den Inhalt der Mitteilung und macht vor allem den Nachrichtenwert der Mitteilung deutlich. Ergänzen Sie die Headline ggf. durch eine kurze erklärende Subheadline.
- Die Spitzmarke: Zu Beginn des Texts, enthält den Ort der Handlung und das Datum (bspw.: Berlin, 20.7.2010).
- Der Text: Der erste Satz ist der Wichtigste, allgemeine Informationen folgen am Ende. Der Text sollte die 6-W-Fragen beantworten: Wer? Wo? Wann? Was? Wie? Warum? Kurze und verständliche Sätze erhöhen die Erfolgswahrscheinlichkeit, ein bis zwei Zitate im Text machen sich gut.
- Die Boilerplate: Enthält die wichtigsten allgemeinen Angaben zu dem Unternehmen, das hinter der Mitteilung steht (z.B. Anzahl der Mitarbeiter/-innen des Unternehmens, Umsatz, Standorte, Branchenschwerpunkte, Gründung). Die Boilerplate ist somit ein über einen längeren Zeitraum gleichbleibender Textblock ohne direkten Bezug zum aktuellen Anlass. Die Boilerplate bietet Journalisten die Möglichkeit, auf

> einen Blick das Tätigkeitsprofil einer Organisation bzw. eines Unternehmens zu erfassen.
>
> Geben Sie unbedingt einen Pressekontakt an – mit einer Telefonnummer und E-Mail-Adresse.

Eine der entscheidenden Fragen ist, an wen Sie die Pressemitteilung schicken. Sie müssen zunächst Ihre Zielmedien bestimmen. Suchen Sie sich die Medien zusammen, die thematisch passend sind. Medienadressen können Sie selbst recherchieren. Halten Sie die Augen offen: Welche Zeitungen und Zeitschriften liest meine Zielgruppe? Je mehr Sie in die Breite und auch über regionale Grenzen hinweg kommunizieren wollen, desto aufwändiger ist die Suche. In diesem Fall können Sie Medienadressen auch einkaufen. Die führenden deutschen Anbieter sind www.zimpel.de und www.stamm.de. Sie können – je nach Lizenz – per Stichwortsuche die passenden Medien und Redaktionen zu Ihrem Thema suchen und als Verteiler zusammenstellen. Den Versand können Sie per Mail oder Fax starten. Sind es viele hundert oder sogar tausend Adressen, die Sie bedienen wollen, kann es sinnvoll sein, eine entsprechende Software wie bspw. www.supermailer.de zu nutzen.

Schicken Sie die Pressemitteilung so ab, dass sie dienstags, mittwochs oder donnerstags auf den Redaktionstischen landen – montags und freitags geht es erfahrungsgemäß sehr hektisch in den Redaktionen zu. Presseinformationen, die Terminankündigungen enthalten, sollten ein bis zwei Wochen vor dem Ereignis in den Redaktionen vorliegen. Erkundigen Sie sich jedoch immer nach dem Redaktionsschluss eines Mediums. Wochen- oder Monatsmagazine haben entsprechende Vorlaufzeiten, die Sie beim Presseversand berücksichtigen müssen.

Erwarten Sie nicht, dass nach einem Presseversand alles getan ist und Ihre Botschaften 1:1 in der Zeitung oder im Fernsehen landen. Gehen Sie davon aus, dass Sie als Gründer/-in erst einmal keinerlei Aufmerksamkeit bekommen. Das hat mit der Qualität Ihrer Pressemitteilung zu tun, mit der Konkurrenzsituation verschiedener Nachrichten, aber auch sehr viel mit Faktoren, die Sie nicht weiter beeinflussen können. In vielen Redaktionen quillen Faxe oder Mailboxen geradezu über. Redakteure bekommen hunderte Pressemitteilungen am Tag. Da kann einiges schnell untergehen. Sie brauchen deshalb Geduld und einen langen Atem. Es ist durchaus üblich, so genannte telefonische Nachfassaktionen durchzuführen und bei den angeschriebenen Redakteuren direkt nachzufragen, ob Ihre Pressemitteilung angekommen ist und ob der Redakteur evtl. weitere Informationen braucht. Seien Sie aber auf keinen Fall zu aufdringlich. Mit den für Sie wichtigsten Medien sollten Sie, wenn möglich, außerdem eine vertrauensvolle und auch persönliche Beziehung aufbauen. So können Sie noch gezielter an die jeweiligen Redakteure und Journalisten herantreten.

Eine weitere Möglichkeit, Informationen zu verbreiten, gibt es mit den zahlreichen, meist kostenlosen Versandangeboten wie www.openpr.de oder www.yourpr.de. Immerhin erreichen Sie damit, dass Ihre Unternehmensnachrichten im Netz sichtbar werden und beispielsweise bei Google News erscheinen.

An dieser Stelle sei der Blick aber noch mal auf einen wichtigen Punkt bei Ihren PR-Aktivitäten gelegt: die zielgruppenspezifische Kommunikation. Wenn Sie eine Kulturveranstaltung in Hannover planen, die einen Abend dauert, dann ist das eventuell uninteressant für Besucher aus Süddeutschland – entsprechend müssen Sie auch für die Kommunikation mit süddeutschen Zeitungen keinen Aufwand betreiben. Das Gleiche gilt für Dienstleistungen, die regional beschränkt sind. Viel hilft also nicht unbedingt viel. Bauen Sie sich Schritt für Schritt einen zielgruppenspezifischen Verteiler auf: ehemalige Kunden, Website-Besucher/-innen, Interessierte und Multiplikatoren. Über diesen Verteiler können Sie z.b. E-Mails zu aktuellen Veranstaltungen verschicken oder auch in Form eines regelmäßigen Newsletters berichten. Der Newsletter sollte jedoch nicht zu ›werberisch‹ daherkommen, sondern wirklich interessante Informationen für die Zielgruppe enthalten – sonst erreichen Sie das Gegenteil. Auch die Frequenz ist wichtig: Ein täglicher Newsletter wird schnell in den Spam-Ordnern landen.

Der Versand von Pressemitteilungen gehört zum wichtigsten Instrument der Pressearbeit. Weitere Instrumente der Pressearbeit wie Pressekonferenzen sind für kleine Unternehmungen meist weniger attraktiv: In der Regel sind Ihre Nachrichten nicht so relevant, dass Dutzende von Redakteuren zu einer Konferenz kommen würden.

Sie sehen also: PR braucht nicht unbedingt große Budgets. Gute Ideen, Aktualität und Relevanz zusammen mit einer textlich guten Verpackung haben hier gute Chancen.

Virales Marketing – einfach weitersagen

Die Grundregel der Promotion ist: Mit Kunden einen Dialog aufbauen, mit ihnen ins Gespräch kommen – analog oder digital. Die einfachste Variante Ihrer Kommunikationsarbeit kann tatsächlich das permanente Sprechen über Ihre Produkte sein: Bei Partys, bei Verwandten oder bei Netzwerktreffen haben Sie immer wieder Gelegenheit, darauf aufmerksam zu machen. Wenn Ihre Produkte und Dienstleistungen halten, was sie versprechen, dann werden Freunde, Bekannte und natürlich auch bestehende Kunden Sie gerne weiterempfehlen. Verteilen Sie dazu kleine Flyer oder Visitenkarten. Virales Marketing (Empfehlungsmarketing), wie man es heute nennt, ist alles andere als uneffektiv, auch wenn es sich hierbei um interpersonale, raum-zeitgebundene und für Sie aufwändige Kommunikationsarbeit handelt. Aber: Studien belegen mittlerweile, dass das virale Marketing ein ernst zu nehmendes Konzept ist, das vor allem auch für kleine Marktakteure bedeutend ist. Vor allem die Kultur- und Kreativwirtschaft, die stark dienstleistungsorientiert und damit personenbezogen ist, profitiert von Mund-zu-Mund-Empfehlungen. Warum diesen Kanal also nicht gezielt nutzen? Die meisten erkundigen sich ja bei einem speziellen Bedarf erst mal im eigenen Netzwerk, wo man meist konkrete und qualitativ hochwertige sowie glaubwürdigere Empfehlungen bekommt.

Virales Marketing beschränkt sich dabei nicht nur auf interpersonale Kommunikation, sondern lebt auch stark von den Möglichkeiten des Internets. Die Zauberworte lauten hier: »Web 2.0« und »Social Communities«. Virales Marketing bedient sich dabei verschiedener Methoden, um Nachrichten zu publizieren. Hierzu gehören z.B. Postkarten, Filmclips auf YouTube oder Beiträge in Internetforen und Blogs. Mit Social Networks wie Facebook, MySpace, Xing oder YouTube können bereits eine ganze Reihe potenzieller Kunden erreicht werden. Richten Sie dazu eigene Accounts ein und bestücken Sie Ihre Auftritte in den Social Networks regelmäßig mit neuen Inhalten.

Die virtuelle Sichtbarkeit kann darüber hinaus gesteigert werden, wenn Sie einen eigenen Blog betreiben. Schreiben Sie regelmäßig über sich und Ihre Unternehmung. Erwarten Sie dabei nicht, dass Sie tausende regelmäßige Leser/-innen – oder im Falle des Mikro-Blogs Twitter: Follower – haben werden. Aber Sie werden eher wahrgenommen, Sie haben Vernetzungsmöglichkeiten mit anderen und positionieren sich mit einem Blog und regelmäßigen Beiträgen zu Ihrem Thema öffentlich als Expertin oder Experte – vorausgesetzt, die Qualität Ihrer Texte stimmt und ist auf Ihre Zielgruppen abgestimmt.

Literaturtipp zum Web 2.0:

Thomas H. Kaspar: Web 2.0 – Geld verdienen mit Communities, München: Beck Kompakt 2009.

Die Möglichkeiten des viralen Marketings im Internet haben allerdings auch ihre Tücken: Wenn Sie nur hier und da eine Spur hinterlassen, können sich potenzielle Kunden kein kohärentes Bild von Ihrer Person und Unternehmung machen. Noch schlimmer sind alte Beiträge, die irgendwann peinlich werden könnten. Also: Überlegen Sie zweimal, bevor Sie etwas posten.

Virales Marketing hat eine weitere Tücke: Es macht Spaß und frisst Zeit. Überlegen Sie zunächst, welche Plattform, welcher webbasierte Kommunikationskanal Sie besonders anspricht. Wenn Sie sich z.b. für einen eigenen Blog entscheiden, konzentrieren Sie sich zunächst darauf. Planen Sie, z.B. wöchentlich zwei bis drei Stunden für den Blog zu reservieren. Mit diesem zeitlichen Umfang können Sie ein bis zwei Beiträge schreiben, Sie können ein paar interessante Links oder Beiträge von anderen Blogs recherchieren und diese in Ihren eigenen einbinden. Hier kommt es nicht auf die Masse an – im Internet unterscheiden Sie sich inzwischen besser durch die Qualität der Inhalte. Qualität ist in diesem Fall auch Aktualität: lieber wöchentlich einen Beitrag weniger, dafür in regelmäßigen Abständen. So lernen Sie auch den Umgang mit dem speziellen Medium und seine Wirkung auf Ihre Kunden. Schritt für Schritt bauen Sie so Ihren Expertenruf oder Ihre Besonderheit auch im Internet auf.

Eine aufwändigere Variante zum Blog ist die Erstellung von Podcasts oder Videocasts: kleine auditive oder filmische Beiträge. Bekannt sind www.ehrensenf.de oder www.rocketboom.com. Über die Einbindung bei iTunes können Sie damit eine breite Masse erreichen. Allerdings gilt auch hier der kritische Blick: Was wollen Sie damit erreichen? Reine Bekanntheit füllt auf Dauer nicht den Geldbeutel. Gerade beim Marketing ist es wichtig, dass Sie immer wieder einen Schritt zurücktreten und auswerten, was Ihnen die eine oder andere Aktion gebracht hat. Positive als auch negative Überraschungen gibt es da immer.

PLACE – AM RICHTIGEN PLATZ ZUR RICHTIGEN ZEIT

Sie haben Ihr Produkt oder Ihre Dienstleistung entwickelt, machen Werbung und Öffentlichkeitsarbeit, aber eine weitere entscheidende Frage des Marketings ist, wo potenzielle Kunden Ihre Produkte überhaupt kaufen bzw. Ihre Dienstleistung in Anspruch nehmen können. Dass der Weg vom Anbieter zum Endkonsumenten beschwerlich ist, zeigt das folgende Beispiel:

Im Buchhandel werden Sie als Verleger/-in zuallererst eine Auslieferung finden müssen, die Ihre Bücher lagert, ausliefert und die Fakturierung vornimmt. Sie selbst müssen keine Lagerfläche anmieten und die täglichen Bestellungen nicht selbst abwickeln. Dadurch ist gewährleistet, dass Bestellungen schnell und professionell bedient werden können. Des Weiteren müssen Sie erreichen, bei den großen Zwischenhändlern – wie Libri, KNV, Umbreit und Könemann – gelistet zu werden, denn viele Buchläden beziehen ihre Ware aufgrund der komfortablen Abrechnungs- und Liefermodalitäten (bspw. Bündelung von Lieferungen unterschiedlicher Verlage) ausschließlich bei den Großhändlern. Um am Ende Ihre Bücher aber in die Ladenregale der Einzelhändler zu bekommen, werden Sie kaum darauf verzichten können, mit Vertretern zusammenzuarbeiten, die klassischerweise einzelne Bundesländer als Vertretungsgebiete bereisen und eine Aufgabe übernehmen, die Sie als Gründer/-in und Unternehmer/-in kaum leisten können: die Ansprache jedes relevanten Einzelhändlers innerhalb eines Vertretungsgebietes. Das ist echtes Türklinkenputzen. Bei den Verkaufsgesprächen der Vertreter in den Buchhandlungen werden zweimal im Jahr die Novitäten der Verlage vorgestellt – mit dem Ziel, dass Händler in möglichst hohen Stückzahlen bestellen. Tun die Händler das, evtl. angeregt durch Mengenrabatte und unterstützendes Werbematerial, landen Ihre Bücher schließlich im Regal einer Buchhandlung – Ihre Kunden müssen nur noch zugreifen. Der Preis dafür ist, dass Sie rund 50 Prozent des gebundenen Ladenpreises für Bücher bereits an den Vertreter, den Handel und die Auslieferung abtreten.

Das Beispiel zeigt: Wenn Sie wirklich in die Breite gehen oder überregional anbieten wollen, sind Sie auf Unterstützung angewiesen. In der Regel werden Sie deshalb ein indirektes Vertriebssystem aufbauen und Vertreter, Zwischenhändler und Händler einbeziehen müssen, um Ihre Produkte dort zu platzieren, wo Kunden sie komfortabel und in einem positiven Ambiente konsumieren können. Ob für Mode, Bücher, Software – die Prinzipien des indirekten Vertriebs sind gleich: Sie suchen sich engagierte Handelsvertreter oder Agenten. Die wiederum kontaktieren die vielen Groß- oder Zwischenhändler, über die der Einzelhandel seine Waren bezieht. Je nach Branche müssen Sie die gängigen Vertriebswege genau studieren.

Direkte Vertriebswege, also von Ihnen direkt zum Kunden, haben den Vorteil, dass Gewinnmargen weiterer Marktteilnehmer wie Händler oder Agenten eingespart werden und Produkte preiswerter angeboten werden können. Eine relativ kostengünstige Möglichkeit hierfür bietet Ihnen das Internet: Durch einen eigenen Webshop können Sie Ihre Produkte präsentieren und mit entsprechenden Zahlungsmodalitäten versehen. Sie werden aber auch hier merken, dass andere mitverdienen wollen: Miete für den Webshop und Gebühren für den Geldtransfer fallen an. Behalten Sie auch hier immer gut im Blick: Was bringt mir dieser Vertriebsweg und was kostet er mich. Gibt es möglicherweise andere Wege, über die ich meine Produkte vielleicht kostenintensiver, aber dafür in höherer Stückzahl auf den Markt bringen kann?

Zwischen dem Vertrieb von Produkten und dem von Dienstleistungen gibt es wesentliche Unterschiede: Einige Dienstleistungen lassen sich nicht einfach mit der Post verschicken und sind personengebunden. Das heißt, dass Sie sich bei einer Dienstleistung mehr Gedanken darüber machen müssen, wie Sie ggf. vor Ort beim Kunden präsent sein können und wie sich das auf Ihre Kostenstruktur und damit Ihren Preis auswirkt.

Doch der Dienstleistungsbereich hat auch einen Vorteil: Gerade hier können Sie Ihre Leistung gut durch direkte Kommunikation mit Kunden an den Mann oder die Frau bringen. So ist es, z.B. als PR-Berater/-in, möglich, über intensive Kommunikationsarbeit einen eigenen Kundenstamm aufzubauen.

Genauso ist eine Kooperation mit einer etablierten Werbeagentur denkbar, die einen besseren Zugang zu Kunden hat und dann die PR-Aufgaben an Sie als Subunternehmer/-in weiterleitet – mit entsprechenden Vermittlungsgebühren. Auch eine Schauspielerin wird auf die Marktmittler kaum verzichten können, wenn sie nicht ständig mit Theatern und Fernsehproduktionen, von denen es tausende gibt, selbst kommunizieren möchte. Hier übernehmen Casting-Agenturen die Vertreter- und Handelsfunktion.

GUTES MARKETING ALS UNTERNEHMENSSTRATEGIE

Sie haben nun einen Einblick in die vier Ps des Marketings bekommen. Wie bei allen Formeln handelt es sich um ein exemplarisches Modell, das reduziert und in manchen Aspekten vielleicht verkürzt ist. Auf den Punkt gebracht lautet die Botschaft dieses Kapitels: Ihr Marketing setzt sich aus verschiedenen Säulen zusammen. Sie sollten alle im Blick haben. Leitender Gedanke beim Aufbau der einzelnen Bereiche ist Ihre Unternehmensstrategie – die Richtung, in die Sie mit Ihrem Unternehmen wollen. Ihr Marketing muss dazu passen, sonst verpufft es im luftleeren Raum.

»JOHANNAS WELT«: DIE BEZIEHUNGSARBEIT DER JOHANNA C.

bar/lounge, kvartira no. 62, berlin

*Bislang hatte Johanna ihre Selbstständigkeit vor allem mit sich selbst aus-
gemacht. Natürlich hatte sie schon allen davon erzählt – Freunde meinten,
sie würden an sie denken, wenn sich was ergeben würde. Alles nett gemeint,
aber Aufträge kamen dadurch nicht ins Haus. Um erste Einnahmen zu generieren, hatte sie zwar schon für einen Freund das Corporate Design für
einen Coffee Shop in Berlin gemacht: Logo, Schriften, Struktur aller Druck-*

medien bis hin zur Karte. Aber das waren kleinere Sachen und es war noch nicht das, wo sie eigentlich mit ihrem Mobile Design hin wollte. Wenn sie den Markt »aufrollen« wollte, dann musste sie das jetzt strategischer angehen. Sie wusste: Marketing ist mehr, als einen Flyer zu gestalten und zu verteilen. Die vier Ps galt es zu berücksichtigen: Product, Price, Promotion, Place. Am richtigen Ort, zur richtigen Zeit, die richtigen Angebote, zum richtigen Preis. Nichts leichter als das. Sie sah sich auf einem großen Marktplatz mit Megaphon stehen und laut rufen: »Kauft meine Dienstleistungen! Heiß und fettig, heute zwei Designs für den Preis von einem ...« Schön, wenn's so einfach ginge. Ihr Geschäft und ihre Dienstleistungen waren nur nicht so einfach an den Mann und die Frau zu bringen. Hochwertiges Design wollte sie anbieten – das musste zu entsprechenden Preisen angeboten werden. Allerdings durften ihre Preise auch nicht zu hoch sein, denn sie war ja noch ganz frisch am Markt. Nur: Zu Dumpingpreisen wollte sie sich auch nicht feilbieten. In der Agentur hatte sie bei den Kunden 280 Euro Stundenhonorar abgerechnet – das war für eine Freiberuflerin undenkbar! Nur wie weit runter konnte sie gehen? Studenten bekamen rund zehn Euro die Stunde, viel zu wenig für sie, wenn sie León versorgen, ihre Wohnung und einen gewissen Lebensstandard halten wollte. Versicherungen mussten bezahlt werden. Rechnete sie alle Kosten zusammen, musste sie mindestens auf einen Stundenlohn von rund 60 Euro kommen. Johanna schlug da noch mal 20 Euro drauf – sie wollte mit ihren Stundenhonoraren zeigen, dass sie mehr Wert ist, allerdings auch mehr gibt, schließlich hatte sie schon zehn Jahre Berufserfahrung. Natürlich ließ sich nicht alles in Stunden abrechnen. Sie musste Honorare pauschalisieren, ein Arbeitstag sollte am Ende bei ihr dann 400 Euro kosten. Orientiert hatte sie sich an den Informationen der Allianz deutscher Designer, die regelmäßig Honorartabellen veröffentlicht. Natürlich wusste sie, dass das keine ehernen Gesetze waren, die sie mit ihrer eigenen Preistabelle aufstellte. Was, wenn ein Kunde sie mal testen wollte und von lukrativen Folgeaufträgen sprach? Wie weit würde sie dann im Preis nachgeben können, ohne ihr angepeiltes Image einer erfahrenen Designerin für hochwertige Grafikdienstleistungen zu beschädigen? Schwierig, aber das war im Moment noch keine konkrete Fragestellung für sie. Erst mal musste sie ja in die Situation kommen, über konkrete Aufträge zu verhandeln – und das konnte nur passieren, wenn potenzielle Kunden auf sie aufmerksam wurden.

Promotion! Ausgangspunkt ihrer Überlegungen war, dass sie auffindbar und adressierbar sein musste. Die Geschäftsausstattung inkl. Visitenkarte war so ziemlich das erste, was sie sich selbst gestaltete, auch wenn sie dieses ständige Visitenkartenaustauschen seltsam fand, aber naja. Im Fall der Fälle wäre es peinlicher, keine zu haben. Eine Website musste ebenfalls her. Hier musste sie – wenn sie stärker in den Bereich des Screen- bzw. Mobile Design gehen

wollte, besonders viel Aufwand reinstecken. Vor allem brauchte sie ein eige-
nes mobiles Portal, das mit jedem internetfähigen Handy ohne großartiges
Scrollen lesbar und überzeugend war. Allein daran saß sie Wochen, vor allem,
weil die Programmieraufgaben auch noch von einem Dienstleister übernom-
men werden mussten, dessen Honorar sie allerdings relativ klein halten konn-
te, weil sie im Gegenzug eine Geschäftsausstattung für ihn gestaltete.

Tue Gutes und rede darüber – alte PR-Weisheit. Nur: Wo soll man überall
von sich und seinen Qualitäten erzählen? Der eigene Freundes- und Familien-
kreis ist irgendwann erschöpft. Kaltakquise, also einfach mal alle Agenturen
anrufen oder Unternehmen Ideen für mobiles Marketing vorzuschlagen, da-
mit sie einen Auftrag erhält, war erstens nicht ihr Ding, zweitens hatte sie es
ausprobiert und schnell gemerkt: »Hallo, hier bin ich«*-Strategien gehen nicht*
wirklich auf. Das hat höchstens einen Langzeiteffekt, wenn sich bei Bedarf
mal irgendwer an sie erinnert und sie am Telefon ganz nett fand. Alles viel
zu wenig kalkulierbar, nur Zufälle. Pressearbeit machen? Worüber sollte sie
kommunizieren? Es gab keine Topnews, die sie über Pressemitteilungen an die
Fachpresse hätte verteilen können. Johanna Crusoe de là Sanchez macht sich
selbstständig! Wahrscheinlich der Aufmacher in den 20 Uhr-Tagesnachrichten
… Nein, sie musste erst mal kleine Brötchen backen: Profile bei Facebook und
Xing anlegen und sich mit allen Bekannten vernetzen. Vielleicht twittern und
täglich ihre Ups and Downs im Gründungsprozess der Welt kundtun? Eher um
vielleicht das Thema Mobile Publishing zu featuren und sich als Expertin lang-
sam in die entsprechenden Kreise ›reinschreiben‹ … das gefiel ihr ganz gut,
im Moment hatte sie ausreichend Zeit. Sie wusste zwar nicht, wer das dann
alles lesen sollte, aber sie wollte es zumindest mal ausprobieren. Ein weiterer
Schritt war, alle Fachkonferenzen des nächsten Jahres zu recherchieren. Dort
wollte sie zum einen Informationen für sich sammeln, zum anderen einfach
Präsenz zeigen und auf die Chance hoffen, potenzielle Kunden kennenlernen
zu können.

→ **KAPITEL 7.**
ARBEITSORGANISATION: DAS KREATIVE CHAOS
IN GEORDNETE BAHNEN LENKEN

Dieses Kapitel zeigt Ihnen, ...

* ... wie Sie Ihre Arbeitsorganisation verbessern.
* ... wie Sie Ihr Büro organisieren.
* ... wie Sie die Kommunikation im Unternehmen und mit Außenstehenden gestalten.
* ... wie Sie Ihre Zeit optimal verwenden.
* ... wie Sie ein Burnout erkennen und vermeiden.
* ... wie Sie delegieren.
* ... welche Vorteile ein Home Office, ein Gemeinschaftsbüro oder ein externer Arbeitsplatz haben.

Als Gründer/-in verlassen Sie die normalen Strukturen des Arbeitslebens. Sie sind freier, auch wenn Sie neuen Zwängen ausgesetzt sind. Die Regelmäßigkeit eines 9-to-5-Jobs werden Sie aber definitiv nicht mehr haben. Die vorgegebenen Arbeitsstrukturen aus dem Angestelltendasein werden ausgetauscht gegen ein Arbeitsleben ›open end‹ – wenn Sie nicht frühzeitig anfangen, eigene Strukturen aufzubauen, die Ihnen im Alltag Schutz vor der Selbstausbeutung bieten. Tun Sie das nicht, ist Dauerstress die Folge – und Sie bekommen das Gefühl, dass selbst die 24 Stunden eines Tages kaum ausreichend sind, um Ihre Arbeit zu schaffen.

BESONDERHEITEN DER KREATIVEN SELBSTSTÄNDIGKEIT

Warum ist Arbeitsorganisation gerade für Gründer/-innen in der Kultur- und Kreativwirtschaft ein Thema? In diesem Bereich haben wir einige Besonderheiten beobachtet:

1. Wenig Berufserfahrung: Viele steigen direkt nach dem Studium in die Selbstständigkeit ein. Bewährte Methoden der Arbeitsorganisation bis hin zum Aufbau einer unterstützenden IT in etablierten Unternehmen oder Organisationen haben viele höchstens kurz im Rahmen eines Praktikums kennengelernt und nicht ausreichend verinnerlicht. Gründer/-innen mit wenig Berufserfahrung können also nur auf einen sehr spärlichen Fundus an Techniken und Methoden zur Unterstützung der Arbeitsorganisation zurückgreifen.

2. *Multitasking:* Wie schon häufig erwähnt, werden in diesem Bereich oft mehrere Projekte mit großem Engagement parallel jongliert. Ein effektives Zeitmanagement kann hier Unterstützung geben.

3. *Fehlende Delegationsmöglichkeiten:* Einzelunternehmen sind in der Branche überdurchschnittlich oft vertreten. Hier fallen dann auf eine Person mehrere Aufgaben zurück, in die man sich jedes Mal wieder neu einarbeiten muss. In einem Unternehmen mit Arbeitsteilung können solche Aufgaben effizienter erledigt und an einzelne Mitarbeiter/-innen delegiert werden. Die Frage ist also, wie Delegation auch in Netzwerkstrukturen und mit externen Dienstleistern funktionieren kann.

4. *Geringe Trennung von Arbeit und Freizeit:* Schließlich ist zu Beginn oft das Home Office der einzige Ort, die eigene Unternehmung zu starten und gleichzeitig die monatlichen Fixkosten möglichst gering zu halten. Die Trennung von Arbeit und Freizeit verwischt also schnell, manchmal ist eine Trennung auch gar nicht angestrebt – nach dem Motto:»Wir nennen es Arbeit« wird die Freizeit zum Beruf gemacht.[1] Damit fallen aber auch Regulative wie der spontane Austausch mit Kollegen oder die kurze Entspannung bei einem gemeinsamen Kaffee weg – wichtige Dinge im Arbeitsleben, die man sich im Home Office anders organisieren muss.

Natürlich ist auch in etablierten Unternehmen nicht alles ideal: Gerade im Bereich der Arbeitsorganisation und des Zeit- und Selbstmanagements werden Seminare und Weiterbildungen für Beschäftigte und Führungskräfte weiterhin stark nachgefragt. Wer als Gründer/-in allerdings nicht aufpasst, gerät im selbstorganisierten Umfeld schnell aus der Balance: Die psychische Belastung des »Für-alles-alleine-verantwortlich-Seins«, gepaart mit einer fehlenden oder unüberlegten Arbeitsstruktur, führt zu Strategien des »mehr bringt mehr«, mit der Sie zum Schluss vom eigenen Hamsterrad überrollt werden. Unter dem Begriff »Burnout« finden sich hier weit reichende Beschreibungen dieses Phänomens in der Literatur.

Info: Burnout

Burnout bezeichnet einen Zustand chronischer Erschöpfung. Dauerbelastung, die über einen längeren Zeitraum hinaus besteht, kann zum Burnout führen. Besonders häufig ist dieses Phänomen im Bereich der Arbeit zu beobachten. Typische Symptome sind:
• plötzliche Konzentrationsschwäche
• Schlafstörungen und Unruhe

* Müdigkeit
* Magen- und Rückenschmerzen
* Depression mit Suizidgedanken

Burnouts werden von den Betroffenen häufig geleugnet. Es dauert oft Monate und Jahre, bis jemand zugeben kann, überfordert zu sein.[2]

Anlass genug, vorausschauend ein paar Maßnahmen zu ergreifen. Das folgende Kapitel bietet Tipps und Tricks aus der Praxis:

* Analyse der Arbeitsorganisation
* Methoden der Büroorganisation und der Gestaltung von Kommunikation
* Anregungen für das eigene Zeit- und Selbstmanagement
* richtiges Delegieren
* Unterstützung bei der Entscheidungsfindung
* Anregungen zur Gestaltung des eigenen Arbeitsumfeldes

Jede Arbeit, jeder Arbeitskontext unterscheidet sich von anderen. Es kann also nicht darum gehen, ein Schema F auszufüllen, sondern einen Vorschlag auszuprobieren, den Sie immer wieder neu bewerten und auf sich selbst beziehen müssen. Nutzen Sie dieses Kapitel also als Werkzeugkasten mit Versuchsschablonen, die von Ihnen angepasst werden müssen, um am Ende die für Sie richtigen Arbeitsabläufe definieren zu können.

WO ANSETZEN? ERKENNTNISSE ZUM AUFBAU DER ARBEITSORGANISATION

Bei der Arbeitsorganisation geht es letztlich darum, sich selbst und andere so zu organisieren und die Arbeit sachlich und zeitlich so zu planen, dass Zeitnot, Stress, Planungsfehler und Ineffizienz vermieden werden. So kommen Sie zu einer realistischeren Planung, sind zuverlässiger, finden Ihre eigenen Unterlagen schneller und treten letztendlich nach außen hin entspannter auf. Nichts leichter als das, könnte man meinen, aber tatsächlich stellt die Arbeitsorganisation zur Effizienzsteigerung für viele Gründer/-innen ein großes Problem dar. Wie Sie die Arbeitsorganisation in Ihrem jungen Unternehmen anlegen, bildet den Grundstein für spätere Abläufe. Später ist es um ein Vielfaches schwerer, z.B. die gesamte Struktur Ihrer Ablage neu zu organisieren. Allerdings werden Sie nicht umhin kommen, sich in regelmäßigen Abständen Gedanken dazu zu machen, ob Ihre Organisation noch den aktuellen Bedürfnissen Ihrer Arbeit entspricht oder ob Sie an der einen

oder anderen Stelle eine Erweiterung oder sogar Umstrukturierung vornehmen müssen.

Die Frage der Arbeitsorganisation reicht auch über Ihren unmittelbaren
Schreibtisch oder die Räumlichkeiten Ihres Unternehmens hinaus: Sie ist ein
wichtiger Faktor, mit dem Sie von Ihren Netzwerkpartnern, Kunden und Lieferanten als aufgeräumt und zuverlässig wahrgenommen werden. Durch entsprechende Arbeitsorganisation und Disziplin können Sie sogar einen wichtigen strategischen Nachteil am Markt ausgleichen: ihre geringe Größe. Diese
ist typisch für die kleinteiligen Strukturen in der Kreativ- und Kulturwirtschaft.
Als einzelne/r Freiberufler/-in beispielsweise werden Sie nur geringe Chancen
haben, größere Projekte zu akquirieren. Als gute Organisatorin eines funktio-
nierenden, virtuellen Netzwerks hingegen können Sie auch größeren Wettbewerbern Paroli bieten. In so genannten virtuellen Unternehmen, der netzwerk-
basierten, verteilten Arbeit, nimmt die strukturierte Arbeitsorganisation einen
wichtigeren Platz ein als bislang gedacht.[3] Arbeitsorganisation hat deshalb
auch viel mit Wettbewerbsfähigkeit zu tun.

Zunächst müssen Sie herausfinden, wo Ihre Stärken und Schwächen in der
eigenen Arbeitsorganisation liegen. Sicher waren Sie schon im einen oder anderen Projekt beteiligt oder haben ein solches vielleicht auch schon hauptverantwortlich koordiniert.

Checkliste Arbeitsorganisation im Projektablauf

Analysieren Sie Ihre Stärken und Schwächen bei der Organisation von
Projektabläufen:

- Was ist mir (bzw. uns) besonders gut gelungen und wo lagen besonders kritische Punkte in der Organisation? Auf welche Bereiche lassen
  sich die Stärken und Schwächen eingrenzen?
- Weiß ich zu jeder Zeit, wo sich ein bestimmtes Dokument, ob digital
  oder physisch, befindet bzw. wo ich es in kürzester Zeit finden kann?
- Wenn andere Personen mit mir zusammenarbeiten (z.B. Netzwerkpartner, Praktikanten etc.): Können sie sich in kurzer Zeit in meine
  Strukturen eindenken oder gibt es immer wieder Missverständnisse,
  die sich vor allem auf fehlende Informationen, falsche Dateiversionen
  etc. gründen?
- Wie bewerten andere Menschen aus meinem Umfeld meine Arbeitsorganisation?
- Habe ich den Eindruck, dass sich auf meinem Schreibtisch mehr Auf-

gaben stapeln als nötig oder dass ich an einzelnen Aufgaben länger sitze als diese eigentlich erfordern würden?

- Sehe ich in meiner täglichen Arbeit auch meine übergeordneten Ziele vor mir und unterstützen mich diese dabei, einzelne Aufgaben zu priorisieren?

- Schiebe ich häufig Entscheidungen vor mir her, die mich dann bis in meine Freizeit hinein beschäftigen und dazu führen, dass andere Aufgaben nicht erledigt werden?

Wenn Sie diese Fragen für sich reflektiert haben, haben Sie erste Ansatzpunkte gefunden, an denen Sie im Folgenden kleine Schritte der Verbesserung testen können, die Ihnen auf Dauer ein »gesundes Unternehmertum« ermöglichen. Sie werden einen längeren Atem entwickeln und erfolgreicher sein, wenn Sie einige grundsätzliche Parameter effizienter Arbeitsorganisation verinnerlicht haben. Damit werden Sie selbst das kreative Chaos, das Teil Ihres unternehmerischen Handelns ist, als bewusst einsetzbares Arbeitsinstrument erleben.

Das Wichtige ist, dass Sie sich auf Ihre Stärken konzentrieren. Mögliche Schwächen sollten Sie zwar nicht leichtfertig übergehen, aber Sie sollten auch nicht gleich aufgeben, wenn Sie Defizite feststellen. Das Wissen darum, was man kann, und was man noch verbessern muss, ist eine wichtige Voraussetzung für eine optimale Arbeitsorganisation.

Viele Jungunternehmer/-innen beklagen immer wieder die gleichen Missstände: schlechte Büroorganisation, fehlendes Zeit- und Selbstmanagement, Disziplin- und Motivationsprobleme, Entscheidungsschwierigkeiten und mangelndes Delegationsverhalten. Diesen Aspekten werden wir uns im Folgenden eingehender widmen.

DIE PASSENDE BÜROORGANISATION FÜR DAS KREATIVE CHAOS

Sei es im Home Office, auf Ihrem Platz im Gemeinschaftsbüro oder in den eigenen Büroräumen – Ihr Unternehmen zeichnet sich durch spezifische Abläufe aus. Bildlich gesprochen kommen zur Eingangstüre Kunden mit Aufträgen hinein. Diese werden im weiteren Verlauf von Ihnen, Ihren Kolleginnen und Kollegen oder externen Projektpartnern verteilt und bearbeitet. Sodann wird das Ergebnis an die Kundin oder den Kunden geliefert, eine Rechnung gestellt und schließlich das einzelne Projekt dokumentiert und archiviert. Je besser Sie und Ihre Mitgründer/-innen diesen Ablauf im Griff haben, desto schneller haben Sie z.B. den Kopf frei für das nächste Projekt oder können bei aktuellen Vorhaben auf Informationen aus bereits abgeschlossenen Projekten zurückgreifen – ohne lange zu suchen.

Für diesen Bereich der Arbeitsorganisation sind für Gründer/-innen vor allem folgende Teilbereiche interessant:

- das Ablagesystem;
- die Ordnung der Arbeitsmittel;
- Regeln für die IT als Unterstützung der Arbeitsorganisation;
- Gestaltung der Kommunikation im Unternehmen und mit Außenstehenden.

Das Ablagesystem

Kennen Sie das auch: Sie finden sich in Ihrer eigenen Ablage nicht mehr zurecht? Die Ordner stehen wild verteilt im Büro? Auf dem Schreibtisch stapeln sich unerledigte Unterlagen? Sie verlieren den Überblick, welche Rechnungen schon bezahlt und welche noch offen sind? Dann müssen Sie etwas an Ihrer Büroorganisation ändern. Das fängt mit der Ablage an. Ihre Ablage muss nach Ihren spezifischen Abläufen im Unternehmen strukturiert sein, von der Eingangstür bis zum Archiv. In der Praxis hat sich für die meisten Unternehmen in der Gründungsphase folgende Grundstruktur bewährt:

1. Eingang: Eine Hängemappe oder so genannte Ordnungshelfer mit mehreren Abteilungen für aktuelle, noch unerledigte Anfragen, Projektinformationen etc. Hier kommt alles rein, was Sie später weiter bearbeiten müssen.

Tipp: Es lohnt sich, diese Mappe einmal im Jahr nach »Ladenhütern« zu durchforsten – nach Eingängen, die sich von selbst erledigt haben und eigentlich in einem Ordner archiviert werden müssen. Das gibt Ihnen das Gefühl, wieder Freiraum für neue Eingänge zu haben.

2. Rechnungen und Belege: Diese bekommen eine eigene Mappe oder eine eigene Sortierbox. Je nach dem Umfang der Unternehmung bewährt sich eine Unterteilung in Eingangs-, Ausgangsrechnungen und Belege. Da es sich hier um ein Aufgabenfeld handelt, das in der Regel am schnellsten an eine zusätzliche Bürokraft für Buchhaltung delegiert werden kann, haben Sie bei einer solchen Ablagestruktur die Unterlagen schon gesondert aus dem Strom der Dokumente herausgefischt.

3. Erledigt: Auch dazu wird eine eigene Sortierbox angelegt. Überlegen Sie jedoch im Vorfeld: Muss ich das entsprechende Papier aufheben oder kann es sofort in den Papierkorb? Sensible Dokumente sollten geschreddert werden. Was erledigt ist und nicht mehr als drei Minuten zusätzliche Zeit erfordert, sollten Sie sofort im entsprechenden Archivordner ablegen. Ex und hopp! Die

Sortierbox »Erledigt« ist nur eine vorübergehende Station: In regelmäßigen Abständen, spätestens alle ein bis zwei Monate, müssen Sie sich diesem Posten widmen und in entsprechenden Ordnern dokumentieren bzw. archivieren. Mit der zentralen Sammelstelle vermeiden Sie »Wanderdünen« in allen Ecken und Enden des Büros.

Tipp: Nehmen Sie sich regelmäßig abends oder nach dem Mittagessen zehn Minuten Zeit, um Ihre Aktenberge als »ohne-Denken-Aufgabe« abzuarbeiten. Sie haben danach das Gefühl, einen Berg weggeschafft zu haben, und bleiben trotzdem in Ihrem Arbeitsrhythmus.

Zur späteren schnellen Orientierung kann außerdem ein Post-it-Zettel, mit dem Namen des Ablageordners auf den jeweiligen Dokumenten, nützlich sein – so bereiten Sie bereits die Delegation der Ablage vor, wenn Sie in den Genuss einer unterstützenden Arbeitskraft kommen.

4. *Dokumentation und Archiv:* Für Ihre Projekte legen Sie Projektordner bspw. in einer bestimmten Farbe an, nummerieren die Ordner durch und schreiben drauf, was drin ist. Auch die Ordner brauchen Ordnung: Wenn Sie viele, in sich geschlossene Projekte durchführen, hat sich eine einheitliche, immer wiederkehrende Systematik innerhalb der Ordner bewährt: Angebot & Verträge, Korrespondenz & Ansprechpartner, Projektdokumente, Recherchen, Dienstleister & Projektpartner, Abrechnung etc. Wenn jeder Ordner nach dem gleichen Prinzip aufgebaut ist, dann werden sich auch Mitarbeiter/-innen darin zurechtfinden, wenn Sie einmal im Urlaub sein sollten oder Netzwerkpartner ein Projekt übernehmen. Für andere Bereiche wie Finanzen, Steuern etc. können Sie nach dem gleichen Prinzip verfahren – ggf. bedarf es hier einer Anpassung der Trennblätter.

Tipp: Überlegen Sie sich beim letzten Ablageschritt, ob eventuell die Ablage eines Blattes, auf dem die wesentlichen Informationen erfasst sind, ausreichend ist. Zusätzliches Recherchematerial können Sie in so genannte Stehsammlern sortiert nach »Zeitschriften«, »Präsentationen«, »Informationsmaterial« etc. ablegen. Manche Informationen stehen auch im Internet jederzeit wieder zur Verfügung. Das verhindert, dass die jeweiligen Ordner schon nach dem ersten Projekt überquellen. Wenn Sie kontinuierlich nach diesem System verfahren, wird Ihr Schreibtisch nicht mehr so chaotisch aussehen. Auch wenn Sie das nicht so sehr stören sollte: Sie finden sich selbst besser zurecht und bieten vielen kleinen Zeitkillern im Alltag Paroli.

Ordnung der Arbeitsmittel

Es ist verführerisch, nach einer anstrengenden Arbeitsrunde im Büro einfach alles stehen und liegen zu lassen und zum wohlverdienten Treffen mit Freunden zu fahren oder wenigstens noch den Kindern eine Gute-Nacht-Geschichte vorzulesen. Leider starten Sie am nächsten Tag dann schon damit, dass Sie die Schere nicht mehr finden, weil sie unter den großen Stapel Papier gerutscht ist, oder die Vorlagenskizze erst lange suchen müssen, bis Sie sie zwischen den Ordnern wiederfinden.

Wie einzelne Dokumente in der Ablage brauchen auch Ihre Arbeitsmittel eine Ordnung. Denn sie sind die Werkzeuge, mit denen Ihre Arbeitsergebnisse überhaupt erst entstehen können. Dazu zwei Anregungen:

1. *Unterscheiden Sie zwischen Arbeitsmittel und Arbeitsvorgang:* Wenn Sie z.B. Modelle für ein Bühnenbild entwickeln, wäre es unsinnig, Skizzen, Fotos, Zeitschriften und Stoffproben am Abend wegzuräumen. Der Raumbedarf und die ausgelegten Artikel sind Teil Ihres Arbeitsvorgangs. Die Arbeitsmittel allerdings wie Schere, Klebstofftuben, Lineal, Cutter etc. sind Ihre Werkzeuge, die Sie auch am folgenden Tag wieder neu zur Hand haben müssen. Legen Sie diese also am Ende des Arbeitsgangs wieder an ihre angestammten Plätze zurück oder zwischendurch gesammelt an einem zentralen Ort in Reichweite – danach lässt sich viel besser weiterarbeiten.

2. *Feste Plätze für die Arbeitsmittel:* Insbesondere wenn Sie mit anderen in einem Büro zusammen arbeiten, werden diese es Ihnen danken, wenn es feste Plätze für Arbeitsmittel gibt. Führen Sie die Regel ein, dass spätestens am Abend bzw. zu Arbeitsschluss alles wieder an seinem Platz liegt. Fünf Minuten sind in der Regel ausreichend dafür. Mit einer derartigen Ordnungsregel starten Sie eher mit einem Gefühl des »Aufgeräumtseins« in den Tag, anstatt weiter durch das Chaos zu robben – ein wesentlicher Unterschied auch für die kreativen inneren Freiräume.

IT als Unterstützerin der Arbeitsorganisation
Ohne Informationstechnologie (IT) sind Unternehmen heute kaum mehr zu denken – besonders in der Kultur- und Kreativwirtschaft, in der die digitale Bohème viele immaterielle Werte schafft, die auf Bits und Bytes aufbauen und als Musikdatei, digitales Video oder Online-Content verwertet werden. Doch auch die alltäglichen Arbeitsprozesse werden in einer extrem vernetzten Branche wie der Kultur- und Kreativwirtschaft über mediale, IT-gestützte Kommunikationswege unterstützt und koordiniert. Die passende Strukturierung der IT wird damit zu einen wesentlichen Element der Arbeitsorganisation.

Gründer/-innen sollten in der Anfangszeit besonderen Augenmerk auf folgende Punkte legen:

1. Digitale Ordnerstruktur: Ihre Festplattenstruktur ist mit Ihnen gewachsen. Mit der Entwicklung Ihrer Gründungsidee sind neue Ordner hinzugekommen – mit dem Ergebnis, dass Sie immer mehr Zeit damit zubringen, bestimmte Dateien zu suchen bzw. neue an immer neuen Orten ablegen. Es hat sich bewährt, für die Struktur der digitalen Ordner die gleiche Struktur wie die Ihrer physischen Ablage anzuwenden: ein paar zentrale Projektordner mit einer immer wieder gleichen Untergliederung. Viele Dokumente bekommen Sie sowieso nur noch digital – ggf. wird Ihre physische Ablage zur Ergänzung Ihrer digitalen Ablage. Auf den Punkt gebracht: Für einen Außenstehenden sollte die oberste Ebene Ihrer Ordnerstruktur auf einen Blick Ihre zentralen Aufgabenbereiche widerspiegeln.

2. Online-Datenspeicher: Etablierte Unternehmen, in denen sich mehrere Personen die Geschäftsleitung teilen, Mitarbeiter/-innen beschäftigt sind oder immer wieder externe Partner in die Arbeit mit eingebunden werden, kommen ohne gemeinsamen digitalen Arbeitsspeicher nicht mehr aus. Die Anschaffung und der Unterhalt eines eigenen Servers gehen aber schnell ins Geld. Für Gründer/-innen gibt es Zwischenlösungen: Sie richten sich bei einem der zahllosen Anbieter eine kostenlose Arbeitsgruppe mit Dateiablage ein, z.B. »Google Groups« oder »www.iversity.de«. Allerdings sind die Möglichkeiten, z.B. bei der Ordnerübersicht, oft begrenzt und wenig auf den professionellen Gebrauch ausgerichtet. Zudem lassen Datenschutz und -sicherheit Fragen offen. Je nach Art Ihrer Tätigkeit und Beteiligung von Außenstehenden im Arbeitsprozess eignet sich so etwas also eher für einzelne, zeitlich begrenzte Projekte.

Wenn Sie bereit sind, ein paar Euro pro Monat auszugeben, bekommen Sie z.B. über einen eigenen Webspace zusätzlichen Speicherplatz zur Dateiablage zur Verfügung gestellt. Dieser erlaubt das schnelle Teilen von Dateien und Dokumenten in der Projektarbeit, ohne dass immer alle Dateien per E-Mail versandt werden müssen. Sollten diese Lösungen Ihrem Bedarf an virtuellem Arbeitsraum nicht genügen, gibt es Mietlösungen für Projektmanagementsoftware, über die Sie die volle und professionelle Funktionalität von gemeinsamem Arbeitsspeicher, Projektplanung, Kalender etc. erhalten.

Linktipps für Webspace

Kostenlose Anbieter:

- www.iversity.org, eine Plattform gefördert durch das Bundesministerium für Wirtschaft und Technologie vor allem für kollaboratives Arbeiten in Forschung und Lehre.

- »Google text & tabellen« und »Google groups« bieten Möglichkeiten zur gemeinsamen Dokumentenbearbeitung (www.google.de).

Kostenpflichtige Anbieter:

- www.1und1.de bietet mit dem Dienst »1&1 SmartDrive« Webspace für die Dateiverwaltung und Dateibearbeitung an.
- www.teamspace.de bietet voll ausgestattete virtuelle Projekträume zur gemeinsamen Dateiablage, deren Bearbeitung, Versionenmanagement und vieles mehr an.

---

3. E-Mail-Organisation: Ihr E-Mail-Postfach sollte die Funktion der Eingangsmappe in Ihrer physischen Ablage erfüllen und nicht als unsortierter Stapelplatz enden. Also raus mit den bearbeiteten E-Mails – alles, was innerhalb von drei Minuten zu erledigen ist, sollte sofort verarbeitet werden. Es empfiehlt sich die Anlage spezifischer Projektordner im E-Mail-Postfach. Räumen Sie auf jeden Fall regelmäßig alle vier bis sechs Wochen auf.

4. Regeln der Dateibenennung: Häufig unterschätzt, aber oft das Corpus Delicti bei Missverständnissen: der Dateiname. Insbesondere, wenn Sie eng mit anderen zusammen arbeiten, empfiehlt es sich, für Dateien und deren Versionen im Arbeitsprozess eine einheitliche Benennungsregel zu vereinbaren. Bewährt hat sich hier das Datum der letzten Bearbeitung in umgekehrter Reihenfolge (jj.mm.tt), da dann auch Ihr Computer die Versionen der Reihe nach sortieren kann. Außerdem sollte die Datei ein Kürzel zur Art des Dokuments, z.B. »prot« für Protokoll oder »präs« für Präsentation, enthalten. In einem Projekt sollte zudem der Name des letzten Bearbeiters als Kürzel ergänzt werden. Der Name einer Datei könnte dann also so aussehen: »100827_prot_dramaturgie_Hänsel&Gretel_KB«. Für abgeschlossene Dokumente können Sie anstatt des Kürzels ein »endversion« einfügen.

5. Datensicherung: Auch wenn dies nicht mehr direkt zum Thema Arbeitsorganisation gehört: Die Nichtbeachtung führt aber gerade bei Einzelunternehmen, die häufig nur über einen Rechner arbeiten, zu erheblichen Irritationen und Zeitfressern. Wenn die Festplatte abstürzt, ist nicht selten die Arbeit von mehreren Monaten dahin. Inzwischen gibt es sehr günstige und mehrere Gigabyte große USB-Sticks, SD-Karten oder externe Festplatten, auf denen Sie mit Hilfe spezifischer Freeware-Programme wie dem »TotalCommander« Ihre neu bearbeiteten Dateien synchronisieren oder komplett neu abspeichern können. Daumenregel: wöchentliche Sicherung aktueller Projektordner, mindestens monatlich eine Gesamtsicherung.

Kommunikation im Unternehmen und mit Außenstehenden

Kommunikation braucht Zeit. Umso wichtiger, dass dabei auch das herauskommt, was Sie oder andere sich wünschen. Wir wollen hier keinen Abriss über effizientes Besprechungsmanagement machen. Insbesondere in der Kultur- und Kreativwirtschaft entstehen im gemeinsamen Austausch oft gute Ideen, das lässt sich nicht immer planen oder effektivieren. Trotzdem haben wir auch in diesem Bereich spezifische Situationen gefunden, die die Arbeitsorganisation beeinträchtigen und in denen die Betroffenen nach Lösungen gesucht haben:

1. *E-Mail-Diskussionskultur im Zaum halten:* Besonders für Gruppen, die es gewohnt sind, kollektiv zu Entscheidungen zu kommen, werden die Möglichkeiten der E-Mail-Kommunikation zum Fluch. Über den gesamten Verteiler werden Diskussionen geführt, bis niemand mehr wegen der zeitlichen Verzögerung den gesamten Diskussionsstrang im Blick hat und man nur noch virtuell aneinander vorbei schreibt. Was hier hilft: Die Vereinbarung in der Gruppe, dass wichtige Diskussionsthemen (sobald sie sich virtuell anbahnen) nur noch in Präsenztreffen diskutiert werden.

2. *Informationsbedarf handhabbar gestalten:* Jeder hat einen unterschiedlichen Bedarf an Informationen. E-Mails, in denen sämtliche Informationen zusammengefasst über den gesamten Projektverteiler versendet werden, bringen wenig außer Verwirrung. Die Lösung: Push- in Pull-Kommunikation umwandeln. Über einen Online-Zugang mit gemeinsamen Datenspeicherplatz und Ordner (s.o. unter »Online-Datenspeicher«, S. 165), z.B. für »Produktionsleitung« und »Produktionstechnik«, können sich die Beteiligten ihre spezifischen Informationen holen. Über E-Mail werden nur noch Dinge kommuniziert, die wirklich alle angehen. Diese Lösung braucht Gewöhnung, wird aber in der Regel auch von denjenigen akzeptiert, die mit dem Computer weniger vertraut sind.

3. *Protokollkultur als Unterstützung verstehen:* Gerade bei Projekten, an denen viele Außenstehende beteiligt sind, hat es sich bewährt, zentrale Ergebnisse von Besprechungen schriftlich festzuhalten und im Nachgang des Treffens an alle zu versenden (oder online zu stellen). Jedes Protokoll sollte über Aufgabe, Verantwortlichkeiten und Datum der Erledigung Auskunft geben. Absprachen für einzelne Bereiche und vereinbarte Verantwortlichkeiten sollten zudem extra hervorgehoben werden.

Rechnen Sie nicht damit, dass diese Protokolle von allen auch regelmäßig gelesen werden. In der Gesamtsicht der einzelnen Projekte bieten sie aber den Vorteil, dass auch Abwesende die Entscheidungen oder Ideensammlungen noch mal nachlesen können bzw. Diskussionen nicht ständig neu aufgerollt werden müssen. Wenn Sie eine zusätzliche Kraft für Büro und Koordination haben, sind Protokolle für diese ein wichtiges Informationsmittel, das Ihnen wiederum die Führungskommunikation erleichtert.

ZEIT- UND SELBSTMANAGEMENT

Kennen Sie das Parkinson'sche Gesetz? Parkinson war ein Soziologe, der in den 1940er Jahren ein Phänomen beschrieben hat, das für moderne Verwaltungen typisch ist: Arbeit tendiert dazu, sich auszubreiten und so viel Raum einzunehmen, wie man ihr gibt. Je mehr Zeit Sie für eine Aufgabe haben, desto länger brauchen Sie auch dafür. Je weniger Grenzen Sie selbst ziehen, desto höher ist die Wahrscheinlichkeit, dass sich die Arbeit ins Privatleben einschleicht. Ist dieser Prozess einmal in Gang gesetzt, werden Sie schnell merken, dass Ihnen Zeit fehlt. Doch Zeit ist Geld und neben der Finanzierung ist Zeit der größte Engpass in einem Unternehmen. Zeit ist eine Ressource, mit der Sie genauso haushalten müssen wie mit Ihrem Geld. Auch Zeit ist endlich und irgendwann ist Ihr Zeit-Dispo aufgebraucht. Zeit sinnvoll und bewusst einzuteilen und damit Grenzen zu setzen, heißt vor allem auch Prioritäten zu definieren in dem Bewusstsein, dass Sie eben nicht *alles* auf einmal erledigen können. Zeit- und Selbstmanagement kann andererseits aber auch schnell zur Selbstbeschäftigung werden. Zu viel Management kann auch kontraproduktiv sein und Sie müssen selbst erkennen, wann sich der Aufwand zur Formalisierung Ihrer Arbeit lohnt. Zur eigenen Bewertung dieser Frage stellen wir Ihnen vier Bereiche vor, die ein effektives Zeit- und Selbstmanagement ermöglichen:

- die Definition von Zielen;
- die Priorisierung von Aufgaben;
- die Zeitplanung und -schätzung sowie
- Pausen und Bewegung.

Sich selbst Ziele setzen

Ziele sind wichtig, wenn Sie gründen. Sie geben Ihnen Orientierung in einem für Sie (und andere) unsicheren und noch unbekanntem Umfeld. In einer Zeit, in der Sie wahrscheinlich immer wieder von neuen Alltagsaufgaben wie Buchhaltung, Konzeption neuer Angebote oder Marketing überrollt werden, ermöglichen Ihnen Ziele, Ihren roten Faden zu halten und Ihre Arbeit zu priorisieren.

Wie das? Wenn Sie wissen, wohin Sie wollen, können Sie auch besser einschätzen, ob die Erledigung einer bestimmten Aufgabe Sie näher an dieses Ziel führt oder eher davon ablenkt.

Dazu müssen Ihre Ziele so formuliert sein, dass sie

• ausreichend konkret,
• umsetzbar und
• messbar sind.

Manchmal ist es sinnvoll, ein bis zwei Hauptziele zu formulieren und diese in einzelne Teilziele zu gliedern. Die Hauptziele sind abstrakter formuliert und spannen den großen Bogen. Die Teilziele richten sich mehr auf Teilergebnisse, die zum Gesamtergebnis beitragen.

Bei der Formulierung Ihrer Ziele kann Sie das SMART-Prinzip unterstützen:

S	Spezifisch	Wie ist das Ziel genau und konkret zu beschreiben?
M	Messbar	Wie ist der Erfolg wahrnehmbar und messbar?
A	Attraktiv	Ist das Ziel ein positiver Zustand, der eine »Hin-zu-Schubkraft« entfaltet?
R	Realistisch	Sind Zeitraum, Umfang, Ressourcen und Bedingungen so geplant, dass das Ziel erreichbar ist?
T	Terminiert	Ist der Zeitpunkt, bis wann das Ziel erreicht werden soll, genau festgelegt?

Machen wir es an einem Beispiel konkret: »Die Zusammenarbeit mit den Museen im Bereich Marketing soll weniger Stress bei uns produzieren«, wäre keine geeignete Formulierung für ein Ziel. Sie ist weder konkret genug (Wie genau soll die Zusammenarbeit verbessert werden?) noch ist sie messbar (Woran erkennen wir, dass die Zusammenarbeit verbessert wurde?). Auch beinhaltet die Formulierung keine positive Richtung, für die es sich lohnt, eine Lösung zu finden. Ebenso wenig ist erkennbar, ob das Ziel zu erreichen ist, geschweige denn gibt es eine Aussage zu konkreten Zeitvorstellungen.

Eine geeignetere Formulierung nach dem SMART-Prinzip ist folgende:
»In Zusammenarbeit mit den kooperierenden Museen wird mit den jeweiligen Marketing-Beauftragten eine vereinfachte Kommunikation und ein transparenteres Abrechnungsverfahren entwickelt, bei einem Pilotvorhaben getestet und zum 01.05.2011 bei uns eingeführt.«

Probieren Sie es selbst aus: Formulieren Sie drei Ziele nach dem SMART-Prinzip zu einem konkreten Vorhaben oder Projekt, das Sie gerade beschäftigt. Machen Sie dann die Gegenprobe, wann genau diese Ziele erreicht sind. Vielleicht entdecken Sie, dass das Ziel noch nicht konkret genug formuliert ist. Passen Sie dann Ihre Zielformulierung an.

Gründer/-innen machen häufig den Fehler, dass sie sich selbst überschätzen und die eigenen Ziele unrealistisch formulieren bzw. eine unerreichbare Vorstellung davon in ihrem Kopf haben. Wichtig ist, dass Sie Ihre Ziele schriftlich vor sich sehen. Nehmen Sie sich die Zeit und formulieren Sie Ihre Ziele für das nächste Jahr bzw. ein Hauptziel für Ihr gesamtes Vorhaben. Erst dann können Ihre Ziele Sie dabei unterstützen, den Horizont in Ihrem Alltagsgeschäft zu sehen und Ihre Aufgaben zu priorisieren.

Aufgaben priorisieren

Häufig vermischen sich im Arbeitsalltag alle möglichen Aufgaben miteinander: Wichtiges wird von dringenden, aber weniger wichtigen Aufgaben unterbrochen. Dinge, die sich schnell erledigen lassen, stehlen dann doch die produktivste Zeit am Vormittag, die man eigentlich für die Planung des nächsten Projektes nutzen wollte. Hier ist es wichtig, zunächst zu unterscheiden zwischen wichtigen und dringenden Aufgaben – und den Rest in den Papierkorb zu werfen.

Dabei kann Sie folgendes Schema unterstützen:

	dringend	nicht dringend
wichtig	Krisen Fristen Engpässe	Planungen Beziehungen Vorbeugung Entspannung Weiterbildung
nicht wichtig	Unterbrechungen Unvorhergesehenes kurzfristige Aufgaben für Kunden, Kollegen etc.	Papierkorb schnell zu erledigen keine/wenig Zeit/Aufmerksamkeit zuwenden

Abbildung 8: Das Eisenhower-Prinzip, Quelle: eigene Darstellung

Die von Ihnen als »wichtig« eingestuften Aufgaben können in der Regel nur Sie selbst erledigen. Die weniger wichtigen, dafür aber dringenden Aufgaben fressen oft die meiste Zeit im Alltag, lassen sich aber ggf. delegieren (siehe dazu den Abschnitt »delegieren«). Es kommt nun darauf an, dass Sie für die einzelnen Aufgaben in geeigneter Art und Weise Zeitintervalle festlegen und in Ihrem Arbeitsalltag verteilen.

Zeitplanung und -schätzung von Arbeitsaufgaben

Sie sind ein Mensch, keine Maschine. Das heißt, dass Sie nicht den ganzen Tag auf Hochtouren laufen, sondern Ihre besonders leistungsfähigen Phasen haben, die sich mit Tiefs abwechseln, in denen sich Ihr Körper erholt. Bei jedem sind diese Leistungsphasen unterschiedlich über den Tagesverlauf verteilt. Manch eine dreht noch mal auf, wenn die Sonne untergegangen ist und sich das Telefon beruhigt hat. Andere haben direkt vom Frühstückstisch weg die kreativsten Ideen. Diese persönliche Leistungskurve sollten Sie kennen, wenn Sie im Folgenden Ihre wichtigen, weniger wichtigen und weniger dringenden Aufgaben über Ihren Tagesablauf verteilen.

1. *Wichtige und dringende Aufgaben:* Diese haben oberste Priorität und können nicht aufgeschoben werden. Gleichzeitig benötigen diese Aufgaben Ihre volle Konzentration. Gehen Sie diese Aufgaben möglichst gleich zu Beginn Ihres Tagesablaufs an, wenn Sie noch ausgeruht sind. Nehmen Sie sich konzentrierte 1,5 Stunden Zeit und arbeiten Sie den ersten Berg ab.

2. *Wichtige, aber weniger dringende Aufgaben:* Diese haben zweite Priorität, da nur Sie diese Aufgaben angehen können. Sie erfordern ebenfalls große Konzentration, müssen aber nicht sofort erledigt werden. Deshalb laufen diese Aufgaben Gefahr, auf Ihrer Agenda immer weiter nach hinten zu rutschen und von weniger wichtigen Aufgaben verdrängt zu werden. Die Konsequenz: Sie bewegen sich immer mehr in die Froschperspektive und verlieren Ihre übergeordneten Ziele aus den Augen. Denn mit diesen Aufgaben sorgen Sie für längerfristige Planungen, entwerfen den großen Bogen über Konzeptentwicklungen und Ähnliches. Reservieren Sie für diese Aufgaben deshalb zwei bis drei Mal pro Woche ca. zwei Stunden in einer Ihrer Leistungsphasen, z.B. in der Zeit vor der Mittagspause. Schalten Sie in dieser Zeit das Telefon aus und schließen Sie Ihr E-Mail-Programm. Weniger ist in diesem Fall mehr: Es kommt nicht darauf an, dass Sie täglich bis ins Detail an der Ausarbeitung arbeiten, sondern dass Sie in regelmäßigen Abständen den Kopf aus dem Wasser strecken und konzentriert die nächsten Schritte vorbereiten, die über Ihre aktuelle Arbeitsaufgabe hinausweisen.

3. *Nicht wichtige, aber dringende Aufgaben:* Diese Aufgaben lassen sich gut in Ihren Leistungstiefs bearbeiten, in die kurzen Pausen zwischen Besprechungen einschieben oder auch, wenn möglich, delegieren. Geraten Sie vor allem nicht in Versuchung, die Dringlichkeit dieser Aufgaben mit Wichtigkeit zu verwechseln. Vieles davon kann wirklich die Stunde warten, bis Sie Ihre Planung gemacht oder das Angebot fertig geschrieben haben.

Ebenso wie das Aufräumen Ihrer Arbeitsmittel sollten Sie am Ende Ihres Arbeitstages die Planung Ihrer Arbeitsaufgaben für den kommenden Tag vornehmen, spätestens aber zu Beginn des Tages die ersten Minuten dafür nutzen. Tragen Sie Ihre Aufgaben in eine Excel-Datei ein, die Sie auf Ihrem Desktop ablegen und bequem per Mausklick starten können: In der ersten Spalte tragen Sie ganz oben Ihre »Prio 1 Aufgaben« für den Tag ein, darunter kommt ggf. eine »Prio 2 Aufgabe«, für die Sie konzentrierte Zeit und Ruhe benötigen. Den Abschluss bilden die weniger wichtigen aber dringenden »Prio 3 Aufgaben«, mit denen Sie bei Bedarf Ihre Lücken füllen können. In der zweiten Spalte vermerken Sie Aufgaben »auf Halde«, die Sie bei Bedarf in Ihren aktuellen Tagesplan einbeziehen können. Vergessen Sie bei weniger wichtigen Aufgaben nicht die Bearbeitung Ihrer zentralen Sammelstelle für erledigte Aufgaben in der Ablage: Alle vier bis sechs Wochen kommt das auf Ihre »Prio 3 Liste«.

Wem das bereits zu elaboriert ist, kann auch auf einfache Zettel zurückgreifen und die Aufgaben Schritt für Schritt durchstreichen und neu ordnen. Ein Erfahrungswert: Verplanen Sie maximal 70 Prozent Ihrer Zeit im Vorfeld, dann haben Sie den Rest als Puffer für Unvorhergesehenes – und sind am Ende des Arbeitstages trotzdem noch zufrieden mit Ihrer Leistung.

Zur Zeitplanung gehört auch die Zeitschätzung. Das ist zum großen Teil Übungssache – vor allem Gründer/-innen unterschätzen tendenziell den Zeitbedarf einzelner Aufgaben. Das Resultat: Dauerstress und das Gefühl, am Ende eines Tages nichts richtig erledigt zu haben. Der Vorteil einer Zeitschätzung: Gerade bei Aufgaben, die auch mit einem 80-prozentigen Ergebnis noch gut aussehen, erkennen Sie schneller, wann die Zeit um ist und Sie sich besser der nächsten Aufgabe widmen sollten. Manchmal verschätzen Sie sich auch, dann müssen Sie Ihre Zeitplanung anpassen oder die Erledigung der Aufgabe auf mehrere Portionen verteilen. Nach und nach bekommen Sie einen realistischeren Blick auf Ihren Zeitbedarf – das hilft Ihnen wiederum auf lange Sicht, eine realistischere Projektplanung und -kalkulation vorzunehmen. Tipp: Fügen Sie in der Excel-Tabelle neben der Spalte mit Ihren Tagesaufgaben eine Spalte ein, in der Sie den Zeitbedarf der einzelnen Aufgaben schätzen und dann abends den wirklichen Zeitbedarf nachtragen.

Zuletzt noch eine Methode, die Sie bei Ihrer Aufgabenplanung unterstützen kann: Die ALPEN-Methode beinhaltet alle Schritte, die zu einer realistischen Einschätzung und Planung führen:

A	Aufgaben zusammenstellen (nicht überfrachten)
L	Länge der Tätigkeiten abschätzen (durch Beobachtung lernen)
P	Pufferzeiten reservieren (Anteil von 20 bis 50 Prozent)
E	Entscheidung über Prioritäten (Tageskurve und Reihenfolge)
N	Nachkontrolle (tägliche Übung und Selbstkritik)

Pausen und Bewegung einplanen

Wie gesagt: Sie sind keine Maschine – Ihr Körper ist die wichtigste Ressource, die Sie haben. Er hat seine eigenen Bedürfnisse, die Sie pflegen müssen. Sonst dürfen Sie sich nicht wundern, dass er Ihnen den Dienst versagt. Besonders wenn Sie vor allem am Computer arbeiten, sollten Sie bewusst und regelmäßig Bewegungspausen einplanen: Alle zwei Stunden sollten Sie eine Pause einlegen – die Dauer können Sie am besten selbst einschätzen. Noch besser ist es, wenn Sie stündlich kürzere Pausen einflechten, den Kopf ausrauchen, frische Luft schnappen oder sich schlicht ein Getränk holen. Wer öfters eine kleine Pause einlegt, kann danach wesentlich konzentrierter und dadurch effektiver arbeiten. Außerdem sollten Sie positiv in den Tag einsteigen. Nehmen Sie sich Zeit zu frühstücken und was Sie sonst noch dafür brauchen, um ein positives Grundgefühl zu entwickeln.

RICHTIG DELEGIEREN

Beim Gründen sind Sie in einer besonderen Situation: Es kommen viele neue Aufgaben auf Sie zu, für die Sie kein Spezialist sind und wahrscheinlich auch nie werden wollen – die Aufgaben müssen trotzdem erledigt werden. Sie verfügen über geringe finanzielle Ressourcen und haben selten Mitarbeiter/-innen.

Das ist eigentlich nicht der Kontext, in dem man sich über das Thema Delegation Gedanken macht. Wir wollen es trotzdem tun, weil wir Ansätze in der Kultur- und Kreativwirtschaft sehen, die auch diesen Bereich der Arbeitsorganisation beeinflussen: Viele sind eingebunden in Netzwerke, haben teilweise Projektpartner, mit denen sie eng zusammen arbeiten. Zudem entstehen gerade für die Kultur- und Kreativwirtschaft Dienstleister, die auf deren speziellen Bedarfe ausgerichtet sind.

1. Was lässt sich delegieren?

Die Antwort darauf haben Sie bereits gefunden: Im Abschnitt über die Priorisierung von Arbeitsaufgaben haben Sie das Feld mit den weniger wichtigen, aber dringenden Aufgaben kennengelernt. Einen Teil dieser Aufgaben können Sie in der Regel delegieren, denn dazu ist nicht speziell Ihre Person gefordert – solange Sie nicht »dringend« mit »wichtig« verwechseln. Angenommen, in diesem Feld befindet sich eine Aufgabe »Agenda für die nächste Sitzung im Projektteam vorbereiten«. In einem gleichberechtigten Team können auch mal andere Projektpartner diese Aufgabe übernehmen. Besonders Frauen sitzen häufig der Versuchung auf, Beiträge zur Organisation von Abläufen wie beiläufig auf ihre To-Do-Liste zu setzen.

2. In welcher Rolle lässt sich delegieren?

Am einfachsten natürlich, wenn Sie in einem Arbeitgeber-Arbeitnehmer-Verhältnis stehen. Mehr dazu finden Sie im folgenden Kapitel zum Thema »Führung und Kooperation«. In dieser Rolle sind Sie zu Beginn aber häufig nicht. Hier treten Sie vielmehr in der Rolle eines Netzwerk- oder Projektpartners auf, ggf. auch als Auftraggeber/-in, wenn Sie einzelne Teile Ihrer Aufgaben

im Rahmen von Projekten ausgelagert haben wie Buchhaltung, Produktionsleitung, Marketing. In all diesen Rollen können Sie delegieren, Sie müssen
lediglich Ihr Vorgehen und Ihre Kommunikation entsprechend anpassen.

3. Wie kann ich delegieren?

Bei der Delegation sind grundsätzlich drei Dinge wichtig: Vertrauen, Ziele
und Kontrolle der Ergebnisse. Grundsätzlich muss Ihr Vertrauen da sein, dass
die jeweilige Aufgabe auch von Partnern oder externen Dienstleistern erledigt werden kann. Bei eigenen Mitarbeiter/-innen haben Sie die Möglichkeit,
in gewissem Rahmen Kompetenzen aufzubauen – bei Netzwerkpartnern ist
das weniger der Fall.

Wenn Sie eine Aufgabe sehen, die auch von Ihren Kollegen oder Netzwerkpartnern übernommen werden kann, ist es wichtig, dass Sie sich über die Erledigung der Aufgabe austauschen. Dabei kann sich herausstellen, dass Sie
unterschiedliche Zielvorstellungen haben. Andere sehen bspw. diese Aufgabe
als weniger wichtig an und wollen weniger Energie hinein investieren. Nutzen
Sie diese Klärung auch für sich: Ist diese Aufgabe wirklich im Sinne des gesamten Teams oder verbinde ich damit eher persönliche Interessen? Bei Letzterem
ist es manchmal im Sinne Ihrer eigenen Arbeitsorganisation sinnvoller (dieses
Mal), die Aufgabe unter den Tisch fallen zu lassen. Bei der Delegation an eigene Mitarbeiter/-innen geben Sie im Gegensatz dazu explizit die Ziele vor. Nur
so wird für alle klar, in welchen Kontext sich die jeweilige Aufgabe einordnet
und woran die Ergebnisse nach Abschluss gemessen werden.

4. Das heikle Thema Kontrolle

Auch wir sehen es kritisch, wenn der Blick auf die Ergebnisse vor allem aus
einer Kontrollperspektive wahrgenommen wird. Allerdings haben Sie als Auf-
traggeber/-in ebenso wie als Arbeitgeber/-in ein Recht darauf, das für Ihr
Geld zu bekommen, was Ihnen auch versprochen wurde. Es hat sich bewährt,
gerade mit Netzwerkpartnern und externen Dienstleistern die Schleife zur
Bewertung der Ergebnisse eher als gemeinsames Feedback und Reflexion
der Zusammenarbeit zu gestalten. Statt herauszustellen, was schiefgelau-
fen ist, sollten gemeinsam Ideen entwickelt werden, wie es in Zukunft besser
gehen kann. Feedback sollte nicht nur von Ihnen erfolgen, sondern auch von
der Person, die die Aufgabe erfüllt hat. Sie könnte z.B. zu folgenden Punkten
etwas sagen: Ob die Aufgabenvergabe klar genug erfolgte, ob die Informationen und Mittel ausreichend waren, ob es etwas für die Zukunft der Zusammenarbeit gibt, das sich noch verbessern lässt. So nutzen Sie Delegation
zum Aufbau tragender Arbeitsbeziehungen mit außenstehenden Partnern.

Im Laufe Ihrer unternehmerischen Tätigkeit ist es wichtig, dass Sie einerseits ein klares Gefühl dafür entwickeln, welche Aufgaben Sie an wen und wie

delegieren können, und sich andererseits ein entsprechendes Netzwerk aufbauen. Denn es ist längerfristig wichtig, dass Sie sich auf das konzentrieren, was Sie wirklich gut können – und den Rest möglichst anderen Spezialistinnen und Spezialisten überlassen.

Kurz nachgefragt bei ...

Ilka Rümke und Elena Polzer von »ehrliche arbeit – freies Kulturbüro«, Berlin (www.ehrlichearbeit.de)

ehrliche ARBEIT

»Ehrliche arbeit – freies Kulturbüro« ist eine Plattform für freie Projekte der darstellenden Künste. 2006 gegründet, bietet »ehrliche arbeit« Konzept- und Projektentwicklung, Produktionsleitung, Presse- und Öffentlichkeitsarbeit, Dramaturgie sowie Text- und Übersetzungsarbeiten für Spielstätten, Theater und freie Gruppen.

Sie haben »ehrliche arbeit« 2006 in Berlin gegründet. Was bieten Sie Kultur- und Kreativschaffenden an?
Wir verstehen uns als Teil der freien Berliner Tanz- und Theaterszene und gehen Partnerschaften mit Tanz- und Theaterschaffenden ein. Wir verbinden dabei Konzept- und Projektentwicklung mit Projektleitung, Produktionsleitung, Presse- und Öffentlichkeitsarbeit, Dramaturgie sowie Text- und Übersetzungsarbeiten. Wir betrachten die Künstlerin oder die Gruppe immer als ein Ganzes – in allem, was sie tun oder was sie bewegt. Wir sind kein Serviceunternehmen und auch keine Agentur. Was für organisatorische und künstlerische Aufgaben wir im Rahmen von künstlerischen Produktionen übernehmen, richtet sich immer jeweils nach dem spezifischen Bedarf des Projekts und seiner Beteiligten. Egal welche Aufgaben wir übernehmen, eine Partnerschaft auf gleicher Augenhöhe ist uns wichtig.
Wie wir heute unsere Arbeit machen und definieren, war nicht von Anfang an so festgelegt, sondern ist aus unseren Beobachtungen und unseren praktischen Erfahrungen gewachsen.

Was ist der Nutzen dieser Art der Arbeitsteilung für Kultur- und Kreativschaffende?

Generell ist Arbeitsteilung für Kulturschaffende, gerade im Theater- und Tanzbereich, äußerst wichtig. Die Prozesse innerhalb einer Produktion sind immer arbeitsteilig; eine Produktion ist das Ergebnis Vieler. Unserer Erfahrung und Überzeugung nach funktioniert diese Arbeitsteilung am besten in einer flach- bis nicht-hierarchischen Struktur, da so jede/r Beteiligte mit einem Maximum an Motivation ihre/seine Expertise und Fachwissen am effektivsten einbringen kann. Dabei bleibt natürlich immer die Frage, ob und welche Teile einer Produktion man auslagern kann. Und wenn man etwas auslagern kann, will man das überhaupt? Spezialisierung hat den Vorteil, dass man in manchen Dingen schneller und auch besser ist, z.B. in der Pressearbeit, das braucht aber auch eine gewisse Konstanz und nicht ständig wechselnde Ansprechpartner. Der Wunsch nach Selbstverwirklichung innerhalb der Arbeit ist auch ein wichtiger Aspekt, gerade im Kulturbereich. Das heißt für viele auch, ganz bewusst möglichst verschiedene Tätigkeiten auszuüben, um so umfassend an einer Tanz- und Theaterproduktion mitwirken zu können. Für unsere Struktur versuchen wir hierbei einen Mittelweg. Jede von uns ist in allen Gebieten kompetent und dennoch gibt es Spezialisierungen, aber das sind selbst gewählte Vorlieben.

Welche Aufgaben wir im Rahmen eines Projektes annehmen können, ist oft eine Frage der Rahmenbedingungen und auch der Finanzen. Gemeinsam mit der Künstlerin oder Künstlergruppe eruieren wir, was für das Projekt notwendig ist. Wir entscheiden immer auch nach inhaltlichen und ästhetischen Gesichtspunkten, nicht nur nach finanziellen.

Welche Hürden sehen Sie bei Kultur- und Kreativschaffenden bei der Organisation der eigenen Arbeit?
Unsere Erfahrung hat gezeigt, dass ein gegenseitiges Verständnis und eine Art von Affinität für die Art des Arbeitens immens wichtig ist. Das hat dazu geführt, dass wir mit Kulturschaffenden meist projektweise anfangen zu arbeiten. Danach werten wir das Projekt aus und überlegen anschließend gemeinsam, ob die Zusammenarbeit fortgesetzt wird. Die Kriterien sind hierbei, ob unsere Arbeitsstrukturen harmonieren, ob wir hinter dem künstlerischen Ergebnis stehen können – und ganz simpel, ob die »Chemie« gestimmt hat.
Eine große Hürde ist die Arbeitsform der Selbstständigkeit – der Druck ist höher. Kultur- und Kreativschaffende arbeiten in prekären Strukturen und dadurch ständig am Existenzminimum. Da vergisst man schnell mal, Urlaub zu nehmen. Deshalb haben wir uns ganz bewusst eine kollektive Struktur geschaffen. In unserer Branche müssen sich bedauerlicherwei-

se viele als »Einzelkämpfer« von Projekt zu Projekt durchschlagen und geraten so oft in finanzielle Bedrängnis, wenn ein Projekt platzt oder Fördergelder wegbrechen. »Ehrliche arbeit« setzt dem als Solidarge-meinschaft etwas entgegen: Wir teilen uns Arbeit und Kosten, sind sechs gleichberechtigte Gesellschafterinnen und verdienen gleich viel – unab-hängig davon, wie viel die Einzelne jeweils durch die von ihr betreuten Projekte erwirtschaftet. Dadurch können wir auch unsere Kapazitäten besser nutzen und sind effektiver.

Haben Sie konkrete Tipps zur Verbesserung von Arbeitsstrukturen?
Zunächst ist es wichtig, dass man überhaupt mal alle Aufgaben zusam-men trägt. Wir fixieren das in einer Liste, die man dann im Laufe der Zusammenarbeit auch anpassen kann. Sonst hat man so einen Global-begriff wie »Produktionsleitung« und jeder versteht etwas anderes dar-unter. Soll z.B. die Budgetverwaltung dazu gehören oder nicht? Kommunikation ist für uns ein wichtiges Thema. In welcher Quantität und Form wird mit wem, wann, wie kommuniziert? Wie sieht die Kommunika-tion im Team aus?
Schließlich ist es wichtig, dass man jederzeit bereit ist, Neues dazuzu-lernen, wenn es für die Arbeit wichtig ist. Dazu gehören dann unter Um-ständen auch mal lange und intensive Exkurse in Bereiche, die mit der eigentlichen künstlerischen Arbeit erst mal nichts zu tun haben.

ALLEIN ODER ZUSAMMEN – DIE ARBEITSUMGEBUNG ALS TEIL DER ARBEITSORGANISATION

In der Kultur- und Kreativwirtschaft verwischt häufig Privates und Berufli-ches. Manchmal ist es auch bewusst so gewollt, ist Teil des Lebensgefühls: Im gemeinsamen Urlaub die Gründungsidee entwickeln, beim Bier abends in der Bar das Angebot an Kunde xy durchsprechen. Die allzeit bereite digitale und mobile Vernetzung trägt ihr Übriges dazu bei. Vom Home Office aus ist man innerhalb einer Sekunde in der Küche oder im Kinderzimmer und ohne eine Phase des Abschaltens in die nächste Rolle geschlüpft. Für den Einzel-nen führt das allerdings auch zu zusätzlichen Belastungen:
Eine Phase des mentalen Abschaltens gibt es kaum, der Kopf tickt weiter und damit bleibt der Körper immer im Bereitschaftsmodus. Der Austausch mit Kollegen wird gezielt vereinbart, spontane Auszeiten im Arbeitsalltag, die sich in einem größeren Büro automatisch in der Kaffeepause ergeben und oft Quel-len neuer Ideen sind, finden kaum statt.
Die Motivation, selbst noch am Schreibtisch sitzen zu bleiben und das Kon-

zept fertig zu schreiben, steigert sich, wenn man auch die Kollegin am nächsten Schreibtisch arbeitend vor sich sieht – es entsteht eine »arbeitsame Atmosphäre«. Dieser Effekt bleibt Home-Office-Arbeitern verwehrt – oder vermittelt
sich nur in geringem Maße durch den Online-Status des Projektpartners im
fernen Zürich via Skype.

Der Sprung ins eigene Büro ist auch aus finanzieller Sicht für viele am Anfang nicht zu machen, selbst wenn Sie sich eine klarere Trennung zwischen Beruf und Privatleben wünschen. Manche Freiberufler/-innen sind so oft unterwegs und bei Kunden im Einsatz oder auf Tour, dass sich ein Büro nicht lohnen
würde. Dennoch werden viele irgendwann ernsthaft darüber nachdenken, ob
ein Büro nicht den Arbeitsalltag wesentlich strukturieren und effizienter gestalten könnte. Wir glauben, dass es keine Notwendigkeit ist, irgendwann ein
repräsentatives Büro zu haben, um als ›echte/r‹ Unternehmer/-in zu agieren.
Es muss vor allem Ihnen und Ihrer Unternehmung dienen. Sie müssen sich dort
wohlfühlen. Aber ein externes Büro hat wesentliche Vorteile, die sich – zumindest wissenschaftlich – belegen lassen.

Schätzungen zufolge arbeiten in Deutschland über vier Millionen Menschen für ihren Arbeitgeber oder Ihre Kunden dauerhaft oder teilweise in Tele-
arbeit von zu Hause aus. Das sind rund zehn Prozent aller Beschäftigten. In der
Kultur- und Kreativwirtschaft sind diese Arbeitsformen besonders stark vertreten.[4] Der Kontakt der Kreativen zu Vorgesetzten und Auftraggebern beschränkt
sich meist auf unregelmäßige Treffen – wenn überhaupt. Was dadurch auch
verloren geht, sind vor allem soziale Kontakte, die Inspiration, aber auch Kontrolle – oder zumindest einen Antrieb zur Selbstdisziplin – bedeuten. Der kurze
Plausch in Arbeitspausen in der Teeküche oder auf der Terrasse bietet darüber hinaus die wichtige Möglichkeit, den Kopf frei zu bekommen, sich einmal
über die Eigenarten seiner Kunden auszutauschen oder zu lachen. Psycholo-
gen nennen diesen ungezwungenen Plausch auch freie Assoziation – eine der
effektivsten Kreativitätstechniken.

Eine Einstiegsvariante auf dem Weg zum eigenen Büro sind Bürogemeinschaften, die vor allem in der Kultur- und Kreativwirtschaft immer mehr An-
klang finden. Soziale Kontakte funktionieren in diesen »Coworking«-Büro-
gemeinschaften besonders gut, da man sich in einem mehr oder weniger
ungezwungenen Umfeld ohne Neid und hierarchische Barrieren trifft. Da jeder
an einem anderen Projekt und für einen anderen Chef arbeitet, gibt es wenig
Konkurrenz und auch kein Mobbing.

Der Einzug in ein Gemeinschaftsbüro und damit die Trennung von Arbeit
und Privatem steigert auch die Produktivität: Laut einer Studie der Bundes-
anstalt für Arbeitsschutz und Arbeitsmedizin sinkt diese bei 37 Prozent der
Home-Office-Arbeiter/-innen. Wer dagegen Beruf und Freizeit räumlich und
zeitlich trennt, nimmt seine Erholungsphasen nachweislich als länger wahr

und ist zufriedener und leistungsfähiger.[5] Zudem sind Gemeinschaftsbüros echte Ideenkatalysatoren: Beim Kaffee treffen sich beispielsweise der Jungverleger und die Illustratorin und beschließen, ein Kinderbuch zu machen; die Eventmanagerin trifft den Modedesigner und schon steht das Team für die nächste Fashion-Show.

Info: Gemeinschaftsbüros

Allgemeine Infos über das Coworking, das bereits als neuer Trend ausgerufen wird, gibt es auf der gut gepflegten Website www.coworking-news. de. Bereits seit längerem etablierte Anbieter sind:

* hallenprojekt.de: Coworking-Netzwerk – hier finden Sie eine Übersicht über viele deutsche sowie einige internationale Coworking-Büros.
* coworking-stuttgart.de ist eine Plattform für lokale Angebote, die auch in anderen Städten (z.B. coworking-frankfurt.de oder coworking-leipzig.de) vertreten ist.
* betahaus.de ist ein großes deutsches Coworking-Büro mit Sitz in Berlin, wo es gut ein Dutzend weitere Anbieter gibt.
* mindbroker.de/wiki/LockSchuppen: Einen spannenden Ort für ihre Bürogemeinschaft haben einige Dresdner Coworker gefunden: Sie arbeiten in einem alten Lokschuppen.
* rockzipfel-leipzig.de: Das Leipziger Büro Rockzipfel ist vor allem für Eltern interessant: Sie können ihre Kinder mitbringen.
* koelner-zeitraeume.de: Das Gleiche gilt für die Kölner Zeiträume. Direkt unter dem Coworking-Büro befindet sich hier eine Kindertagesstätte.
* Auch in kleineren Städten gibt es Büro-WGs wie z.B. das Paderborner Wexelwirken (wexelwirken.net). Aber auch in Würzburg (p-acht.net), Meiningen (workflowmeiningen.wordpress.com) oder Mönchengladbach (v-16.de) werden Gemeinschaftsbüros angeboten.
* Österreich: In Wien finden sich mehrere Gemeinschaftsprojekte, die speziell auf die Kultur- und Kreativwirtschaft ausgerichtet sind: www.rochuspark.at.
* Schweiz: citizen-space.ch bietet Coworking in Zürich.

Arbeitsorganisation ist ein weites Feld – nicht umsonst gibt es für diesen Bereich eigene Studiengänge. Sie werden sich daran gewöhnen müssen, dass Sie immer Ecken haben werden, in denen das Chaos, Ihr Unbewusstes, Ihr »Es« vorherrscht. Das geht gut, solange »Es« Ihnen im geschäftlichen Alltag nicht allzu oft einen Strich durch die alltäglichen Rechnungen macht. Also immer schön geschmeidig bleiben und die für Sie passende Balance zwischen Struktur und kreativem Chaos finden.

Kurz nachgefragt bei ...

STEFAN LEITNER-SIDL, Gründer der »UnternehmerInnenzentren Schraubenfabrik, Hutfabrik, Rochuspark« Wien (www.konnex.cc/communities)

Stefan Leitner-Sidl und Michael Pöll gründeten 2002 mit der Schraubenfabrik den ersten Coworking-Space in Wien. Mit der Hutfabrik und dem Rochuspark kamen 2004 und 2007 zwei weitere Angebote hinzu. Alle Coworking-Spaces bieten Ein-Personen- und Micro-Unternehmen die Möglichkeit, in einer freundlichen und inspirierenden Community zu arbeiten und an zentralen Standorten ihr Netzwerk zu erweitern.

Stefan Leitner-Sidl

Sie haben in Wien inzwischen das dritte Unternehmerinnenzentrum gegründet und dabei speziell die Kultur- und Kreativwirtschaft im Blick. Gibt es besondere Anforderungen dieser Branche an Bürogemeinschaften?
Aus meiner Erfahrung haben Selbstständige, die im kreativwirtschaftlichen Kontext arbeiten, schon bestimmte Ansprüche und einen eigenen Lifestyle, der unterscheidbar ist von anderen. Dabei geht es jedoch weniger um Hard- als um Softfacts. Für diese Leute ist es wichtig, wie ein Raum gestaltet ist, welche Atmosphäre er hat, welche Stimmung von den anwesenden Leuten ausgeht, ob es bemüht oder wirklich locker rüberkommt. Welche Regeln und Konventionen es gibt. Solche Leute sind oft kreative Freigeister und die brauchen einen speziellen Ort, in dem sie das sein und bleiben können.

Für Gründer/-innen in der Kultur- und Kreativwirtschaft ist der Blick auf die Mietkosten ein besonderes Thema. Welchen Nutzen bieten Gemeinschaftsbüros wie der Rochuspark in Wien den Gründern?

Die Leute kaufen bei uns ein All-Inclusive-Paket, welches sowohl Miete, Betriebskosten, Strom und Heizung umfasst als auch die Kosten für Internet, Telefon-Grundgebühr, regelmäßige Reinigung, Versicherungen und die Mitbenutzung der technischen und räumlichen Infrastruktur (Kopierer, Drucker, Besprechungsräume etc.). Sie müssen sich somit um diese Dinge nicht mehr kümmern und können sich voll auf ihren eigentlichen Tätigkeitsbereich konzentrieren. Zudem sind die Kosten für ein solches All-Inclusive-Paket relativ moderat im Vergleich zur Anmietung eines eigenen Büros, von den Vorzügen der Community und des Kontakt-Netzwerks gar nicht zu sprechen.

Ein Büro außerhalb der Wohnung bietet die Möglichkeit, Arbeit und Freizeit besser zu trennen – ist das von Unternehmerinnen und Unternehmern der Kreativwirtschaft überhaupt angestrebt?
Arbeit und Freizeit sind tatsächlich in den meisten selbstständigen Berufen nicht so scharf trennbar. Die Grenze ist meist fließend. Selbst wenn ich ein eigenes Büro habe, gibt es Situationen, in denen ich auch zu Hause oder in der Freizeit im beruflichen Kontext telefoniere oder E-Mails beantworte. Andererseits ist man niemandem Rechenschaft schuldig, wenn man sich einen Wochentag frei nimmt und ins Grüne fährt. Die Leute entscheiden autonom über Zeit und Ort ihres Schaffens – und diese Zeiten und Orte können wechseln. Tatsächlich haben dann aber die meisten einen relativ konstanten Arbeitsmodus, den sie jedoch im Unterschied zu Angestellten selbst definiert haben.

Viele (zum Teil konkurrierende) Unternehmen in einem Raum – geht das gut?
Unsere Coworking-Spaces sind sehr multidisziplinär. Aber natürlich haben wir von manchen Berufen (z.B. Grafikdesigner oder PR-Berater) mehrere. Hier ist unsere Politik so, dass wir jeweils den oder die bereits eingemieteten Leute dieser Zunft um ihr o.k. bitten, wenn ein neuer Mieter einzieht, der in der gleichen Branche tätig ist. In 99 Prozent der Fälle ist das kein Problem und in einem bestimmten Rahmen sogar eine Bereicherung aufgrund der Möglichkeit des fachlichen Austausches.
Was wir jedoch nicht möchten ist, dass ein Unternehmer aus der Community einen Pitch unter den ebenfalls internen Professionals veranstaltet. Das hatten wir einmal. Da gab es dann einen Sieger und drei Verlierer – und natürlich ist das nicht positiv, wenn die Leute alle im selben Raum sitzen. Da hab' ich dann den Betreffenden gebeten, so etwas nicht mehr zu wiederholen.

Sind Bürogemeinschaften für Einzelunternehmer/-innen auch Motivationsanreiz?
Ganz klar. Erstens fühlt man sich bestätigt, weil man unter Gleichgesinnten ist, die genauso ihr Ding machen wie man selbst. Man teilt Informationen und Erfahrungen und kann sich von anderen, vor allem aus fremden Branchen, sehr gut inspirieren lassen.
Und das mindeste ist, dass man nicht alleine im Home Office sitzt, sondern unter Leuten, mit denen man dann vielleicht gemeinsam zu Mittag isst oder einen Kaffee trinkt. Allein das reicht schon vielen, um sich in eine Bürogemeinschaft einzumieten.

»JOHANNAS WELT«: JOHANNA UND DAS KREATIVE ARBEITSCHAOS

home office einer kreativschaffenden, berlin

Tatsächlich hatte Johanna mittlerweile die ersten Aufträge eingefahren. Über ihre alte Agentur war was reingekommen – für ein Unternehmen, dessen Geschäftsführer ihren Onkel kannte, machte sie eine Website. Auf einer Konferenz über mobiles Lernen hatte sie die Leute von einem kleinen Start-up kennengelernt, die Lernspiele für Schüler entwickeln wollten, die übers Handy als App zum Download angeboten werden. Zunächst wollten sie Vokabeltrainer anbieten. Sowohl das technische Know-how als auch die Inhalte waren für das Gründerteam aus Informatikern und Lehramtsleuten kein Problem – für die gestalterische Seite sollte Johanna verantwortlich sein. Ein echter Glücksstreffer. Die Tage, an denen Sie ihren Sohn in den Kindergarten gebracht hatte und dann vor allem damit beschäftigt war, sich selbst zu neuen Akquisetätigkeiten zu motivieren, waren allmählich vorbei. Es wurde ernst. Auf einmal wurden neue Dinge relevant wie Terminplanung, Angebote erstellen, Rechnungen schreiben, Konzepte machen.

Bei den ersten Jobs konnte sie noch alles auf ihrem Schreibtisch auf einen Stapel packen und fand sich gut zurecht. Bei drei Kunden wurde das schon schwieriger. Sie brauchte ein System! Wohin mit dem ganzen Papierkram? Wie die Termine organisieren? Auch wenn Johanna alles andere als ein »Digital Nati-

ve« war, versuchte sie in ihre Organisation mehr digitalen Spirit reinzubringen: Sie hatte sich ein Smartphone zugelegt, in das sie nun alle Termine und Notizen eintrug. Eine Struktur für Projekte, Bürokratisches, Angebote, Rechnungen etc. legte sie auf dem Rechner an. Und was an Papierkram noch anfiel, wurde ordentlich in verschiedene Ablagen und danach in unterschiedlich farbige Ordner abgelegt. Man wächst mit den Aufgaben! Sie funktionierte jedenfalls schon ganz gut in ihren Abläufen. Aber mit den Monaten merkte sie auch eines: Sie war eine neumodische Hausfrau geworden. An die eigenen vier Wände gefesselt, ihr Radius war durch Schlafzimmer, Küche, Wohnzimmer und ihre kleine Arbeitsecke definiert. Ihr Home Office passte irgendwie nicht mehr so richtig – und das nach nur wenigen Monaten. Letztens waren die Jungs von dem Start-up da gewesen, sie wollten auch mal bei ihr vorbeischauen, um zu sehen, was so in ihrem »Laden« los war. Das hatte sie zwar schon mehrfach hinausgezögert, aber irgendwann war klar, dass sie auch bei sich mal Kunden empfangen musste. Bei den Start-up-Leuten war das irgendwie o.k., die waren alle in ihrem Alter, lebten insgesamt wahrscheinlich nicht anders als sie, aber richtig gut war es eben auch nicht, Kunden in ihrer eigenen Wohnung im Hinterhof, 3. Etage zu empfangen, vorher noch hektisch Leóns Dinosaurier-Sammlung aus allen Ecken zusammenzusammeln und zu verstecken. Ein eigenes Büro war ihr aber noch zu risikoreich: Das würde automatisch wieder neue Kosten generieren. Der Kompromiss war dann am Ende eine Bürogemeinschaft in Kreuzberg, wo sich ein paar Kreative zusammengetan, eine alte Fabriketage gemietet hatten und sich alle Kosten, inkl. Internet und Telefon teilten. Johanna hatte dort einen Schreibtisch. Für Kundengespräche hatten die insgesamt acht Leute einen kleinen Besprechungsraum, den alle gemeinsam nutzen konnten.

→ KAPITEL 8. FÜHRUNG UND KOOPERATION: GEMEINSAM MEHR ERREICHEN

Dieses Kapitel zeigt Ihnen, …

- … warum Führung auch in Einzelunternehmen wichtig ist.
- … wofür Sie Methoden der Führung in Netzwerken und im Umgang mit Kooperationspartnern gebrauchen können.
- … was Führung im Gründungsteam bedeutet und wie Sie damit eine Grundlage für die weitere Entwicklung Ihrer Führungskultur gestalten.
- … wie Sie überhaupt in die Rolle kommen, Mitarbeiter/-innen zu führen.
- … welche Rolle Führung bei der Konfliktlösung spielt.

Warum gehen wir in einem Buch über Gründung auf das Thema »Führen« ein? Auch wenn die wenigsten in der Gründungsphase bereits an Mitarbeiter/-innen denken und von ihrem Selbstverständnis überhaupt keine Führungssituationen anstreben: Führung muss nicht mit Hierarchie, Kontrolle und Machtausübung über andere gleichgesetzt werden. Führung bedeutet für uns, die vorhandenen Ressourcen im Hinblick auf ein bestimmtes Ziel zu bündeln und zu organisieren – z.B. auch in zeitlich begrenzten Projekten, die Sie mit anderen durchführen. Das Ziel besteht darin, die beteiligten Mitarbeiter/-innen oder Kooperationspartner mit ihren Fähigkeiten für die gemeinsame Aufgabe zu gewinnen und auch die eigenen Fähigkeiten ganz für den Unternehmenserfolg einzusetzen.[1]

Wir wollen uns in diesem Kapitel darauf konzentrieren, was Führung für Kultur- und Kreativunternehmer/-innen bedeuten kann, und vor allem, in welchen Situationen schon in der Gründungsphase ein reflektiertes Verhältnis zum eigenen Führungsbild wichtig ist. Dass die Auseinandersetzung mit Hierarchie, mit Unterschieden, mit Steuerung auch oder gerade in der so heterogenen Kultur- und Kreativwirtschaft ein Thema ist, zeigt das Interview mit einem Künstlerinnenkollektiv.

Für Kultur- und Kreativunternehmer/-innen gibt es vor allem vier Felder, in denen Führung beim Gründen besonders relevant ist:

1. Führung in Kooperationen und Netzwerken: Wie schon in den vorangegangenen Kapiteln angesprochen, zeichnet sich die Kultur- und Kreativwirtschaft, insbesondere die Gründungsszene, durch einen sehr hohen Grad an

Vernetzung aus. Kooperation ist entsprechend der Schlüssel für eine erfolgreiche Gründung. Auch bei Kooperationen gibt es immer wieder Führungssituationen[2], in denen Sie verschiedene Fragen klären müssen: Wer steuert den Kontakt mit dem Kunden? Wie verdeutlichen wir der neuen Produktionsleitung unsere Arbeitsmethoden? Wie gewinnen wir das Engagement unserer Praktikanten, die nebenher noch ihr Studium machen müssen? Wer hat den Blick auf das Budget? Wie gehen wir bei Konflikten zwischen Kooperationspartnern um?

2. Führung im Leitungsteam: Dort, wo Menschen zusammenkommen und gemeinsam ein Ziel erreichen wollen, stellen sich automatisch folgende Fragen: Wie koordinieren wir die vielen kleinen Schritte, die dazu nötig sind, das große Ziel zu erreichen? Wie kommen wir zu den dazu notwendigen Entscheidungen? Damit man als junges Gründer/-innenteam beweglich bleibt, macht es Sinn, arbeitsteilig vorzugehen: geteilte Führung also.

3. Führung von Mitarbeitern: Es beginnt mit der Entscheidung, ob und in welcher Form Mitarbeiter/-innen überhaupt eingestellt werden sollen und geht weiter über die Mitarbeiter/-innenauswahl, bis man auch offiziell in einer gegenseitigen Verantwortungsbeziehung steht. Spätestens jetzt müssen sich Gründer/-innen mit Führung auseinandersetzen: Was bedeutet diese (ungewohnte) Führungsrolle überhaupt? Was sind meine eigenen Vorstellungen davon, wie wir unsere Arbeitsbeziehung gestalten, und wie vermittle ich das meinen Mitarbeitern?

4. Führung in Konflikten: Dort, wo Menschen zusammenkommen, gibt es Reibung. Das ist bei Kooperationspartnerschaften ebenso der Fall wie innerhalb eines Leitungsteams oder zwischen Leitungsteam und Mitarbeitern. Auch wenn es von den Beteiligten zunächst als unangenehm wahrgenommen wird: Konflikte haben fast immer das Potenzial, die gemeinsame Arbeitsbasis auf ein tragfähigeres Fundament zu stellen. Warum? Über Konflikte können zunächst unbewusst unterschiedliche Vorstellungen aufgedeckt und Gemeinsamkeiten und Unterschiede in den Vorstellungen geklärt werden. Darauf basierend können die gemeinsamen Ziele formuliert und ganz konkret Entscheidungen gefällt werden, wie man in Zukunft in bestimmten Situationen anders verfährt. Gerade für Gründer/-innen eröffnet sich hier ein enormes Lernfeld: In der Gründungsphase wird viel an den Zielen gefeilt und geschliffen. Mehr Klarheit darüber bringt mehr Klarheit für das Geschäftsmodell, für die Organisationsstruktur und schließlich für das Nutzenversprechen an die Kunden. In solchen Situationen Impulse für einen konstruktiven Umgang mit Konflikten zu geben, ist eine wesentliche Aufgabe von Führung.

Was Sie mit Führung verbinden, ist abhängig von Ihren bisherigen (positiven oder negativen) Erfahrungen mit Führung, von dem jeweiligen Umfeld, in dem Sie tätig sind – und auch zu einem gewissen Grad davon, inwieweit Sie sich schon ganz konkrete Gedanken zu Ihrem eigenen Führungsbild gemacht haben. In der Kultur- und Kreativwirtschaft reicht das Spektrum der praktizierten Führungsmodelle von eher hierarchisch geführten Konzert- und Veranstaltungshäusern bis hin zu Künstlergruppen mit kollektiven Entscheidungsstrukturen. Eines ist dabei sicher: Mit Führung, mit Machteinflüssen und (Hierarchie-)Unterschieden werden Sie in allen sozialen Situationen konfrontiert. Es kommt vor allem darauf an, wie Sie damit umgehen.

Damit Sie in Ihrer Gründungsphase Führung als ein bewusst zu gestaltendes und mit bestimmten Werten verbundenes Moment verstehen und nicht von unbewussten Dynamiken eingeholt werden, die Ihren Gründungserfolg gefährden, wollen wir mit zwei Leitfragen die oben genannten Führungssituationen näher beleuchten:

• Wer steuert wann und mit welcher Legitimation?
• Mit welchen Methoden?

KOOPERATION UND NETZWERK

Kooperationen innerhalb eines Netzwerkes sind oft zeitlich begrenzt und beziehen sich auf einzelne Kompetenzfelder im Rahmen eines speziellen Auftrags. Die Vorteile: Ressourcen und Kompetenzen können je nach Auftrag schnell zusammengezogen werden. Ist der Auftrag erledigt, löst sich das Projektteam wieder auf. Jede/r Einzelunternehmer/-in ist dann wieder verantwortlich für die Akquise des nächsten Auftrages.

Es kommt auch vor, dass sich einzelne Kooperationen längerfristig entwickeln. Man taucht nach außen hin unter einem gemeinsamen Namen auf und akquiriert damit neue Kunden und Aufträge. Im Innenverhältnis agieren aber alle wie selbstständige Unternehmer/-innen. Nach außen hin rechnet jeder über eigene Rechnung ab. Die administrativen Aufwände sind dadurch sehr gering, auch halten sich Abstimmungen über gemeinsame Vorgehensweisen in Grenzen. Der große gemeinsame Nenner ist das gemeinsame Marketing.

Ist man beim Gründen auf der Suche nach tragbaren Kooperationen, hat man über Netzwerke schnellen Zugriff auf Kompetenzen. Man kann sich über Empfehlungen auch schon eine Einschätzung über die Qualität der Arbeit des potenziellen Kooperationspartners einholen. Die Einschätzung, ob Sie in Ihrer gemeinsamen Arbeitsweise, der Art der Kommunikation im Arbeitsprozess und Ihren Vorstellungen zur Qualität der Arbeit zusammenpassen, kann Ihnen jedoch niemand abnehmen. Hier ist gerade in der Gründungsphase, in der man häufig noch nicht auf eine langjährige Zusammenarbeit mit verschiedenen Personen zurückschauen kann, besonderes Fingerspitzengefühl gefordert. Mit der Zeit werden Sie wahrscheinlich eine eigene Herangehensweise entwickeln, um Netzwerkpartner als Kooperationspartner an sich zu binden.

Bei allen Vorteilen: Kooperations- und Netzwerkbeziehungen haben auch einige Nachteile, die Sie durch Führung ausgleichen müssen: Permanent wechselnde Konstellationen im Projektteam bringen einen erhöhten Kommunikationsaufwand mit. Die gemeinsame Informationsbasis und ein Verständnis für die einzelnen Arbeitsbereiche müssen hergestellt, mit neuen Netzwerkpartnern müssen gemeinsame Arbeitsweisen erprobt werden, außerdem müssen die Neuen eingewiesen und auf den aktuellen Stand gebracht werden. Vertrauen als grundlegende Basis der Zusammenarbeit muss in kurzer Zeit geschaffen werden. Eine besondere Schwierigkeit, die uns in der Kultur- und Kreativwirtschaft wegen der geringen Gewinnmargen immer wieder begegnet, ist: Die Kooperationspartner sind parallel in mehreren Aufträgen engagiert, wollen überall 150-prozentige Arbeit leisten – oftmals auf Kosten einzelner Projekte, bei denen man vor Wochen zwar zugesagt hat, aber »da konnte man ja noch nicht wissen, dass das andere Projekt auch den Zuschlag bekommt«. Das Ergebnis: Die Zuarbeit des Grafikers zieht sich und gefährdet den Zeitplan; die Programmierer/-innen der Community-Plattform kommen nicht voran, so dass Sie auch mit der Contenterstellung nicht anfangen können ...

Um Ihre Flexibilität durch Kooperations- und Netzwerkbeziehungen nutzen zu können, ist es umso wichtiger, dass die Kooperation möglichst reibungslos läuft. Und hier gibt es zahlreiche Situationen, in denen Sie durch gezielte Führung – wenn auch zeitlich begrenzt und auf einzelne Situationen bezogen – dazu beitragen können:

Die Steuerung in Netzwerkkonstellationen aktiv aushandeln

Netzwerke steuern sich selbst – Aufträge, die aus diesen heraus entstehen, nicht. Hier gilt es ein Angebot zu erstellen, ein klares Ziel zu erreichen, vereinbarte Zeiten einzuhalten. So zumindest unsere Erfahrung. Stellt sich also die Frage, wer dann die Steuerung übernimmt. Diese Steuerung ist meist bei derjenigen Person am besten aufgehoben, die am meisten zu verlieren hat. Das ist in der Regel diejenige, die den Auftrag an Land gezogen oder das Angebot maßgeblich mitgeschrieben hat.

Wichtig ist an dieser Stelle vor allem eines: Klären Sie in Ihrem Team mit den Kooperations- und Netzwerkpartnern vorab, wer hauptverantwortlich für den Auftrag und damit auch für die Kommunikation mit dem Kunden ist. Das heißt nicht, dass diese Person dann auch das Sagen im kreativen Prozess hat. Diese Diskussion können Sie sowieso nur gemeinsam zu einem zufriedenstellenden Ergebnis führen. Sie sehen: Führung kann sich, wenn sie von der Gruppe legitimiert und zeitlich begrenzt ist, als nützlich im Sinne des gemeinsamen Zieles erweisen.

Wenn Sie mit Ihren Kooperationspartnern einen Auftrag an Land gezogen haben, stellt sich die Frage, wie Sie dann die zeitlich begrenzte Steuerung ausüben. Das gilt unserer Erfahrung nach gerade bei netzwerkartigen und teilweise sehr virtuellen Strukturen, die aktive Kommunikation über verschiedene Kanäle voraussetzen.[3] So kann man nicht hoffen, dass die E-Mail an die Netzwerkkollegin mit den neuen Kundenanforderungen »schon richtig verstanden wurde« – nach angemessener Zeit sollte man sich auch noch mal telefonisch mit ihr über das letzte Treffen mit dem Kunden austauschen und sie um ihre Einschätzungen und Schlüsse daraus bitten. Nirgendwo gehen Botschaften zwischen den Zeilen schneller verloren als bei der räumlich verteilten Zusammenarbeit. Ihre Aufgabe bei der Steuerung des Arbeitsprozesses ist es, die äußeren Rahmenbedingungen so zu gestalten, dass das Team gut arbeiten kann und die Ergebnisse den Kunden zufriedenstellen. In der Kommunikation zwischen Kunde und Projektteam müssen Sie immer wieder eventuell gegensätzliche Interessen ausloten. Behalten Sie dabei die gemeinsamen Interessen von Kunde und Team im Auge und nehmen Sie die Rolle des Moderators bei der Entscheidungsfindung ein. So behalten Sie die Unterstützung Ihres Teams und zeigen gegenüber Ihrem Kunden, dass Sie kompetent mit verschiedenen Interessen umgehen können.

Schwere Entscheidungen herbeiführen und umsetzen

Zur Führung von Kooperations- und Netzwerkpartnern gehören immer wieder auch schwere Entscheidungen. Das ist besonders bei Konflikten der Fall. Was tun, wenn man im Laufe der Auftragsabwicklung merkt, dass die Zusammenarbeit überhaupt nicht funktioniert? Dass man völlig unterschiedliche Vorstellungen von Zusammenarbeit oder heterogene Erwartungen an die Ergebnisse hat? Auch eine Kooperation muss nach Aufwand und Nutzen betrachtet werden. Oft helfen hier nur ein grundlegender Schnitt und eine Neuverhandlung, was auch den Ausstieg eines oder mehrerer Kooperationspartner bedeuten kann.

Zunächst ist es wichtig, dass Sie Ihre Beobachtungen und Bedenken möglichst frühzeitig im Team ansprechen. Ihre Orientierung dabei: Jeder im Team sollte in dieser Situation sein Gesicht wahren können. Das erreichen Sie u.a. dadurch, dass Sie Ihre Beobachtungen und die jeweiligen Wirkungen auf Sie als Ihre subjektiven Wahrnehmungen formulieren. Sprechen Sie in der Ich-Form und vermeiden Sie Verallgemeinerungen wie »Da kann ja jeder sehen, dass das nirgendwohin führt!« Formulieren Sie also eher in Richtung »Ich habe beobachtet, dass unsere Zwischenergebnisse immer wieder einen sehr unterschiedlichen Standard haben und wir viel Zeit mit Angleichungen verbringen.

Meine Befürchtung ist, dass uns dadurch die Zeit weg läuft. Was können wir da tun?« Geben Sie dem Gegenüber Raum, eigene Interpretationen der Situation einzubringen.

Künstlerische und kreative Arbeit ist eine sehr persönliche Sache. Das macht die gegenseitige Wertschätzung im Konfliktfall ungleich schwieriger. Denn Konflikte sind emotional und persönlich. Gleichwohl ist das ein Schlüssel zum Ausbau Ihrer Führungskompetenz: Die Tätigkeit des anderen anzuerkennen und gleichzeitig den Rahmen und die Grenzen in der aktuellen Situation deutlich zu machen. Kooperation ja, aber nicht um jeden Preis! Wichtig ist, dass Sie sich danach (wenigstens nach einiger Zeit) noch in die Augen schauen können.

Wenn Sie sich mit Ihrer Gründung also zunächst sehr stark auf Kooperationspartner stützen wollen, tun Sie gut daran, sich frühzeitig eine Herangehensweise für die erfolgreiche Steuerung und Konfliktlösung in Netzwerkteams anzueignen.

Checkliste Kooperationen

Reflektieren Sie Ihr Vorgehen der Steuerung in der Zusammenarbeit und bei Konflikten in Netzwerken und mit Kooperationspartnern:

- Inwieweit habe ich meine Kooperationen mit Netzwerkpartnern wirklich getestet? Wie viel gemeinsame Arbeitserfahrung verbindet uns bisher?
- Haben wir ausreichend in den gemeinsamen Vertrauensaufbau investiert, um als Kooperationspartner den Bedarf des Kunden bedienen zu können?
- Wie regeln wir die Steuerung einzelner Projekte im Netzwerk? Wer ist Ansprechpartner für den Kunden?
- Verstehe ich »Steuerung« eher als das Herstellen von geeigneten Rahmenbedingungen oder vor allem als Steuerung der Inhalte?
- Welche Methoden der Steuerung eines Netzwerkteams habe ich mir bisher angeeignet? Wo habe ich damit positive Erfahrungen gemacht, wo eher negative? Woran lag das?
- Wie verhalte ich mich typischerweise in Konflikten? Ermöglicht unser Konfliktverhalten allen Beteiligten einen wertschätzenden Umgang miteinander? Wenn nicht: Mit welchen Eigenarten trage ich dazu bei, dass keine Lösung gefunden werden kann?

DAS NETZWERK IM UNTERNEHMEN: GRÜNDEN IM TEAM

Sicher werden Sie in Ihrem Gründungsteam nicht ohne die beschriebenen Führungsimpulse für die Zusammenarbeit in Netzwerken und Kooperationen auskommen. Schließlich ist Ihr Unternehmen mit anderen Unternehmerinnen und Unternehmern verbunden. Was brauchen Sie jedoch darüber hinaus an Führungswissen, wenn Sie im Team gründen?

Dass es sich für Gründer/-innen lohnt, hier ein paar Gedanken zu investieren, zeigt der Blick auf einschlägige Studien: Gründung im Team wird inzwischen als wesentlicher Erfolgsfaktor gehandelt, insbesondere wenn sich die Kompetenzen der Gründer/-innen ergänzen.[4] Das funktioniert nur, wenn die soziale Interaktion im Team stimmt. Kapitalgeber inklusive Förderprogramme achten verstärkt auf das Gründerteam. Die Vorteile liegen auf der Hand: Mehr Menschen bringen in der Regel mehr (und im Idealfall auch unterschiedliche) Kompetenzen mit. Die Finanzierung und das Risiko des Vorhabens verteilen sich auf mehrere Schultern und das Netzwerk um die Gründer/-innen herum ist größer und vielfältiger.

Also: Gründen im Team hat Potenzial. Dieses Potenzial muss von Ihnen nur gehoben werden. Dafür sehen wir drei Ansatzpunkte, die Sie gleichzeitig fit machen für kommende Situationen, in denen Sie vielleicht als Team Mitarbeiter/-innen oder auch Kooperationspartner führen:

Gemeinsame Ziele und Visionen

Sie sehen Ihr Unternehmen nicht nur als Eintagsfliege, Sie wollen länger als nur die nächsten drei Jahre bestehen? Dafür ist es besonders wichtig, dass Sie im Gründer/-innenteam neben gemeinsamen Zielen auch eine gemeinsame Vision entwickeln. Ziele beschreiben relativ konkret einen zukünftigen Zustand. Das kann z.B. die Produktion und der Verkauf von soundso vielen Exemplaren eines selbst entworfenen Designobjekts innerhalb der nächsten zwei Jahre sein. Visionen gehen darüber hinaus. Die Vision zeigt die grundlegende Richtung des Unternehmens an. Dazu bedarf es eines intensiven Austausches im Gründer/-innenteam. Hier stellen Sie schnell fest, ob wirklich alle Teammitglieder ein Renommee als Designmarke anstreben oder doch lieber in einem Nischensegment Auftragsarbeiten liefern. Wenn Sie die gemeinsame Vision verinnerlicht haben, dann lassen sich von ihr auch konkrete Ziele ableiten. Und was heißt das für die Führung? Wer weiß, wo der Weg hinführt, wird feststellen, dass andere schneller bereit sind, ihm oder ihr zu folgen – das trifft für (zukünftige) Mitarbeiter/-innen ebenso zu wie für Kooperationspartnerschaften.

Die gemeinsame Vertrauensbasis

Eine langfristige Vision lässt sich nicht ohne eine gemeinsame Vertrauensbasis umsetzen. Gegenseitiges Vertrauen baut sich nur langsam auf. Dazu
muss man sich kennenlernen. Ein guter Platz dafür ist die konkrete Zusammenarbeit. Hier zeigt sich, ob man wirklich miteinander kann, ob man sich in
den Ideen gegenseitig befruchtet, ob man sich in den Kompetenzen ergänzt.
Die bereits beschriebenen Möglichkeiten, in Netzwerken und Kooperationen
die ersten Erfahrungen zu machen, bieten hier eine gute Ausgangsbasis.

Aber auch hier gilt: Nichts kommt von alleine. Hier können Sie wiederum
Führungsstärke im Team entwickeln. Haben Sie den Mut, im Team kritische
Themen zu diskutieren: Wie gehen wir mit unterschiedlichen Zeitressourcen
um? Wie berücksichtigen wir das in der Gewinnaufteilung? Was vereinbaren
wir im Falle von Veränderungen im persönlichen Umfeld der Gründer/-innen?
Wie bewerten wir unterschiedliche Tätigkeitsfelder? Wie wollen wir mit Entscheidungen, insbesondere auch finanzieller Art umgehen? Welcher Bedarf an
persönlichen Freiräumen besteht und wie wollen wir den Umgang damit regeln? Wie geht man mit den unterschiedlichen Motivationslagen um? Kann es
bspw. irgendwann zum Vorwurf werden, wenn eine/r der Gründer/-innen das
Projekt nicht genauso euphorisiert vorantreibt wie alle anderen? Auch deshalb: Welches formale Vorgehen vereinbaren wir im Konfliktfall (siehe Kapitel
5 zur Rechtsform)?

Auch wenn es sich vielleicht zunächst widersprüchlich anhört: In Form ge-
gossenes Vertrauen zeigt sich im gemeinsamen Gesellschaftervertrag. Dieser
garantiert, dass Sie sich im Team über wesentliche Themen Gedanken gemacht haben, dass Sie eine Basis gefunden haben, auf der Sie sich auch über
heikle Themen austauschen können. Und schließlich zeigen Sie mit der intensiven Beschäftigung mit dem Gesellschaftervertrag auch, dass Sie an einer
längerfristigen Zusammenarbeit interessiert sind. Und das bringt Sie einen
weiteren Schritt bei Ihrer Unternehmensführung voran: Sie legen die Basis
für eine vertrauensvolle und kooperative Zusammenarbeit. Sie wissen, in welchen Situationen Sie aktiv und in welcher Form Themen ansprechen müssen,
im Gründerteam ebenso wie mit Mitarbeiterinnen und Kooperationspartnern.
So entwickeln Sie eine vertrauensvolle Basis der Zusammenarbeit über das
Gründerteam hinaus – eine wesentliche Aufgabe von Führung.

Verteilte Verantwortungsbereiche

Die gemeinsame Vision, die sich in der Regel aus ersten gemeinsamen Projekten konkretisiert, die gemeinsame Vertrauensbasis hat schließlich zur
Folge, dass Sie wissen, wer in welchen Feldern gut ist und wer wo welche
Schwächen hat. An manchen Stellen bleibt das Bewusstsein darum im Team
jedoch unausgesprochen und ungeklärt. Rollenklärung ist eine wesentliche

Phase in der Teamentwicklung, darum werden Sie auch in Ihrem Gründer/-innenteam nicht herumkommen. In der Rollenklärung liegt jedoch ein großes Potenzial auch im Sinne der Führung: Wer weiß, wo er gut ist, weiß, wofür er verantwortlich ist und kann umso besser und klarer in diesen Bereichen die fachliche Steuerung im Team oder auch die Steuerung von Mitarbeitern und Kooperationspartnern übernehmen. Das bedeutet Zeitersparnis und Komplexitätsreduzierung für Sie als Gesamtteam und Unternehmen. Besonders in der Anfangsphase heißt das für Sie: Bringen Sie den Austausch um die Verteilung bestimmter Aufgaben- und Verantwortungsbereiche aktiv in das Team ein und scheuen Sie sich auch nicht vor einer Auswertung und ggf. Umverteilung von Aufgaben nach einer gewissen Zeit der Erprobung. Diese wichtigen Erfahrungen lassen sich dann auch in Projektteams anwenden, um so zu einer besseren Arbeitsfähigkeit des Teams im Sinne der gemeinsamen Ziele beizutragen.

Teamentwicklung als weitere wichtige Führungsaufgabe
Führung im Gründungsteam, sei es nach innen oder nach außen, ist ein Prozess und muss Stück für Stück entwickelt werden. Führung heißt im Wesentlichen: Steuerungsimpulse im Sinne des gemeinsamen Ziels und der verfügbaren Ressourcen zu setzen. In einem stark von kollektiven Entscheidungsstrukturen geprägten Umfeld, wie es in der Kultur- und Kreativwirtschaft häufig zu finden ist, ist dabei Folgendes wichtig:

* Durch zeitlich begrenzte Übernahme der Steuerung die Legitimation zur Führung in der jeweiligen Situation erhalten.
* Sich ein Methodenrepertoire anzueignen, das die zeitlich begrenzte Steuerung effektiv ermöglicht.
* Das eigene Leitbild der Führung konstant weiterzuentwickeln, d.h. Werte zur Führung (z.B. kollektiv versus hierarchisch) auch im Team zu reflektieren.

Eine besondere Herausforderung stellt die Frage der Führung in einem Künstlerkollektiv dar. Das Berliner Performance-Kollektiv »She She Pop« hat sich dazu im Interview Gedanken gemacht:

Kurz nachgefragt bei ...

Fanni Halmburger, Lisa Lucassen und Ilia Papatheodorou von »She She Pop«, Performance Kollektiv, Berlin (www.sheshepop.de)

She She Pop Herrengruppe

»She She Pop« sind ein Performance-Kollektiv mit sieben Mitgliedern, das 1998 aus dem Studiengang der Angewandten Theaterwissenschaft in Gießen hervorgegangen ist. Als ständige Mitglieder inszenieren Sebastian Bark, Johanna Freiburg, Fanni Halmburger, Lisa Lucassen, Mieke Matzke, Ilia Papatheodorou und Berit Stumpf ihr Publikum im wechselseitigen Prozess zwischen Freiraum und Begrenzung im Spiel, zwischen Improvisation und Anpassung, zwischen Selbstentwurf und fremder Zuschreibung.

Sie nennen sich »Kollektiv«: Wie viele Personen sind Sie und was bedeutet »Kollektiv« für Sie konkret?
»She She Pop« besteht aus sieben Personen. »Kollektiv« bedeutet für uns, dass wir wichtige Fragen gemeinsam entscheiden. Wir versuchen dabei, einen Konsens herzustellen. Identifikation entsteht bei uns durch diesen Konsensprozess, das ist sehr wichtig, damit man das Kunstwerk dann auch gemeinsam tragen kann. Wenn man Leute im kreativen Prozess verliert, dann ist es schwierig, das im Nachhinein wieder herzustellen – sie entfremden.

Wodurch wird bei Ihnen die Entscheidungsfindung beeinflusst?
Eigentlich läuft es oft so, dass jemand eine starke Meinung hat. Daran muss man sich abarbeiten. Wenn es dann jemand ist, der schon das Vertrauen, vielleicht viele gute Ideen in der Vergangenheit generiert hat, dann beeinflusst der die Entscheidung schon.

Das heißt: Einfluss nehmen durch Vertrauens- und Kompetenzaufbau in der Gruppe?
Ja, aber nicht nur. Das Kollektiv ist auch ein guter Platz, wenn man selber viele Meinungen hat und man sich noch nicht für eine Richtung entschieden hat. Es geht im Wesentlichen darum, Schnittmengen herzustellen. Neben Vertrauen und bisherigen Kompetenzen hat also auch die Gestaltung des Meinungsfindungsprozesses Einfluss.

Einerseits müssen Sie als Kollektiv den künstlerischen Prozess bewältigen, andererseits haben Sie auch eine gemeinsame Organisation zu tragen. Wie koordinieren Sie diese Vorgänge?
Bei organisatorischen Prozessen muss man sich eingestehen, dass man diese zwar in der Basis mitträgt, aber im alltäglichen Ablauf dann eher Kompetenzteams bildet, die sich auf einzelne Aufgabenfelder konzentrieren. Da knirscht es bei uns dann aber auch am meisten. Das Loslassen, Sich-Zurückziehen in organisatorischen Fragen müssen wir auch erst üben. Am Anfang haben immer alle zusammen mitbestimmt. Das hat uns immer wieder an unsere Grenzen gebracht.

Was bedeutet »Führung« für Sie und wie äußert sie sich im konkreten Alltag?
Es gibt zwei Sorten: wie vorhin beschrieben innerhalb des Kollektiv etwas voranzutreiben, sich als Expertin mit einem »Mandat« zu qualifizieren. Und dann gibt es die Externen und Mitarbeiter, die Führung ganz dringend bedürfen – die brauchen eine Absprache, was ihr Job ist, und müssen wissen, wann ihr Job erledigt ist.

Es gibt bei Ihnen also so etwas wie zwei Führungsbereiche: der kreative Prozess innerhalb der Gruppe und der eher organisatorische Prozess mit Mitarbeitern und externen Dienstleistern. Wo entstehen bei diesen zwei Führungsbereichen besondere Reibungen?
Wir wollen mit Leuten arbeiten, bei denen wir die flache Hierarchie, die wir in der Gruppe haben, möglichst so auch mit den Mitarbeitern erhalten können. Wo es nicht geklappt hat, war es meistens so, dass der

Mitarbeiter nicht mit der kollektiven Struktur umgehen konnte. Das sind oft Mitarbeiter/-innen, die aus starken hierarchischen Strukturen in der Kulturwirtschaft kommen. Rückblickend knirscht es immer wieder an der Stelle, dass Leute gleichberechtigt mit uns arbeiten, dann aber z.B. bestimmte Ideen doch nicht ganz gleichberechtigt sehen. Bei uns kann man sich mehr mit fachlichem Einbringen als mit hierarchischen Rollen profilieren.

Stichwort Personalauswahl als Führungsaufgabe, was haben Sie da an Herangehensweisen entwickelt?
Am Anfang waren wir teilweise nicht ehrlich genug, Tests zu machen, wir haben uns zu sehr auf einfache Aussagen der zukünftigen Mitarbeiter/-innen verlassen. Jetzt würden wir mehr Tests machen, z.B. einen gemeinsamen Tag im Büro vorab, um zu sehen, wie sich die neue Mitarbeiterin da macht. Neue Mitarbeiter/-innen einzustellen heißt auch gemeinsames Lernen. Man baut Kompetenzen auf.

Können Sie so etwas wie ein Methodenrepertoire von Führung benennen, das besonders in Ihrem Tätigkeitsfeld anwendbar ist?
Arbeitsgruppen bilden: Da gibt es dann Ansprechpartner für Mitarbeiter/-innen in einzelnen Fachbereichen.
Mailkommunikation: Kollektiventscheidungen per E-Mail gibt es nicht mehr, das ist die totale Entlastung, jetzt wissen wir im Voraus, wenn sich so etwas anbahnt und warten lieber bis zum nächsten Bürotreffen.
Interne Kommunikation: Grundsätzlich sind dreimal im Jahr verbindliche Treffen mit allen, da gibt es keine Entschuldigung (außer höhere Gewalt), dann alle sechs Wochen Bürobesprechung mit den aktuell Beteiligten. Klausuren zweimal im Jahr.
Externe Kommunikation: Für die Abstimmung mit Externen haben wir die »Produktionsbibel von She She Pop« erstellt: Da haben wir Standards z.B. für die Abstimmung mit der Bühnentechnik festgelegt. Was wir gemerkt haben: Es ist für Außenstehende schwierig, wenn man sich nicht einig ist – bei uns erst mal eine ganz normale Situation am Anfang einer Entscheidungsfindung. Für die Führung Außenstehender ist das aber eine schwierige Situation, vielleicht kann man das dann in der Situation suboptimale Führung nennen.

Gibt es Ihrer Ansicht nach besondere Kontroversen um das Thema Führung in der Kultur- und Kreativwirtschaft?
Hierarchie ist in der Kulturwirtschaft eher ein negativ belegter Begriff –

wichtig ist unserer Ansicht nach, dass man darüber redet. Hierarchie hat was Ordnendes. Wichtig ist, dass man sie auch wieder auflösen kann, wenn man sie nicht mehr braucht. Wenn wir mit Stadttheatern zu tun haben, da sind wir kollidiert, immer wenn wir in hierarchische Strukturen reingegangen sind, wurde unsere Art der Entscheidungsfindung nicht akzeptiert. Es wird vom Gefühl her besser. Wir wissen nicht genau, woran das liegt: Dass wir älter werden? Weil wir mehr Erfahrungen mitbringen? Weil es inzwischen weitere berühmte Gruppen gibt, die so arbeiten und die Akzeptanz auch bei hierarchieorientierten Menschen und Institutionen gestiegen ist? Wir sind Autodidakten, das hat am Anfang nicht zur Akzeptanz beigetragen. Und das ist die Herausforderung: dass man gemeinsam die Defizite (z.B. schlechte Presse) aushält und gemeinsam eine positive Kraft entwickelt, dass man das gemeinsam weitertragen kann.

DIE ERSTEN MITARBEITER/-INNEN IN DER GRÜNDUNGSPHASE

Die Auseinandersetzung mit Führung wird für Sie an Bedeutung gewinnen, wenn Sie die ersten eigenen Mitarbeiter/-innen haben. Das trifft auf die Beschäftigung von Praktikanten und Trainees ebenso zu wie auf Teil- oder Vollzeitkräfte. Der erste Schritt, überhaupt in eine Führungssituation zu kommen, ist die Entscheidung, jemanden anzustellen, die Personalauswahl vorzunehmen und das Vertragliche zu regeln.

Die Entscheidung

Die Entscheidung für eine/n Mitarbeiter/-in ist zunächst ökonomisch: Haben Sie für die nächsten zwölf Monate ausreichend Aufträge so sicher in der Tasche, dass Sie eine oder mehrere Personen davon bezahlen können? Wird es voraussichtlich darüber hinaus noch Aufträge geben? Rechnen Sie ganz konkret die Anteile heraus, von denen Sie Ihre Mitarbeiter/-innen bezahlen können. Ein Gehalt setzt sich in der Regel aus mehreren Bausteinen zusammen (siehe Infokasten).

Info und Linktipps zur Zusammensetzung von Gehältern

- *Arbeitnehmerbrutto:* Das ist der Anteil, der an Ihre Mitarbeiter/-innen geht. Davon müssen diese noch die Einkommenssteuer, die Kranken- und Rentenversicherung, die Kirchensteuer und den Solidaritätszuschlag bezahlen. Nach diesen Abzügen steht das *Arbeitnehmernetto* auf dem Gehaltszettel.
- *Arbeitgeberbrutto:* Ist das *Arbeitnehmerbrutto* zzgl. der *Arbeitgeberanteile* an der Sozialversicherung, Beiträge zu Berufsgenossenschaften, ggf. Sonderzulagen.
- Unter www.nettolohn.de findet sich ein Gehaltsrechner.
- Orientierung erhalten Sie über Tarifverträge – z.B. für den öffentlichen Dienst (TVöD) zu finden unter www.dgb.de oder www.verdi.de.

Achtung: Wenn Sie Personal im Rahmen von Förderprojekten kalkulieren, wird vom Fördermittelgeber unter Umständen nur das Arbeitnehmerbrutto als förderfähig anerkannt! Informieren Sie sich dazu gründlich vorab beim Fördermittelgeber oder in der entsprechenden Richtlinie!

- Weitere Kosten, die in die Kalkulation einfließen sollten: Arbeitsplatzausstattung, z.B. Abschreibung des Computers, Anteil am Raumbedarf etc.

Zusätzlich müssen Sie sich inhaltliche Gedanken machen: Sind die Aufgaben so gelagert, dass sie ein/e Mitarbeiter/-in übernehmen kann? Welchem fachlichen Profil entsprechen diese Aufgaben? Bei den ersten Anstellungen begegnet uns immer wieder die Hoffnung seitens der Unternehmer/-innen, dass die neuen Mitarbeiter/-innen auch Aufträge akquirieren werden. Diese Hoffnung erfüllt sich in den wenigsten Fällen (außer Sie stellen explizit jemanden für den Vertrieb mit entsprechender Qualifikation ein). Es hat seine Gründe, warum Sie und nicht Ihre Mitarbeiter/-innen das Unternehmen gegründet haben. Einer davon ist der Zugang zu Kunden.

Es kann auch sein, dass Sie sich zunächst überlegen, jemanden für die allgemeinen Verwaltungsaufgaben anzustellen, damit Sie sich besser auf die Bereiche konzentrieren können, die Ihnen direkt Geld einbringen. Hier müssen Sie gut überlegen: Welche Aufgaben lassen sich wirklich delegieren? Welche kann nur ich machen? Welchen Stundenumfang haben diese allgemeinen Aufgaben? Welchen Anteil der Stundenkosten (z.B. das Honorar), die ich mit dem Kunden verrechne, kann ich für diese allgemeinen Verwaltungsaufgaben einkalkulieren? Und ganz wichtig: Habe ich in der Masse so viel Umsatz, dass ich mir eine/n Mitarbeiter/-in für die allgemeinen Verwaltungsaufgaben leisten kann?

Viele kommen zu dem Ergebnis: Wenn inhaltlich abgegrenzte Aufträge oder Projekte anstehen, wird jemand mit fachlicher Eignung angestellt, der zusätzliche Verwaltungsaufgaben übernimmt. Wenn die Leistungen des Unternehmens sehr spezifisch auf einzelne Personen zugeschnitten sind, z.b. in der darstellenden Kunst, und die Auslastung dieser Personen (oft ist es ein Zusammenschluss mehrerer) sehr hoch ist, wird eine Teilzeit-Bürokraft eingestellt. Wichtig ist, insbesondere bei der Einstellung von Fachpersonal deutlich zu machen, dass auch die Übernahme von allgemeinen Verwaltungsaufgaben erwartet wird.

Für Neueinstellungen haben Sie teilweise die Möglichkeit, über Förderprogramme der Arbeitsagentur oder spezielle Landesförderung wie den »Innovationsassistenten« u.Ä. einen Zuschuss zum Mitarbeitergehalt zu bekommen. Diese Zuschüsse sind in der Regel an bestimmte Vorgaben gebunden wie z.b. Einstellung einer Person direkt nach dem Hochschulabschluss, aus der Arbeitslosigkeit, mit Behinderung oder zusätzliche Einbindung in Qualifizierungsprogramme. Damit Sie sich unnötige Arbeit beim Ausfüllen von Antragsunterlagen ersparen, ist es sinnvoll, vorab eine Beratung beim jeweiligen Fördergeldgeber in Anspruch zu nehmen, entsprechende Auskünfte bekommen Sie in der Regel sehr bereitwillig.

Info: Fördermöglichkeiten bei Neueinstellungen

Unter dem Stichwort »Finanzielle Hilfen« auf den Seiten der Bundesagentur für Arbeit (www.arbeitsagentur.de) finden sich Informationen für eine Vielzahl von Fördermöglichkeiten für Neueinstellungen.

Personalauswahl

Vielleicht haben Sie für einen neuen Job schon konkret jemanden im Auge. Sie kennen sich schon in der Zusammenarbeit, haben erste gemeinsame Projekt- und bestenfalls auch Konflikterfahrungen gemacht und wissen, was Sie am anderen haben. Dann haben Sie Glück! Denn genau darum geht es bei der Personalauswahl: Möglichst schnell (im ersten Gespräch und in der Probezeit) herauszufinden, ob Sie und der/die Neue zusammenpassen. Weil das viel mit subjektiver Beurteilung und auch Bewertung zu tun hat, beschäftigen sich viele Kreativschaffende zu wenig mit ihren speziellen Kriterien der Mitarbeiterauswahl und -bewertung. Allerdings sind die Menschen in einem Unternehmen, insbesondere im Dienstleistungsbereich, das A und O. Und auch das ist ein Teil von Führung: Ihr Händchen, das Team zusammenzustellen, das am besten zusammen arbeiten kann.

Ein häufiger Fehler ist, dass Gründer/-innen die Erwartungen an ihre neuen Mitarbeiter/-innen nicht explizit formulieren. Das heißt, nicht nur zu vermitteln:»Ich erwarte, dass das Projekt gut läuft«, sondern konkreter:»Ich erwarte, dass Du als Ansprechpartner für die Techniker/-innen in Besprechungen auch immer über die technischen Anforderungen unserer Produktion Bescheid weißt.« Erwartungen hat man immer – wichtig ist, dass Sie Ihre Kriterien, nach denen Sie die Mitarbeiter/-innen besonders in der Anfangszeit beurteilen, transparent machen.

Checkliste Personalauswahl

Merkpunkte für das Auswahlgespräch (Dauer ca. ein bis zwei Stunden):

- Bereiten Sie für sich vor, welche Dinge Sie im Gespräch erfahren oder besonders beobachten wollen (fachliche Referenzen, Austausch über Arbeitsweisen, Herangehensweisen an Problemlösung, Umgang mit gemachten Fehlern, Kommunikationsfähigkeit, strukturiertes Denken etc.).
- Überlegen Sie, welche Eigenschaften Ihnen besonders wichtig für die zukünftige Funktion dieser Mitarbeiterin/dieses Mitarbeiters im Unternehmen sind, priorisieren Sie – die »eierlegende Wollmilchsau« werden Sie nicht finden.
- Wichtig: Sie suchen nicht sich selbst noch mal! Das würde wahrscheinlich nur zu Konflikten führen. Konzentrieren Sie sich darauf, in welchem Feld genau die/der Mitarbeiter/-in Ihr Unternehmen sinnvoll ergänzen kann.
- Bereiten Sie sich auf das Gespräch über gegenseitige Gehaltsvorstellungen vor.
- Wie sind die Vorstellungen der Bewerber/-innen zur weiteren beruflichen Entwicklung (hier bekommen Sie häufig eine erste Einschätzung, ob auch eine längerfristige Perspektive gewünscht ist)?

Im Gespräch können Sie sich nur begrenzt kennenlernen. Wichtig ist das gemeinsame Tun in der Probezeit.

Merkpunkte für die Probezeit (Dauer ca. sechs Monate):

- Geben Sie dem/der Mitarbeiter/-in Arbeitsaufgaben, die besonders wichtig für den aktuellen Tätigkeitsbereich sind, und machen Sie transparent, was Sie als Ergebnis erwarten.
- Werten Sie die Arbeitsergebnisse regelmäßig zusammen aus und sehen Sie es als gemeinsamen Lernprozess: Wie haben die Ergebnisse fachlich zum gesamten Projektergebnis beigetragen? Welche neuen Ansätze in der Arbeitsmethodik wurden in das Unternehmen hereingebracht, an welchen Ecken hat es methodisch noch nicht so gut funktioniert? Welche Beteiligten außerhalb des Unternehmens müssen noch in den Blick genommen werden, um gute Ergebnisse im Sinne des Unternehmens zu erzielen (Geldgeber, Kunden etc.)?
- Vereinbaren Sie rechtzeitig vor Ende der Probezeit einen gemeinsamen Gesprächstermin, in dem Sie die gemeinsamen Erfahrungen auswerten. Seien Sie angemessen ehrlich, wenn Sie Zweifel haben.

Sie werden feststellen: Mitarbeiter/-innen baut man sich Stück für Stück auf. Das ist nicht nur eine Investition in Form von Gehältern, sondern vor allem eine Investition in die Art der Zusammenarbeit und die speziellen Fachkompetenzen, die für Ihr Unternehmen wichtig sind.

Vertragsgestaltung und Lohnabrechnung
Bei der Gestaltung der Arbeitsverträge haben Sie viele Freiräume, aber nicht jeden. Das fängt damit an, dass Sie sich überlegen können, welche Art der Anstellung überhaupt die passende für Ihr Unternehmen und vielleicht auch speziell für die Person ist, die Sie über einen solchen Vertrag an Ihr Unternehmen binden wollen. Gerade in der kleinteiligen Kultur- und Kreativwirtschaft gibt es hier ein breites Spektrum:

1. Beschäftigung auf 400-Euro-Basis: Die 400-Euro-Jobs oder auch »Minijobs« eignen sich vor allem für kurzfristige oder geringfügige Aufgaben; für die Sozialabgaben ist der Auftraggeber zuständig.

2. Honorarvertrag: Diese Form ist eher für die Zusammenarbeit mit Kooperationspartnern interessant. Darin sind der Honorarsatz, die Aufgaben und Arbeitspakete und in der Regel der Gesamtumfang des jeweiligen Auftrages geregelt, ebenso der Umgang mit projektbezogenen Informationen. Für die Sozialversicherung ist die Honorarkraft selbst verantwortlich, vorausgesetzt, Sie sind nicht die alleinige Auftraggeberin. Sonst fällt das Arbeitsverhältnis unter die »Scheinselbstständigkeit« – mehr zu diesem Thema finden Sie z.B. auf den Webseiten der IHK.

3. *Werkvertrag:* Die Leistung wird geschuldet und, auf Erbringung eines klar umrissenen Werkes bezogen, zeitlich begrenzt.

4. *Teil- oder Vollzeit-Arbeitsvertrag:* Hier regeln Sie das generelle Aufgabenprofil, den Umfang der Arbeitszeit und die Vergütung, die Ihre Mitarbeiter/-innen von Ihnen erwarten können. Vereinbarungen zur Kündigung und zum Schutz interner Informationen gehören ebenfalls in den Arbeitsvertrag.

Je weitgehender das Arbeitsverhältnis, desto größer ist auch das Risiko, das Sie als Unternehmer/-in auf sich nehmen, und desto ausgefeilter ist die Vertragslandschaft. Während Sie bei Honorarverträgen vielleicht noch in die Sammelkiste eigener Honorarverträge greifen konnten, ist es spätestens bei der Anbahnung eines festen Anstellungsverhältnisses an der Zeit, dass Sie sich eine verlässliche Steuerberatung suchen, die Sie genau in solchen Fragen beraten kann.

Info: Arbeitsverträge

- Ein Portal des Wirtschaftsministeriums mit Musterverträgen unterschiedlichster Art zum Download findet sich hier: www.gruenderleitfaden.de/personal/arbeitsverhaeltnis/arbeitsvertrag.html.
- Ein privat betriebenes Webportal, speziell zum Thema Arbeitsverträge mit juristischen Expertinnen und Experten: www.arbeitsvertrag.de.
- Informationen rund um die Gestaltung von Arbeitsverträgen finden sich auch auf den Seiten der Industrie- und Handelskammern über das zentrale Portal des Deutschen Industrie- und Handelskammertags (DIHK): www.dihk.de.

Abgeschreckt? Die meisten Kreativunternehmer/-innen haben keine Ausbildung im Bereich Personalwesen. Das ist auch gut so. Sie haben Ihren Spezialbereich. Als Unternehmer/-in müssen Sie sich solche Felder aber in gewissem Umfang zusätzlich erarbeiten – und rechtzeitig auf externe Dienstleister wie die Steuerberatung zurückgreifen. Einen wichtigen Wissensfundus hält auch der Austausch mit Unternehmerinnen und Unternehmern in ähnlichen Situationen bereit.

Auch die monatliche Lohnabrechnung bedeutet zusätzlichen administrativen Aufwand: Überweisungen an die Sozialversicherungsträger, Einkommenssteuer etc. Viele Steuerberatungsbüros bieten die Lohnabrechnung für einen monatlichen Pauschalbetrag zwischen 10 bis 20 Euro an – ein Betrag, der bei mehreren tausend Euro Gehältern im Monat kaum ins Gewicht fällt und Sie zugunsten kreativer Arbeitszeit entlastet.

Kurz nachgefragt bei ...

CLAUS HERRMANN von »hochC Landschaftsarchitektur«, Berlin (www.hochc.de)

Als Büro für Landschaftsarchitektur konzipiert »hochC« zukunftsweisende Konzepte für Kulturlandschaften. Zum Spezialbereich des Unternehmens zählt die Integration von Erneuerbaren Energien in das Orts- und Landschaftsbild.

Claus Herrmann

Was bedeutet Führung in einem Architekturbüro?
Führung hat für mich vor allem eine ökonomische und eine soziale Komponente, in meinem Fall sogar eine ökologische.
Ökonomische Führung: Es sollen immer und möglichst langfristig auskömmliche Aufträge vorhanden sein. Das ist nur mit einer guten Ausrichtung des Büros auf die Marktlage, einer gezielten, auf das Büro zugeschnittenen Akquise und einem guten Controlling möglich.
Soziale Führung: Ich versuche, zu einem vertrauensvollen und angenehmen Büroklima beizutragen, und will, dass sich die Mitarbeiterinnen und Mitarbeiter im Team und mit mir wohlfühlen, Wertschätzung und konstruktive Kritik erfahren, sich mit möglichst viel Eigeninitiative und entsprechend ihrer individuellen Fähigkeiten in das Büro einbringen. Außerdem versuche ich, meine Mitarbeiter langfristig an das Büro zu binden. Im besten Fall schaffe ich es, dass sich das gesamte Team mit dem Büro identifiziert.
Ökologische Komponente: Auch die Gestaltung und Umsetzung der ökologischen Komponente ist Bestandteil meiner Führungsaufgaben: Wir

arbeiten am Konzept »hochC wird grün«, indem wir einen eigenen Leitfaden für ein möglichst umweltfreundliches Büro erarbeiten und umsetzen. Neben der Beschaffung von umweltfreundlichem Bürobedarf und Stromeinsparung sind wir dabei, bei der Auswahl von Produkten für Bauvorhaben diese Komponente besonders zu berücksichtigen.

Wir sind Einsatzstelle des Freiwilligen Ökologischen Jahres in Kooperation mit der Stiftung Naturschutz Berlin und engagieren uns im Bereich Erneuerbare Energien: So habe ich im Jahr 2000 den gemeinnützigen Energiegarten e.V. gegründet. Wir wirken darüber hinaus an weiteren konkreten Projekten rund um Erneuerbare Energien mit.

Die ökologische Komponente will ich in den nächsten Jahren noch stärker zu einem Alleinstellungsmerkmal des Büros entwickeln.

In diesem Sinn ist es mein – noch nicht ganz erreichtes – Ziel, das Unternehmen »hochC« entsprechend den drei Nachhaltigkeitsfaktoren Ökonomie, Ökologie und Soziales nachhaltig zu führen.

Ist es wichtig, eine Vision zu haben? Welche Wirkung hat das auf die Führung von Mitarbeiterinnen und Mitarbeitern?
Unbedingt! Unsere Vision klar zu formulieren ist ein ständiger, nie ganz abgeschlossener Prozess. Es klingt vielleicht etwas pathetisch: Aber mit der Umstrukturierung unseres Büros vor vier Jahren zu »hochC Landschaftsarchitektur« haben wir versucht, uns ein bisschen neu zu erfinden. Wir haben – gemeinsam im Team – unsere Ziele und Schwerpunkte neu ausgerichtet, das Büro-CI vollkommen neu gestaltet und mit frischer Energie, sozusagen runderneuert, losgelegt. Mit Erfolg.

Unsere Vision ist nicht so klar und eindeutig umrissen, wie ich mir das wünschte, dafür sind wir so vielseitig ausgerichtet, interessiert und damit motiviert, dass es nie langweilig wird. Vielleicht ist gerade das eine positive Wirkung auf die Mitarbeiter: gut zu sein in vielfältigen Aufgabengebieten, immer wieder Neues zuzulassen, wenig Routine- und Wiederholungsaufgaben. Manchmal ist das aber auch anstrengend.

Als Landschaftsarchitekt haben Sie viel mit Unternehmen außerhalb der Kreativwirtschaft zu tun. Welche Unterschiede zu Ihrem eigenen Führungsverständnis beobachten Sie?
Gelegentlich habe ich den Eindruck, dass diese Unternehmen noch viel zielorientierter – aber auch oft auf einseitige Interessen ausgerichtet – arbeiten. Während ich zumindest versuche, mich an den jeweiligen, auch persönlichen, Fähigkeiten und den positiven Ressourcen zu orientieren und daraus was zu machen, geht es manchen Unternehmen außerhalb

der so genannten Kreativbranche eher darum, die Ressourcen abzu-
schöpfen. Andererseits neigen Kreativunternehmen oft dazu, sich selbst
auszubeuten, Ihre »Berufung« allzu ernst zu nehmen und ihr Selbstverständnis nur aufs Kreative auszurichten. Manchmal fühle ich mich zwar
auch als Künstler, aber in erster Line möchte ich nachhaltig an meinem
Beruf Freude haben und ganz gut davon leben können.

*Wo tauchen Konflikte auf, wenn z.B. beim Kunden ein unterschiedliches
Verständnis von Führung vorherrscht als bei Dienstleistern aus der Kul-
tur- und Kreativwirtschaft?*
Das sind meistens Missverständnisse, weil man nicht die gleiche Sprache spricht oder auf einer Seite keine Bereitschaft da ist, das einmal
Gesagte oder Geforderte noch mal zu überdenken, die eigene Position
auch einmal offen in Frage zu stellen. Manchmal geht es um das blanke
Behaupten von Machtpositionen und die Demonstration des »Am-län-
geren-Hebel-Sitzens«. Als Kreativem wird einem nicht immer zugetraut,
sich mit den harten ökonomischen Fakten und Zwängen eines Bauherren
hinreichend auseinanderzusetzen. Wichtig ist uns, dass am Ende beide
Seiten möglichst in einer Win-Win-Situation sind. Dazu gehört manchmal
viel soziale Kompetenz und Erfahrung.
Es kommt aber auch schon vor, dass das Formulieren klarer und gerad-
liniger Wünsche und Vorstellungen, also eine klare Haltung auf unserer
Seite, zu Konflikten geführt hat, sowohl mit anderen Unternehmen der
Kreativwirtschaft als auch mit »soften« Bauherren.
Im Wesentlichen kann ich aber nicht über überbordende Konflikte kla-
gen, meistens gelingt es uns, ernstere Konflikte gar nicht erst entstehen
zu lassen.

Welche Aufgabe kommt Führung bei der Lösung von Konflikten zu?
Meistens bin ich gefragt – und letztlich als Inhaber auch verantwortlich
–, wenn es um grundsätzliche Konflikte und den Umgang damit geht. Ich
habe gelernt, durch Weiterbildung und Coachings zunehmend besser mit
Konflikten umzugehen und nicht so schnell alles persönlich zu nehmen.
Wie ich – und die Mitarbeiter! – mit Konflikten umgehen, diese lösen oder
entschärfen helfen, ist ein wesentlicher Teil unserer Unternehmenskul-
tur. Größtmögliche Offenheit und Transparenz.

*Welche Bedeutung hat Führung bei häufig wechselnden Mitarbeitern
wie FÖJlern, Honorarkräften etc.?*
Außer FÖJlern und Praktikanten bin ich bestrebt, keine häufigen Perso-

nalwechsel zu haben; das klappt auch ganz gut. Zwei Mitarbeiter sind schon über zehn Jahre dabei. Es ist dennoch ganz erfrischend, wenn neue Mitarbeiter nach einer Weile ihre unverbrauchte Sicht auf das Büro schildern. Dabei gibt es immer wieder erstaunliche Entdeckungen und unerwartete Hinweise zur Verbesserung. Manches, was ich als Büroinhaber inzwischen als selbstverständlich erachte, wird z.b. ungewöhnlich positiv geschildert. Es ist interessant, bei neuen Mitarbeitern zu versuchen, Fehler aus der Vergangenheit von vornherein zu vermeiden (Stichwort: Kommunikation), und es ist für beide Seiten sehr schön, wenn Anregungen auch tatsächlich bald in das Büro einfließen und somit sofort erkennbare Partizipation und Einflussnahme möglich ist.

KONFLIKTLÖSUNG UND FÜHRUNG

Zum Umgang mit Konflikten haben Sie zu Beginn dieses Kapitels im Abschnitt »Netzwerke und Kooperationen« bereits das Wesentliche erfahren. Das ist ebenfalls eine gute Grundlage für den Umgang mit Konflikten innerhalb Ihres Unternehmens. Deswegen wollen wir Ihnen hier nur noch ein paar grundlegende Anregungen zur Entwicklung eines Konfliktmanagements, d.h. einem gezielten und konstruktiven Umgang mit Konflikten in Ihrem Unternehmen, geben:

1. *Führung und die Entwicklung konstruktiver Herangehensweisen an Konfliktlösung sind untrennbar miteinander verbunden.* D.h. für Sie als Führungskraft in Ihrem Unternehmen, dass Sie sich Stück für Stück Methoden der Konfliktlösung aneignen sollten. Das kann bei der Lektüre eines Buches anfangen und sich über den Besuch spezieller Seminare fortsetzen.

2. *Bei Konflikten im Unternehmen sind Sie in den meisten Fällen selbst Teil des Konfliktes.* Das macht es schwierig, neutrale Impulse zur Konfliktlösung zu geben. Oft ist es sinnvoll, eine unbeteiligte Person hinzuzuziehen. Hierfür gibt es verschiedene Formen: eine dritte Person, die in direktem Kontakt mit allen am Konflikt Beteiligten (Mediation, Supervision) steht, oder eine unbeteiligte Person, um Ihre Rolle als Führungskraft und Unternehmensleitung zu klären (Coaching, Supervision).

Literaturtipps zur Konfliktlösung

- Karl Benien: Schwierige Gespräche führen. Modelle für Beratungs-, Kritik- und Konfliktgespräche im Berufsalltag, Hamburg: Rowohlt Verlag 2008.
- Roger Fisher/William Ury/Bruce Patton: Das Harvard-Konzept. Der Klassiker der Verhandlungstechnik, Frankfurt a.M.: Campus Verlag 2004.
- Friedemann Schulz von Thun: Miteinander reden. 3 Bände, Reinbek: rororo Verlag 2008.

Die Art, wie Sie mit Konflikten umgehen und welchen Stellenwert die Konfliktlösung in Ihrem Unternehmen hat, basiert auf Ihrem grundlegenden Führungsverständnis. Damit können Sie die Atmosphäre, die Kommunikation und die Kultur der Zusammenarbeit im Unternehmen gestalten. Es lohnt, dass Sie sich hier konstant Gedanken machen und Ihre Werte sowie Ihr eigenes Führungsbild weiterentwickeln.

»Johannas Welt«: Keine besten Freundinnen – Johanna und das Führen

gewerbehof, berlin

Das erste Jahr als eigene Chefin war für Johanna gut gelaufen. Die Zusam-
menarbeit mit dem Start-up für mobile Lernmedien lief – sie hatte mittler-
weile mehr zu tun, als sie eigentlich schaffen konnte. Die Arbeitstage wurden
immer länger, zehn Stunden am Tag waren keine Seltenheit. León war mitt-
lerweile in der Schule. Wenn sie ihn nachmittags abholte, dann arbeitete sie
meist noch zu Hause die letzten To Dos ab. Das war stressig, aber das Geld
stimmte. Sie nahm sogar mehr ein, als sie in ihrem anfänglichen Business-
plan kalkuliert hatte. Auch das Gemeinschaftsbüro hatte sie aufgegeben
und zusammen mit dem Start-up ein neues Büro bezogen, wo sie ihr eigenes
Zimmer mietete und nah an ihrem besten Kunden dran war. Dies sparte viel
Aufwand – schließlich musste sie jetzt nicht mehr dauernd zu denen hinfah-

ren oder die zu ihr. Kleine Details wurden jetzt direkt besprochen, man saß schließlich Tür an Tür. Auch in anderer Hinsicht hatte Johanna Neuland betreten: Sie hatte erste Erfahrungen mit Praktikanten gesammelt – seit zwei Monaten hatte sie nun sogar ihre erste Angestellte, die ihr bei ihren Jobs half. Eine neue Situation: Sie musste jetzt für eine weitere Person Verantwortung tragen und sagen, wo es langging. Vieles von dem, was sie oft mit sich selbst ausgemacht hatte, musste jetzt explizit besprochen werden, um Anne, ihre Mitarbeiterin, gut arbeiten zu lassen. Regelmäßige Teambesprechungen wurden montags gemacht, die To Dos besprochen und geguckt, ob die im Laufe der Woche dann auch abgearbeitet wurden. Johanna wollte eine gute Chefin sein: Motivieren durch positive Anreize statt Druck. Sie wollte anders sein. Ganz souverän war sie in ihrer Rolle allerdings noch nicht. Spätestens, wenn sie León von der Schule abholen musste, der sich mit Zähnen und Klauen an seine neuen Freunde krallte, noch Berge von Arbeit zu bewältigen waren, sie das Gefühl hatte, dass Anne nicht richtig mitzog, und ihre Augenränder immer dunkler wurden, war sie am Rande des Nervenzusammenbruchs. Gleichzeitig konnte sie das natürlich nicht an Anne auslassen. Self-control! Johanna merkte, wie sie sich langsam auch in ihrer Kommunikation veränderte. Sie war mittlerweile auch in Zeiten am Rande des Nervenzusammenbruchs nicht mehr so impulsiv. Das bezog sich auch darauf, dass sie manche Informationen bewusster steuerte. Wenn Honorare beispielsweise zu spät gezahlt wurden, war das ein Problem von ihr. Es Anne zu erzählen, hätte nur zu Verunsicherung geführt. Beste Freundin wollte sie mit Anne auch nicht sein. Da lagen erst mal zu viele Jahre zwischen beiden und außerdem gab es ja immer auch mal wieder Konflikte. Nicht, dass sie sich gestritten hätten, aber Johanna hatte Angst davor, ein zu persönliches Verhältnis zu Anne aufzubauen, das es ihr in Konfliktsituationen eventuell nicht mehr möglich machte, auch mal klar die Meinung zu sagen und notfalls die Marschroute vorzugeben. Das Thema Führung war für sie akut geworden. Mit dem Wachsen ihrer Geschäftsidee konnte sie sich da nicht mehr einfach raushalten. Schon in der Zusammenarbeit mit Kunden, aber auch mit eigenen Dienstleistern wie ihrem Steuerberater oder der Frau gegenüber, die ihr mittlerweile die Buchhaltung machte, musste sie einfach lernen, klare Ansagen zu machen. Es war für sie schon schwierig, von ihrem Steuerberater als Dienstleister zu sprechen – auch der war ein Freund eines Freundes eines Freundes, also irgendwie »Familie«. Da musste sich sich schon ab und zu klarmachen: Ich bezahle den und er bietet eine Dienstleistung. Wenn das nicht läuft, ist das nicht mein Problem. Bei solchen Gedankengängen ertappte sie sich dabei, in eine andere Rolle zu fallen und zur Businessfrau zu werden, die sie eigentlich nie sein wollte. Aber diese Rolle nicht anzunehmen, bedeutete letztlich für sie nur mehr Stress – und den konnte sie sich auch nicht leisten. Die Dinge mussten laufen, weil sie erfolgreich sein wollte. Und zum Laufen brachte sie die Dinge, wenn sie Dienstleister oder Angestellte steuerte – durch offene Kommunikation über ihre Erwartungen und klare Zieldefinitionen. Dass sie sich dann manchmal vorkam wie der Prellbock, an dem alles hängen bleibt, war eine der weniger angenehmen Seiten des Chefinnendaseins. Aber auch damit musste sie umgehen. Ihre wichtigste Erkenntnis dabei war, dass sie nun mal nicht mit allen gut Freund sein konnte und es nicht allen recht machen musste. Business ist Business – und ihre Interessen lernte sie charmant und fair durchzusetzen.

→ Kapitel 9. Buchhaltung, Controlling, Vorsorge: den Überblick behalten

Dieses Kapitel zeigt Ihnen, ...

- ... wie Buchhaltung für Kreative aussieht.
- ... was Controlling ist und warum es für Gründer/-innen in der Kultur- und Kreativwirtschaft eine Rolle spielt.
- ... wie Sie Zahlen nutzen können, um Ihre Unternehmung weiter auszubauen und zu steuern.
- ... wie man das Finanzamt als Freund entdecken kann.
- ... wie Sie für spätere Phasen Ihres Lebens finanziell vorsorgen können.

»Künstler sind keine Unternehmer, die gemäß den Regeln des Marktes agieren«[1] – dieses Zitat von Olaf Zimmermann zeigt, dass in der Kultur- und Kreativwirtschaft teilweise eigene Regeln gelten. Teilweise. Dennoch lohnt es sich, den Blick über den eigenen Tellerrand zu richten und zu erkunden, wo sich aus Bereichen wie der Betriebswirtschaft oder dem Marketing Dinge mitnehmen lassen, mit deren Anwendung sich gerade die kreative und künstlerische Tätigkeit nachhaltiger ausüben lässt.

Zu diesen elementaren Bereichen gehört auch der Blick auf die eigenen Zahlen. In diesem letzten Kapitel wollen wir den Blick nach innen richten, auf einen Bereich, der Menschen mit vielen – nur nicht betriebswirtschaftlichen – Interessen meist einen Schauer über den Rücken jagt: Zahlen, Buchhaltung, Controlling und finanzielle Vorsorge. Angesichts der Tatsache, dass die meisten Selbstständigen in der Branche Einzelunternehmer/-innen ohne Beschäftigte sind, stellt sich berechtigterweise die Frage, inwiefern ein Controlling in das ohnehin knappe Zeitbudget passt. Vielen reicht es einfach zu wissen, dass das Geld irgendwie fließt und ausreichend da ist. Warum also zusätzliche Stunden für statistische Erfassungen aufwenden?

Tatsächlich muss jeder selbst abwägen, inwiefern neben der künstlerisch-kreativen Arbeit noch Luft für die Erstellung von Kennzahlen zur Abschätzung der Liquidität oder dem Abgleich von Ist- und Soll-Zuständen da ist. Wir glauben jedoch, dass das Thema Controlling wichtig ist – und von den meisten unterschätzt wird. Ein schlagendes Argument lässt sich anführen: Zwar wird die Kultur- und Kreativbranche neuerdings als absolute Wachstums- und Zukunftsbranche gesehen, allerdings bilden sich in dieser Branche meist nur Kleinstunternehmen heraus, die wenig stabil sind und zum großen Teil höchstens Arbeitsplätze für Praktikanten schaffen. Dass das so ist, hängt auch damit zusammen, dass nur die wenigsten strategisch planend in Bezug auf Geld, Zeit und Qualität Ihrer Produkte vorgehen.

Dennoch: Eine Professionalisierung der Unternehmensführung bedeutet auch, auf einem Mindestlevel Planungs- und Steuerungsinstrumente zu integrieren, die in allen anderen Bereichen der Wirtschaft längst Standard sind. Deshalb: Lassen Sie sich durch das Thema Controlling nicht vorzeitig abschrecken.

Beim Controlling geht es also zum einen um die Professionalisierung Ihrer Unternehmensführung. Wenn man das konkret macht, gibt es vier weitere Gründe, weshalb der betriebswirtschaftliche Blickwinkel speziell für Gründer/-innen in der Kultur- und Kreativwirtschaft interessant ist:

1. Gerade selbstständig arbeitende Kreative werden als Unternehmer/-innen gesehen, zumindest in den Augen des Finanzamtes. In gewissem Umfang müssen Sie also die passende Sprache in Form der Buchhaltung beherrschen.

2. Sehr viele Aufträge in der Kultur- und Kreativwirtschaft sind Projekte, d.h. zeitlich begrenzte Vorhaben mit einem spezifischen Projektbudget. Die Auftraggeber, z.B. die Bundeskulturstiftung oder Kulturverwaltungen, verlangen Kontrolle über die Abrechnung. Zahlen sind ein Teil der Kommunikation mit Außenstehenden, auch in der Kultur- und Kreativwirtschaft. Insbesondere das Projekt-Controlling wird so ein wichtiger Aspekt für viele Kreativschaffende.

3. Mehrheitlich bieten Kultur- und Kreativunternehmen Dienstleistungen an. Die Gewinnspannen – und damit in der Regel das Einkommen der Kreativen – sind bekanntermaßen nicht riesig. Umso wichtiger ist es, ab und zu den Blick auf die Details zu richten: Wie viel habe ich im letzten Jahr für Kommunikation ausgegeben? Ist es an der Zeit, auf einen anderen Telefon- und Internetanbieter umzusteigen? Was habe ich für mein Marketing ausgegeben und welchen Effekt hatte es auf meine Aufträge? Was kostet mich meine Buchhaltung an Zeit und Geld? Wäre es besser, hier einen anderen Weg zu finden?

4. Gründen ist eine heikle Phase: Man muss vor allem mit Verlusten rechnen. Es bleibt da wenig übrig, um an Rücklagen zu denken. Das zeigen auch die Zahlen zu Vorsorgeleistungen, sprich Rente, von Kreativschaffenden: Laut Deutschem Kulturrat ist die Mehrzahl der Künstler/-innen von Altersarmut bedroht.[2] Umso wichtiger ist es, immer wieder einen (realistischen) Blick auf Vorsorgemöglichkeiten zu werfen, die ggf. auch vom Staat mitfinanziert werden.

BUCHHALTUNG

Als Unternehmer/-in müssen Sie Buchhaltung machen. Was davon ist aber wirklich Pflicht? Für die Buchhaltung gilt vor allem eins: Sie muss nachvollziehbar und vollständig sein – auch andere, z.b. das Finanzamt, sollten sich in angemessener Zeit einen Überblick über Ihre Zahlen verschaffen können. Eine Buchprüfung kann jederzeit anstehen und unter Umständen unangenehme Folgen haben, wenn man sich um das Thema Buchhaltung keinerlei Gedanken gemacht hat. Nun ist Nachvollziehbarkeit zwar ein relativer Begriff. Wenn Sie sich in Ihrem Schuhkarton voll mit Belegen auskennen, heißt das noch lange nicht, dass das auch für andere zutrifft. Zumindest fürs Finanzamt wäre der Schuhkarton keine nachvollziehbare Buchführung. In der Sprache der Vorschriften heißt das konkreter:

Der Jahresabschluss muss nach den Grundsätzen ordnungsgemäßer Buchführung aufgestellt werden (HGB §243). Dazu gehört, dass er

• klar und übersichtlich ist und
• eine zeitgerechte Aufstellung aufweist.
• Die Aufzeichnungen müssen vollständig, richtig, zeitgerecht und geordnet erfasst werden.
• Eintragungen dürfen nicht unleserlich gemacht werden.

Wer gegen diese Grundsätze verstößt, muss mit schwerwiegenden Folgen rechnen. Das Finanzamt kann die Besteuerungsgrundlage schätzen oder ein Strafverfahren einleiten.[3]

Warum sollten Sie sich mit all dem beschäftigen? Dazu gibt es doch Steuerberatungen! – Ein Grund, warum Sie sich gerade in der Anfangszeit überlegen sollten, Ihre Buchhaltung selbst zu machen, ist: Sie bekommen ein Gefühl für einzelne Entwicklungen und können ggf. schneller gegensteuern. Für steuerrechtliche Fragen oder den Jahresabschluss können Sie dann immer noch auf die Expertise Ihrer Steuerberatung zurückgreifen.

Zunächst müssen Sie herausfinden, welche Methode der Buchhaltung Sie anwenden müssen – und im zweiten Schritt, welche Sie anwenden wollen. Kleingewerbetreibende (bis 17.500 Euro Umsatz im ersten Geschäftsjahr, bis 50.000 Euro im zweiten) und Freiberufler/-innen sind nicht zu einer doppelten Buchhaltung verpflichtet. Sie können eine einfache Einnahme-Überschuss-Rechnung, auch EÜR genannt (in Österreich: Einnahmen-Ausgaben-Rechnung, E/A-Rechnung), erstellen, über die Sie ihren Gewinn ermitteln.

Die EÜR ist eindeutig die einfachere Methode und für Kultur- und Kreativunternehmer/-innen meistens die erste Wahl. Allerdings soll auch gesagt sein: In der doppelten Buchführung werden die einzelnen Geschäftsvorfälle mit ihren jeweiligen Auswirkungen auf Ihre Vermögensstände abgebildet, in der EÜR lediglich in chronologischer Reihenfolge. Damit erhalten Sie weniger Überblick über einzelne Ausgabenposten im laufenden Geschäftsjahr. Gerade wenn Sie viel mit Material hantieren, das Sie einkaufen müssen, oder einzelne Produkte verkaufen, ist es möglicherweise angebracht, über die so genannte doppelte Buchführung nachzudenken. Wenn Sie als eingetragener Kaufmann agieren, sind Sie sowieso dazu verpflichtet.

Info, Literatur- und Linktipps zu Buchhaltungssoftware und -ratgeber

Sowohl für die Einnahme-Überschuss-Rechnung als auch für die doppelte Buchführung gibt es Computerprogramme, die Ihre Buchhaltung unterstützen. Die Kosten bewegen sich im Bereich zwischen 60 bis 240 Euro, die Anschaffung ist in jedem Fall zu empfehlen:

- Lexware Buchhalter (www.lexware.de)
- Sage GS-Buchhalter (www.sage-small-business.de)
- WISO Buchhalter (www.wiso-buchhaltung.de)

Achtung: Achten Sie beim Kauf darauf, ob die Versionen jeweils nur für ein Buchungsjahr zur Verfügung stehen oder ob Sie mit der Software auch noch in den Folgejahren weiterarbeiten können.

Es gibt auch kostenfreie Programme:
- Taxpool-Buchhalter Mini
- TZ-EasyBuch (für Einnahme-Überschuss-Rechnung)

Über die Eingabe der Namen in einer Suchmaschine kommen Sie zu entsprechenden Download-Seiten dieser Freeware-Programme.

Was ist DATEV?
Die DATEV ist eine Genossenschaft der Steuerberater, die EDV-Unterstützung für einzelne Steuerberatungsbüros liefert. Gängige Buchhaltungssoftware enthält eine Schnittstelle, in der Ihre Daten so ausgeworfen werden, dass Ihre Steuerberatung diese Daten ohne große Bearbeitung (und Kosten für die Mandanten) für die Steuererklärung weiterverwenden kann. Auch sind die Kontenpläne der Software in der Regel an die der DATEV angelehnt (www.datev.de).

Literatur für Laien zum Thema Buchhaltung:

• Iris Thomsen: Schnelleinstieg Einnahmen-Überschuss-Rechnung für Freiberufler und Selbstständige (mit CD-ROM), Freiburg: Haufe Verlag 2008.
• Peter A. Klocke/Ilonka Kunow: Einnahmen-Überschuss-Rechnung: Einfache Buchführung für Freiberufler und Selbstständige, Freiburg: Haufe Verlag 2009.
• Michael Griga/Raymund Krauleidis: Buchführung und Bilanzierung für Dummies, Weinheim: Whiley-VCH Verlag 2007.

Da die EÜR die verbreitetste Abrechnungsmethode in der Kultur- und Kreativwirtschaft ist, gehen wir hier nicht weiter auf die doppelte Buchführung ein. Den Leserinnen und Lesern, die sich dafür interessieren, sei geraten, zunächst mit einem einfachen Praxisbuch anzufangen und die Erkundung in einer entsprechenden Buchhaltungssoftware zu vertiefen.

Zwei Schritte zu einer Buchhaltung für Kreativschaffende sind wichtig: Belege sammeln und Buchungskonten zuordnen.

Belege sammeln

Keine Buchung ohne Beleg! Dies ist eine weitere Grundregel der Buchführung. Alles, was in Ihrer Buchhaltung auftaucht, müssen Sie auch belegen können. D.h. also sammeln, sammeln, sammeln. Alles, was Sie im weitesten Sinne für Ihre Arbeit brauchen, können Sie mit Ihren Einnahmen gegenrechnen. Für manche Dinge müssen Sie sich einen so genannten Eigenbeleg ausstellen: bei Reisekosten mit den entsprechenden Verpflegungspauschalen, falls Sie ein Fahrzeug besitzen und dieses über ein Fahrtenbuch mit in Ihre betrieblichen Vorgänge hineinnehmen, oder auch beim Anteil Ihrer betrieblich genutzten Telefonkosten (das können Sie einfach auf der Rechnung notieren). Dazu gehört auch eine übersichtliche Aufstellung des Anteils Ihres Büros, sofern es sich nicht eindeutig um ein speziell angemietetes Büro handelt, das Sie mit einem Mietvertrag belegen können. Besprechen Sie die Frage der Absetzbarkeit Ihrer Home-Office-Räume vor Ihrer ersten Jahressteuererklärung mit Ihrer Steuerberatung, da hier in den letzten Jahren von den Finanzämtern deutlich weniger anerkannt wurde. Soviel zu Ihren Ausgaben. Sie haben aber auch Einnahmen, so genannte Erlöse. Hoffentlich. Die dazu gehörenden Rechnungen mit Vermerk des Zahlungseingangs auf Ihrem Konto sortieren Sie in einen extra Stapel. So haben Sie einen schnelleren Blick darauf, welche Rechnungen noch offen sind.

Sie sind verpflichtet, Belege über einen Zeitraum von zehn Jahren aufzu-

bewahren. Sie sollten sie zeitlich sortieren und mindestens quartalsweise bearbeiten.

Im folgenden Abschnitt werden wir Ihnen beim Thema Controlling zeigen,
wie Sie Ihre aktuellen Zahlen dazu nutzen können, einen besseren Überblick
über die finanzielle Entwicklung Ihres Vorhabens zu bekommen. Die Buchhaltung liefert Ihnen die Grundlage dafür. D.h. aber auch, dass Sie sich nicht
erst kurz vor Jahresende an die Erstellung der EÜR setzen, sondern schon
im laufenden Jahr regelmäßig Ihre Buchhaltung pflegen. Sonst haben Sie nur
veraltete Zahlen, an denen Sie sich orientieren können. Manche Belege können Sie außerdem schneller einordnen, wenn Sie sich noch an die jeweilige
Gegebenheit erinnern können. Falls Sie umsatzsteuerpflichtig sind, müssen
Sie sowieso jedes Quartal oder anfangs sogar monatlich eine so genannte
Vorsteuererklärung abgeben. Hier geben Sie Ihre Erlöse inklusive Umsatzsteuer und Ausgaben für den Zeitraum von einem Monat bzw. drei Monaten
an und bekommen entsprechend die Mehrwertsteuer der Ausgaben gegen-
gerechnet.

Info: Umsatzsteuerbefreiung

Grundsätzlich gilt: Wer sich von der Umsatzsteuer befreien lässt, kann
sich die Vorsteuer (Mehrwertsteuer von Aufwendungen für diese Tätigkeiten) nicht vom Finanzamt zurückholen. Umsatzsteuerbefreiung ist
grundsätzlich interessant, wenn Sie vor allem Privatkunden oder öffentliche Einrichtungen als Kunden haben, die selber keine Vorsteuer ziehen
können.

Von der Umsatzsteuer befreit sind:

• Kleingewerbetreibende nach § 19,1 UStG (bis 17.500 Euro Umsatz im
  ersten Geschäftsjahr, bis 50.000 Euro im zweiten). Sie können frei-
  willig auf diese Befreiung verzichten, sind dann jedoch 5 Jahre daran
  gebunden.
• Lehrkräfte bzw. Tätigkeiten, »die auf einen Beruf vorbereiten« (§ 4
  Nr. 21 UstG). Holen Sie sich hierzu die Kopie einer Bescheinigung der
  Einrichtung, für die Sie die entsprechende Leistung erbringen und vermerken Sie dies auf Ihrer Rechnung.
• Einige Umsätze im Ausland. Hier können Sie auch die Vorsteuer ziehen. Beraten Sie sich in diesem Fall mit Ihrer Steuerberatung.

Weitere Informationen bei www.foerderland.de.

Aus unserer Sicht hat sich eine quartalsweise Aktualisierung der Buchhaltung bewährt, sofern Sie nicht zu kürzeren Abrechnungszeiträumen (monatlich) verpflichtet sind. Sie nehmen sich also die beiden Stapel der letzten drei Monate vor und sortieren diese jeweils nach dem Datum. Belege sollten zudem nummeriert werden. Wichtig ist, dass Sie nur in dem jeweiligen Quartal bezahlte Rechnungen in den Stapel aufnehmen, da bei der so genannten »Ist-Besteuerung« der Zahlungseingang und nicht das Datum der Rechnungsstellung ausschlaggebend ist.

So gerüstet können Sie jetzt all Ihren Ehrgeiz aufwenden, der Kassiererin bei Aldi Konkurrenz beim Eintippen zu machen: Belegnummer, Belegdatum, Betrag (inkl. MWSt.). In einer Excel-Tabelle schreiben Sie alles untereinander, oben die Erlöse, im Folgenden die Ausgaben. Sinnvoll ist es, für jeden Monat ein neues Tabellenblatt anzulegen, dann haben Sie die einzelnen Monate klar und sauber voneinander getrennt und können ggf. Fehler im Nachhinein schneller herausfiltern.

Wenn Sie nun die Ausgaben von den Erlösen abziehen, wissen Sie für jeden Monat, was Sie verdient haben.

Buchungskonten zuordnen

Nun wird es etwas komplizierter: Spätestens, wenn Sie die Anlage EÜR für Ihre Jahreseinkommensteuererklärung ausfüllen, merken Sie, dass Ihre einzelnen Ausgaben unterschiedlichen Ausgabenarten zugeordnet werden müssen. Da finden sich z.B. Ausgaben zu Fremdleistungen wie den Grafiker, den Sie für Ihr neues Logo beauftragt haben. Oder die Abschreibung Ihres neu angeschafften Computers, Telefonkosten und Büromaterial, Fortbildung, Fachliteratur und weitere. D.h., Sie müssen Ihre Ausgaben den jeweiligen Ausgabenarten zuordnen, damit sie am Jahresende auch aggregiert in der EÜR auftauchen.

Wenn Sie eine Buchhaltungssoftware verwenden, greift diese nun auf einen »Trick« der doppelten Buchführung zurück: Damit Sie in Ihrer Buchhaltung die einzelnen Ausgabenarten gesammelt im Blick behalten und am Ende des Jahres einfach in Ihre EÜR übertragen können, gibt es so genannte Buchungskonten. Das sind keine realen Konten auf der Bank, sondern virtuelle in der Software. Diesen (virtuellen) Buchungskonten ordnen Sie nun schon bei der Buchung die jeweiligen Ausgaben zu. So buchen Sie z.B. den Beleg mit dem Geschäftsessen im Konto »Bewirtung«. In gängigen Buchhaltungssoftwareanwendungen haben Sie Kontenpläne, so genannte Kontenrahmen, aus denen Sie auswählen können. Besprechen Sie mit Ihrer Steuerberatung, welcher Kontenrahmen für Sie am passendsten ist. In der Regel brauchen Sie sowieso nur ein Bruchteil der vorhandenen Konten. Sollten Sie eine Fehlbuchung gemacht haben, können Sie diese nicht löschen, sondern nur stornieren

– ganz nach dem Grundsatz: »Eintragungen dürfen nicht unleserlich gemacht werden.«

Wenn Sie keine Buchhaltungssoftware nutzen, müssen Sie die einzelnen Ausgaben eines Monats per Hand in einer Übersicht den einzelnen, in der EÜR verlangten Ausgabenarten zuordnen. Dazu nutzen Sie am besten die Summenformel und fügen in jedem Quartal die neuen Zahlen hinzu. Das ist allerdings etwas mühsam und birgt viele Fehlerquellen, z.B. durch doppelte Zuordnungen.

Später im Kapitel werden Sie sehen: Auch im Controlling sind weniger einzelne Ausgaben als vielmehr aggregierte Summen der verschiedene Ausgabenarten interessant. Und hier schließt sich der Kreis: Die Buchhaltung bildet die Ist-Zahlen genau und möglichst zeitnah ab – eine tolle Basis, um darauf für Ihr Controlling zurückzugreifen. Leider hat das Finanzamt, dem gegenüber Sie im Zweifel Rechenschaft über Ihre Finanzen ablegen müssen, ggf. etwas andere Anforderungen an Ihre Buchhaltung als Sie. Die Überschneidungen sind jedoch größer als die Unterschiede.

Info: Steuerformulare des Finanzamtes

Anlage EÜR

In der Anlage EÜR tragen Sie die Einnahmen und Ausgaben Ihrer unternehmerischen Tätigkeit ein. Viele Buchhaltungssoftwareprogramme werfen Ihnen diesen Vordruck ausgefüllt auf Knopfdruck aus – vorausgesetzt, Sie haben auf den richtigen Konten verbucht. Gehen Sie diesen Ausdruck auf jeden Fall noch mal genau durch, am besten mit Ihrer Steuerberatung.

Die Anlage EÜR erhalten Sie auf der Website Ihres Finanzamtes zum Download.

Was ist ELSTER?

ELSTER ist die elektronische Steuererklärung, die Sie per Internet an das Finanzamt übermitteln. Die entsprechende Software gibt es zum Download auf den Webseiten des für Sie zuständigen Finanzamtes. Wenn Sie eine Buchhaltungssoftware verwenden, ist die Übermittlung via ELSTER in der Regel bereits integriert.

Trotz aller Virtualität kommen Sie um die persönliche Unterschrift jedoch nicht herum: Sie unterschreiben die reduzierte Zusammenfassung der Einkommenssteuererklärung, die Ihnen Ihr Drucker ausspuckt und schicken diese parallel zu den von Ihnen online übermittelten Daten an Ihr Finanzamt.

* www.elsterformular.de
* www.elsteronline.de

Beratungspflicht des Finanzamtes
Das Finanzamt, d.h. in der Regel Ihr für Sie zuständiger Sachbearbeiter, ist verpflichtet, Ihnen Auskünfte bei steuerlichen Fragen zu geben. Hier können Sie unter Umständen schon einige Fragen klären, wofür Sie sich dann eine teure Steuerberatung sparen können.

Checkliste Buchhaltung

Fragen, die Sie zusammen mit Ihrer Steuerberatung erörtern sollten:

* Welche Form der Buchhaltung ist für meine Unternehmung ein Muss, wo habe ich Wahlfreiheit?
* Wenn ich die Buchhaltung ohne Software machen will, was muss ich für die Jahressteuererklärung beachten? Bei genau welchem Ausarbeitungsstand würde eine Übergabe an die Steuerberatung stattfinden?
* Wenn ich meine Buchhaltung alleine machen will – zu welchen Konditionen kann ich eine Beratung auf Stundenhonorarbasis in Anspruch nehmen, bei der die Steuerberatung nur prüft, ob ich alles korrekt mache?
* Wie richte ich die Grunddaten in meiner Buchhaltungssoftware ein (wenn Sie hier Fehler machen, zieht sich das durch Ihre ganze Buchhaltung!)?
* Welche Buchhaltungskonten sind für meine Unternehmung geeignet und welche Kontenbezeichnung haben diese ggf. in meiner speziellen Buchhaltungssoftware?
* Muss ich spezielle Konten selber einrichten? Was muss ich dabei beachten?
* Werden diese speziellen Konten von der Software automatisch in die Anlage EÜR in der Jahressteuererklärung einbezogen?
* Was muss ich bei der Buchhaltung generell für die Aufbereitung in der Jahressteuererklärung beachten?

ZAHLENZAUBER – CONTROLLING IN DER GRÜNDUNGSPHASE

Manchmal passiert Folgendes: Sie haben gegründet, neue Leistungen angeboten, die ersten Kunden gewonnen – und merken schnell: Mit der Planung
hat es hinten und vorne nicht hingehauen. Die Umsätze, die Sie sich im Kopf
ausgemalt haben, haben sich so nicht erfüllt. Der Finanzierungsbedarf ist
aber gleich geblieben, schließlich müssen Sie ja von etwas leben. Der Verlust
ist größer als gedacht.

An dieser aktuellen Situation wird ein ausgefeiltes Controlling auch nichts
ändern. Ein Controlling selbst beschafft Ihnen kein Geld. Es kann Sie aber dabei unterstützen, die Bereiche zu entdecken, in denen Sie sparen können, wo
Sie vielleicht durch eine kleine Änderung, z.B. in der Kalkulation der Honorare,
in Zukunft mehr verdienen können. Es kann Sie dabei unterstützen, die richtige
Entscheidung für eine Investition zu treffen. Und nicht unwesentlich: Es kann
Ihre Kunden, die Sie mit einem Projekt beauftragt haben, zufriedener machen
und Ihnen damit vielleicht schon den nächsten Auftrag garantieren – vorausgesetzt, Sie haben die fachlichen Anforderungen erfüllt. Wir wollen Ihnen hier
einen grundlegenden Einblick in die Denkweise des Controllings geben – damit
Sie sich kreativ bei den einzelnen Bausteinen bedienen können, je nach dem,
was für Ihr Vorhaben am besten passt.

Vielleicht sagen Sie sich jetzt: »Ich bin froh, wenn ich gerade mal meine
Buchhaltung hinter mich bringe, was soll ich da mit Controlling anfangen?« Die
Antwort: Sie können zwei Fliegen mit einer Klappe schlagen und die Arbeit an
der Buchhaltung, die Sie sowieso machen müssen, auch für das weitere Fort-
kommen Ihrer Unternehmung nutzen.

Was will ich eigentlich wissen? Fragen an das Controlling
Controlling bedeutet Überwachung. Es ermöglicht Ihnen einen Überblick
über die Entwicklung Ihrer Unternehmung – vorrangig von der finanziellen
Seite her. Aber Controlling kann sich auch auf die Qualität und Termine beziehen. Es ist ein wichtiges Werkzeug zur Steuerung Ihrer Unternehmung
oder von einzelnen Projekten. Einen Überblick über das Zusammenspiel von
Steuerung und Controlling ergibt die folgende Grafik:

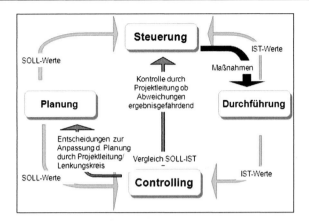

Abbildung 9: Zusammenspiel von Steuerung und Controlling
Regelkreis der Überwachung und Steuerung

Mit den Methoden des Controllings stellen Sie vor allem Ihre geplanten Zahlen (Soll) den realen Zahlen (Ist) gegenüber. Ihre Soll-Zahlen finden Sie in Ihrer Finanzplanung, die Ist-Zahlen in Ihrer Buchhaltung. Aus dem Vergleich (Soll-Ist) können Sie ablesen, wie sich Ihr Vorhaben in finanzieller Hinsicht entwickelt. Sie können daraus Schlüsse für weitere Entscheidungen ziehen. So müssen Sie sich überlegen, ob Sie die nächste Marketing-Aktion noch durchführen, obwohl die letzte mehr gekostet hat, als Sie kalkuliert haben. Damit Sie aber die Informationen bekommen, die Sie brauchen, müssen Sie sich zunächst darüber klar sein, was Sie wissen wollen. Das versteckt sich hinter dem Begriff »Kennzahlen«. Denn theoretisch können Sie all Ihre Zahlen überwachen – das benötigt jedoch Zeit, die Sie nur in die Zusammenstellung der Zahlen stecken sollten, die Sie wirklich brauchen. In der Gründungsphase ist das z.B. der Überblick über Investitionen, Umsatzentwicklung, Fixkosten, Ausgabenentwicklung in einzelnen Bereichen, Stunden- und Materialaufwendungen für einzelne Projekte und für administrative Aufgaben, Aufwände für Marketing und dessen Wirkung.

Reflexion – Habe ich meine Finanzen im Griff?

Beantworten Sie in Ihrem Gründungstagebuch folgende Fragen:

- Wo liegen aktuell meine größten Ausgaben, die nicht unmittelbar einem direkten Auftrag zuzuordnen sind? In welche Posten lassen sie sich unterteilen (z.b. Kommunikation, Hardware, Software, Recherche, Akquise, Marketing, Zinsen)?
- Habe ich einen Überblick über die gesamten Mittel, die mir für die nächsten Monate zur Verfügung stehen? Setzen sie sich aus mehreren Bausteinen zusammen (z.b. Erspartes, Kredit, Einkünfte aus Teilzeitjob oder bestehenden Honorarverträgen)?
- Habe ich einen Überblick über die Ausgaben, die sich einem konkreten Auftrag zuordnen lassen?
- Kenne ich meinen Zeitaufwand für einzelne Aufträge?
- Weiß ich, was jeweils unter dem Strich pro Auftrag für mich rauskommt?
- Für welche Bereiche habe ich welche Ausgaben geplant und wie stark sind diese Budgets bereits ausgeschöpft? Haben sich die Erwartungen, die ich mit den Investitionen verknüpft habe, erfüllt (z.B. mehr Kundenanfragen, häufigere Nennung in der Presse, bessere Qualität)?
- Gibt es Ausgaben, mit denen ich bisher nicht gerechnet habe?

Ein angemessenes Controlling aufbauen

Wenn Sie einen Überblick haben, was Sie genau wissen wollen, können Sie starten, Ihr eigenes, auf Sie zugeschnittenes Controlling aufzubauen. Letztlich ist wahrscheinlich für die Anfangszeit eine einfache Excel-Datei ausreichend – oder der regelmäßige Blick auf die einzelnen Buchungskonten Ihrer Buchhaltungssoftware.

Wie gehen Sie konkret vor? Wir haben als Beispiel die Erstellung von zwei unternehmensspezifischen Kennzahlen herausgegriffen. Analog können Sie bei allen anderen Fragen an Ihr Controlling vorgehen.

Angenommen, Sie interessieren sich vor allem für zwei Fragen:

1. Welche Ausgaben, so genannte Fixkosten habe ich, die sich keinen speziellen Aufträgen zuordnen lassen?
2. Welche Auswirkungen haben diese Ausgaben für die zukünftige Kalkulation von Projekten?

Erstellen Sie zur Beantwortung der ersten Frage eine Tabelle in einem Kalkulationsprogramm (z.B. Excel), in der Sie die verschiedenen Ausgabenarten zusammen tragen. Falls Sie sich schon mit Buchhaltung und Steuererklärung beschäftigt haben: Hier können Sie sich an ähnliche Ausgabenbezeichnungen anlehnen (z.B. Mieten, Werbungskosten, Investitionen, Zinsen etc.). Das Ergebnis könnte dann so aussehen:

Allgemeine Kosten	Jan 11	Feb 11	Mrz 11	Apr 11
Werbungskosten (Website, Doku-CD, Flyer, ...)				
Miete Büro/Atelier				
Büromaterial				
Telefon, Kommunikation, Internet				
Fahrt- & Reisekosten				
Fachliteratur, Recherche				
Monatliche Abschreibung auf Investitionen (i.d.R. auf 2-3 Jahre gerechnet) & geringwertige Güter				
Sonstiges				
Gesamtausgaben 2011	0,00	0,00	0,00	0,00

Abbildung 10: Muster zur Aufstellung von Fixkosten (als Excell-Tabelle)

Sie brauchen jetzt nur noch monatlich oder quartalsweise Ihre Ausgaben einzutragen und mit der Summenformel eine Gesamtübersicht über die einzelnen Ausgabenposten erstellen:

Allgemeine Kosten	Jan 11	Feb 11	Mrz 11	Apr 11	Dez 11	Ausgaben-entwicklung 2011
Werbungskosten (Website, Doku-CD, Flyer, …)	11,45	350,00				**361,45**
Miete Büro/ Atelier	80,00	80,00	80,00			**240,00**
Büromaterial	32,50	20,40	12,60			**65,50**
Telefon, Kommu-nikation, Internet	36,20	32,70	35,00			**103,90**
Fahrt- & Reise-kosten	25,00	210,00	30,00			**265,00**
Fachliteratur, Recherche	48,00	16,00	0,00			**64,00**
Monatliche Ab-schreibung auf Investitionen (i.d.R. auf 2-3 Jahre gerechnet) & geringwertige Güter	50,00	50,00	130,00			**230,00**
Sonstiges	10,00		5,00			**15,00**
Gesamtaus-gaben 2011	293,15	759,10	292,60	0,00	0,00	**1.344,85**

Abbildung 11: Aufstellung von beispielhaften Fixkosten

In diesem Beispiel wurde im Februar ein Festival besucht, das nicht unmittelbar mit einem Auftrag zusammenhing. Außerdem wurde der Computer, der im Januar für insgesamt 1.200 Euro angeschafft wurde, mit einer monatlichen Abschreibung von 50 Euro auf zwei Jahre hochgerechnet (so wird das in der Regel auch in Ihrer Einkommenssteuer berücksichtigt) vermerkt. Im März wurde ein Fax-Drucker für 80 Euro gekauft – ein so genanntes geringwertiges Wirtschaftsgut (unter 410 Euro), das sofort verrechnet werden kann. Es ist sinnvoll, sich hier an den steuerlichen Vorgaben zu orientieren – aber kein Muss. Die Übersicht dient ganz allein Ihrem Überblick.

Sie sehen also: Monatlich entstehen ca. 450 Euro Fixkosten (ohne Ihre Personalkosten). Falls Sie Ihre monatliche oder quartalsweise Buchhaltung selber machen, z.B. in Form einer Einnahme-Überschuss-Rechnung (EÜR), können Sie diese über ein zweites Tabellenblatt mit Ihrer Controlling-Tabelle verknüpfen und müssen so die einzelnen Beträge nicht zweimal eingeben. Über die Summenfunktion können Sie bequem jeden Monat die einzelnen Beträge aus der EÜR »einsammeln« und in der Übersicht aggregieren. Wenn Sie eine Buchhaltungssoftware verwenden, bietet die Software in der Regel verschiedene automatisch erstellte Berichte. Ggf. müssen Sie auch hier spezielle (virtuelle) Konten einrichten, die Ihren Bedürfnissen entsprechen.

Nun zur zweiten Frage: »Welche Auswirkungen haben diese Ausgaben für die zukünftige Kalkulation von Projekten?«

Mit der sich ständig verfeinernden Übersicht zur Entwicklung Ihrer Fixkosten haben Sie nun auch erste Hausnummern, was Sie bei der Kalkulation einzelner Projekte auf jeden Fall berücksichtigen müssen. In unserem Beispiel müssen neben Personalkosten, z.B. Ihrem Honorar, im Schnitt 450 Euro pro Monat an Fixkosten eingespielt, d.h. in die Kalkulation einbezogen werden. Es ist also ganz profan: Wenn Sie es auf Dauer nicht schaffen, mit Ihren Aufträgen Ihre Fixkosten, die spezifischen Kosten des jeweiligen Auftrages, so genannte variable Kosten, und Ihren Lebensunterhalt zu verdienen, werden Sie Schwierigkeiten bekommen. Ob Sie das erreichen, werden Sie in Ihrer Gründungsphase vielleicht noch nicht abschätzen können, es sollte sich allerdings eine Entwicklung abzeichnen, die in diese Richtung geht.

Die erste Lektion des Controllings für Kreative ist also:

Der Erfolg meiner Tätigkeit schlägt sich in den Zahlen nieder. Wenn ich einen aktuellen Überblick über meine Zahlen habe, kann ich zukünftige Angebote realistischer kalkulieren und frühzeitig Maßnahmen einleiten, wenn sich eine Finanzierungslücke auftut.

Controlling für den Kunden nutzen

Viele Aufträge in der Kultur- und Kreativwirtschaft werden in Form von Projekten abgewickelt. Am Ende oder zu bestimmten Zwischenterminen, wie Jahreswechsel oder beim quartalsweisen Mittelabruf, wird mit dem Auftraggeber abgerechnet. Dafür benötigen Sie eine gesonderte Projektabrechnung. Diese enthält nur die Ausgaben und ggf. Einnahmen, die unmittelbar dem Projekt zuzuordnen sind. Darin unterscheidet sie sich von Ihrer Buchhaltung, die alle Ausgaben Ihres Unternehmens erfasst. Auf der Basis der Projektabrechnung können Sie noch ein weiteres wichtiges Werkzeug aufbauen: Ihr Projekt-Controlling. Damit bekommen Sie einen Überblick über den aktuellen Stand der Projektausgaben und Hinweise auf möglichen Handlungsbedarf, wenn sich Ausgaben anders entwickeln als ursprünglich kalkuliert. Erinnern Sie sich an die Grafik zum Controlling-Kreislauf? Ihr Projekt-Controlling gibt Ihnen einen Überblick über Entwicklungen im Projekt – und ermöglicht Ihnen fundierte Entscheidungen und Anpassungen der Planung im Projektverlauf, z.B. die rechtzeitige Aushandlung mit dem Auftraggeber. Von einigen öffentlichen Auftraggebern wird daher auch zusätzlich ein entsprechendes Controlling eingefordert.

Und wie können Sie nun Ihre Buchhaltung oder Ihr Unternehmens-Controlling für Ihr Projekt-Controlling nutzen? Wird ein Projekt-Controlling vom Auftraggeber eingefordert, stellt dieser in manchen Fällen ein entsprechendes Controlling-Instrument in Form einer Excel-Tabelle zur Verfügung. Falls Sie keine Vorlage bekommen, können Sie in einer extra Spalte Ihrer monatlichen EÜR neben den Belegen jeweils ein Projektkürzel eintragen, z.B. »P 02«. Über die automatische Filterfunktion können Sie alle dem Projekt zugeordneten Belege herausfiltern, kopieren und in einer extra Datei für das Projekt-Controlling oder für die spezifische Projektabrechnung in Ihrem Kundenprojekt nutzen. Beim Aufbau des Projekt-Controlling gilt jedoch dasselbe wie für Ihr Unternehmens-Controlling: Sie müssen wissen, was Sie wissen wollen. Entsprechend können Sie Ihre Tabelle aufbauen.

Ein Beispiel aus einem Projekt des Europäischen Sozialfonds:

Ausgabenpositionen entsprechend Angtrag		Haushaltsjahr 2008				ACHTUNG wenn Ausgabe > 90%	Weniger Soll noch
Bewilligte Mittel aus Spalte *"zuschussfähige Gesamtausgaben"*		Lt. ZWB SOLL EURO		IST EURO	Verbrauch %		verfügbar EURO
2.1	Projektleitung	5.900,00		8.422,67	1,43	ACHTUNG	-2.522,67
2.2	Projektmanagement	13.525,00		12.084,75	0,89		1.440,25
2.3	Aufschließung	0,00		3.575,60	PLANUNG?	ACHTUNG	-3.575,60
2.4	Öffenltichkeitsarbeit	3.309,00		5.441,61	1,64	ACHTUNG	-2.132,61
2.5	Sachmittel Verwaltung	3.480,00		3.865,29	1,11	ACHTUNG	-385,29
2.6	Sachmittel Projektmanagement	998,00		407,30	41%		590,70
2.7		0,00		0,00			
2.8		0,00		0,00			
2.9	ACHTUNG: MWSt. durchlaufender Posten	0,00		0,00			
2.10		0,00		0,00			
		0,00		0,00			
Zwischensumme 2		27.212,00		33.797,22	124%	ACHTUNG	-6585,22

Abbildung 12: Beispiel Jahresübersicht SOLL-IST-Vergleich in einem ESF-Projekt

Die Übersicht ermöglicht Ihnen z.B. im Jahresverlauf zu erkennen, wie viel von Ihrem Budget im Bereich Öffentlichkeitsarbeit Sie schon ausgegeben haben.

Allerdings zeigt diese Darstellung nicht immer den genauen Vergleich von Soll und Ist. In der vorangegangen Übersicht aus einem Projekt des Europäischen Sozialfonds wurden Rechnungen für Gelder aus dem Haushaltsjahr 2007 erst im Jahr 2008 überwiesen. Dadurch zeigt die Darstellung eine Überschreitung des Budgets für 2008, obwohl das Gesamtbudget des Projektes im Bereich Öffentlichkeitsarbeit noch nicht ausgegeben wurde.

Der Faktor Zeit als Gegenstand des Controllings

Beim Wort Controlling fallen den meisten Menschen zuerst die Kosten ein. Dies ist jedoch nur eine Dimension, die in das Controlling mit einbezogen werden muss. Wichtig ist es auch, einen Überblick über die zeitlichen Entwicklungen in einem Projekt zu haben. Das gilt insbesondere für solche Projekte, bei denen eine zeitliche Verzögerung zusätzliche Kosten verursachen würde. Das

»Magische Dreieck« des Projektmanagements zeigt die Abhängigkeiten der Dimensionen Kosten, Termine bzw. Zeit bis zur Erreichung von Zielen sowie der Qualität voneinander.

Abbildung 13: Das Dreieck des Projektmanagements

Ein Projekt ist erst abgeschlossen, wenn zur vereinbarten Zeit die vereinbarten Ziele erreicht sind. Mit dem Controlling überwachen Sie also auch, ob das Projekt noch in den geplanten zeitlichen Bahnen läuft und die Ergebnisse wie vereinbart erbracht werden können. Die Kriterien dazu finden sich z.B. in der Beschreibung der Ziele im Projektantrag. Wenn bisher dazu keine Kriterien vorliegen, müssen diese in Abstimmung mit dem Auftraggeber entwickelt werden.

Das Projekt-Controlling muss Ihnen als Projektverantwortlichen die Zahlen und Informationen liefern, die Ihnen dabei helfen, zwischen diesen Polen den besten Weg im Sinne der Projektziele zu finden.

Die zweite Lektion des Controllings für Kreative lautet also:

Wenn ich weiß, was mir an Mitteln in einem Projekt noch zur Verfügung steht und wie sich die Ausgaben voraussichtlich entwickeln werden, kann ich Entscheidungen in Projekten besser vorbereiten und mit Auftraggebern und sonstigen Geldgebern fundierter kommunizieren. Das steigert das Vertrauen, das Auftraggeber in mich und meine Unternehmung legen.

Info: Projektmanagement

Wenn die Leistungen Ihres Unternehmens darauf ausgerichtet sind, zukünftig immer wieder Projekte für Auftraggeber abzuwickeln, empfiehlt sich der Aufbau von Projektmanagementwissen. Zu diesem Thema finden Sie umfangreiche Fachliteratur oder Sie besuchen eines der zahlreichen Seminare, die von unterschiedlichen Anbietern angeboten werden. Achten Sie bei der Auswahl darauf, dass Wissen speziell für Ihren Bereich vermittelt wird.

Literaturtipps:

- Lessel, Wolfgang (2007): Projektmanagment: Projekte effizient planen und erfolgreich umsetzen, Pocket Business, Cornelsen Verlag, Berlin. – Ein kleines, günstiges Buch für die Hosentasche mit wichtigen Tipps und Hinweisen.
- Litke, Hans-D. (2007): Projektmanagement: Methoden, Techniken, Verhaltensweisen. Evolutionäres Projektmanagement, 5. Auflage, Hanser Verlag, München. – Sehr umfangreich, betont das ganzheitlich betrachtete Projektmanagement. Für alle, die vertiefende Literatur suchen.
- www.projektmagazin.de – ein online-Magazin rund um das Thema Projektmanagement.

VORSORGE UND SOZIALE ABSICHERUNG

Vorsorge und soziale Absicherung für das Alter ist in der Kultur- und Kreativwirtschaft ein besonders heikles Thema. Denn wo wenig Geld vorhanden ist, viele in prekären Verhältnissen arbeiten, kann nicht viel zurückgelegt werden. Das war schon immer so, weshalb in Deutschland eine relativ einmalige Institution geschaffen wurde: die Künstlersozialkasse, über die Künstler/-innen und Publizisten sozial abgesichert werden. Mit der Künstlersozialversicherung kommen seit 1983 auch die selbstständigen Künstler/-innen und Publizisten in den Genuss der gesetzlichen Sozialversicherung. Sie müssen dabei nur etwa die Hälfte ihrer Beiträge selbst tragen und sind damit ähnlich günstig gestellt wie Arbeitnehmer/-innen. Die andere Beitragshälfte wird durch einen Bundeszuschuss und eine Abgabe der Unternehmen finanziert, die künstlerische und publizistische Leistungen verwerten.

Linktipps zur Künstlersozialkasse

- Unter www.kuenstlersozialkasse.de gibt es alle Informationen und auch Anmeldeformulare.
- Seit 2001 gibt es auch einen Künstler-Sozialversicherungsfonds in Österreich: http://ksvf.at.
- Eine vergleichbare Institution gibt es in der Schweiz nicht, jedoch besondere Richtlinien bei der Sozialversicherung von Künstlern. Weitere Informationen beim Bundesamt für Kultur (BAK): www.bak.admin.ch, Stichwort »Sozialversicherung«.

In die Diskussion über die soziale Absicherung der Kultur- und Kreativschaffenden kommt ein weiterer Aspekt: Die wenigsten sehen sich selbst mit 67 in der Rente. Viele rechnen damit, berufstätig zu sein, »solange sie stehen können«. Das mag für die Regisseurin, den Architekten oder auch die Designer/-innen zutreffen, für Tänzer/-innen sieht das z.b. schon ganz anders aus. Dennoch: Auch Sie werden irgendwann weniger arbeiten können oder wollen oder komplett berufsunfähig werden. Dass soziale Absicherung für alle Kreativschaffenden ein Thema sein muss, machen seit Jahren Alterssicherungs- oder Armutsberichte der Regierungen deutlich. Deshalb können Sie Folgendes tun:

1. Versuchen Sie, in die Künstlersozialkasse zu kommen (bzw., wenn Sie in Österreich oder der Schweiz wohnen, die Förderungen der jeweiligen Regierungen in Anspruch zu nehmen): Diese übernimmt (s.o.) zur Hälfte die Beiträge für Krankenkasse, Pflegeversicherung und Rentenvorsorge.

2. Eigene Vorsorgeleistungen: Hier haben Sie von Lebensversicherungen bis zum Fondssparen alle Möglichkeiten, die Ihnen der Kapitalmarkt bietet. Am sichersten sind festverzinsliche Papiere und Anlageformen. Aber es gibt auch spezielle Lösungen für die Altersabsicherung. Besonders interessant ist die Riester- und auch die Rürup-Rente. Bei beiden Produkten, die Sie bei Ihrer Hausbank bekommen, sparen Sie monatlich bis zur Rente und erhalten vom Staat Zuschüsse. Die Rürup-Rente wird als besonders attraktiv für Freiberufler/-innen gehandelt, da Sie hier eine flexible Besparung vornehmen können. So können Sie mit kleinen Monatsbeträgen beginnen, um die Kosten niedrig zu halten. Wenn Sie in einem Geschäftsjahr hohe Gewinne hatten, können Sie Einmalzahlungen dazugeben, um steuermindernde Effekte zu erzielen. Was für Sie der richtige Weg der privaten Vorsorge ist, müssen Sie jedoch ganz individuell mit Hilfe Ihrer Bank klären.

3. Berufsunfähigkeitsversicherung: Falls Sie glauben, dass Sie durch eine Berufsunfähigkeit und den Wegfall Ihres Einkommens einen größeren Verlust haben als Sie durch Hartz IV kompensieren könnten, dann lohnt sich eine Berufsunfähigkeitsversicherung. Auch hier gibt es die unterschiedlichsten Produkte – es lohnt sich zu vergleichen.

Aber die Kreativen hießen nicht so, wenn sie nicht auch beim Thema Altersversorgung neue Wege gingen: Unlängst hat sich der Artist Pension Trust gegründet, der weltweit agiert und bei dem Künstler/-innen Beiträge in Form von eigenen Kunstwerken einzahlen können, um vorzusorgen. Der Trust ist seinerseits bemüht, die Künstler/-innen zu vermarkten und damit den Wert der eingezahlten Werke zu steigern, um später wachsende Auszahlungen vornehmen zu können (siehe: www.aptglobal.org). Ein solches Modell hat zwar seine Unsicherheiten und Tücken, aber die Idee ist allemal interessant – und vielleicht wird es noch viele weitere derartige Selbsthilfegruppen zur sozialen Absicherung geben.

Auch folgendes Beispiel der Schwankhalle Bremen zeigt einen kreativen Umgang mit der Arbeitssituation in der Kreativwirtschaft, die wenig verbindliche Vereinbarungen zur sozialen Absicherung bereithält: Freischaffende Künstler/-innen der Performing Arts aus dem deutschsprachigen Raum können einen Urlaubsantrag einreichen, der von einer Jury begutachtet und bei Bewilligung aus einem gemeinsamen Fonds finanziert wird (www.schwankhalle.de/urlaub).

Kurz nachgefragt bei ...

PEGGY MÄDLER vom »Labor für kontrafaktisches Denken«, Berlin
(www.laborfuerkontrafaktischesdenken.de)

Peggy Mädler ist Gründerin des »Labors für kontrafaktisches Denken« und Mitgründerin der Landesinitiative Freies Theater (LAFT). Das »Labor für kontrafaktisches Denken« versteht sich zugleich als Arbeits- und Aufenthaltsraum. Der künstlerische Forschungsprozess ist öffentlich einsehbar und zielt darauf ab, wichtige und unwichtigere Fakten oder Phänomene gesellschaftlicher und individueller Realität unter der Option eines »Als Ob« kurzerhand auszuschalten und anders zu besetzen.

Peggy Mädler

Sie haben sich im Rahmen Ihrer Arbeit und Dissertation intensiv mit Arbeitsformen und -verhältnissen u.a. auch in der Kulturwirtschaft beschäftigt. Was waren für Sie besondere Erkenntnisse?
Zunächst einmal war die Beobachtung wichtig, dass sich in den letzten 10-15 Jahren sehr viel verändert hat. Es hat einen enormen Zuwachs der selbstständigen und freiberuflichen Arbeit gerade in den letzten zehn Jahren gegeben – und damit geht natürlich eine öffentliche Diskussion über veränderte Arbeitsformen einher. Ein hoher Anteil der Beschäftigten in der Kultur- und Kreativwirtschaft ist inzwischen selbstständig. Damit wird der Bereich auch zum Seismografen für Entwicklungen in anderen Bereichen der Erwerbstätigkeit. Im Künstlerarbeitsmarkt passiert das, was alle den Wandel von Arbeit nennen, aber in einem ganz anderen Tempo und mit einer breiteren Ausdifferenzierung als in anderen Branchen. Hier gibt es längst viele Zwischenformen des Arbeitens – abhängige und selbstständige Erwerbsformen werden von einzelnen Personen kombiniert, man springt zwischen künstlerisch fernem Brotjob und der freiberuflichen künstlerischen Tätigkeit hin und her. Da werden projektweise GbRs gegründet und danach auch wieder aufgelöst oder spannende Kollektivformen des Arbeitens ausprobiert, die eher der Vernetzung und Stärkung von mehreren Freiberuflern und weniger der Struktur eines Unternehmens entsprechen. Mit diesem ständigen Wechsel bewegen

sich viele Künstlerinnen und Künstler aber auch immer am Rand der Le-
galität.

*Was bedeutet »Prekarisierung« in der Kultur- und Kreativwirtschaft? Wie
unterscheidet sich der Trend dort von »Prekarisierungstendenzen« in
anderen Branchen?*
Wenn ich es zugespritzt formulieren will, dann nehme ich gerne den
Begriff der »working poor« zu Hilfe, bekannt aus amerikanischen Verhältnissen. Der Begriff beschreibt, dass Menschen für so geringe Stun-
densätze arbeiten, dass sie mehrere Jobs brauchen. Das ist im Künstlerarbeitsmarkt üblich.
Das wirft die Frage auf: Wie viel ist Arbeit eigentlich wert? Und zum anderen stellt sich im Zuge der massiv angestiegenen Selbstständigkeit auch
die Frage nach der sozialen Absicherung neu. Es gibt zwar die KSK, aber
die platzt inzwischen aus allen Nähten, damit werden die Zulassungsbe-
dingungen auch schärfer. Assoziierte Tätigkeiten, die für die Kultur- und
Kreativwirtschaft von großer Bedeutung sind, wie Produktionsleitung
und Gastspielmanagement, fallen aus dem Zulassungskanon der KSK
heraus, dabei arbeiten die entsprechenden Personen in der gleichen
Branche wie die Künstler, unter den gleichen wirtschaftlichen Bedingungen – und sie sind nicht unwesentlich am künstlerischen Ergebnis bzw.
an der Vermarktung beteiligt.
In Deutschland ist die soziale Absicherung natürlich auch an den Lohn
gebunden und damit an den finanziellen Erfolg der Erwerbsarbeit. Je geringer die Einkünfte aus dieser Arbeit sind, desto geringer fällt die zusätzliche eigenverantwortliche Absicherung aus. Da stellt sich die Frage:
Kann man sich eine zusätzliche Rentenversicherung oder die Unfallversi-
cherung leisten, die z.B. für Schauspieler sehr wichtig ist? Eine fehlende
oder unzureichende Absicherung kann langfristig zu Altersarmut oder zu
Problemen im Krankheitsfall führen.
Natürlich gibt es auch Unterschiede zu anderen Branchen: Die Möglichkeit, sich in der KSK zu versichern, ist sicherlich eine der Besonderheiten der Kultur- und Kreativwirtschaft. Aber mir geht es eher darum, Gemeinsamkeiten zu sehen und zu formulieren – ich wäre froh, wenn es
in Deutschland endlich eine branchenübergreifende Debatte um neue
Instrumente und Strukturen der sozialen Absicherung geben würde, die
dann eben auch die freiberufliche oder selbstständige Tätigkeit entsprechend berücksichtigen.
Eine weitere Besonderheit sehe ich im Umgang mit den prekären Bedingungen von Arbeit. Es gibt in der Kultur- und Kreativwirtschaft so etwas

wie eine Gewöhnung an kurze, projektgebundene Arbeitsverhältnisse jenseits des Acht-Stunden-Arbeitstages – das bringt der Beruf mit sich. Zum anderen fehlen in dem Bereich aber auch die Erfahrungen bezüglich der Organisation und Vermarktung von Freiberuflichkeit und Selbstständigkeit: Wie akquiriert man z.b. Projekte, wie vermarktet man sich als Künstler? Es hört sich vielleicht widersprüchlich an, aber es sind zwei Pole: Einerseits findet man hier ein schnelles und risikofreudiges Einlassen auf prekäre Strukturen, andererseits sind viele Künstler auch wenig vorbereitet auf die besonderen Anforderungen, die damit einhergehen.

Diese Erfahrungen führten u.a. zur Gründung des Landesverbands Freie Theaterschaffende Berlin e. V. (LAFT), an der Sie beteiligt waren. Welche Rolle spielen solche Initiativen beim Thema »Sozialversicherungen und Vorsorge« von Kultur- und Kreativschaffenden?
Verbände sind – wie überall – wichtig, um eine öffentliche Wahrnehmung von Problemlagen zu schaffen. Um Interessen deutlich zu machen und durchzusetzen, muss man sich zusammenschließen. Kaum ein Markt ist heute so umkämpft wie eben der Markt der öffentlichen Wahrnehmung.

Was sind aus Verbandssicht Hauptansatzpunkte für Vorsorge bzw. soziale Absicherung?
Ich unterteile gern in Fern- und Nahziele: Ein Fernziel ist z.b., langfristig passende Instrumente der sozialen Absicherung für die freiberufliche Tätigkeit zu schaffen. Die freiberufliche oder selbstständige Arbeitsform darf nicht mehr als ein Ausnahmezustand angesehen und behandelt werden. Neben den Fernzielen muss man aber auch auf konkrete Nahziele schauen: Dazu gehört z.b. das Anstoßen einer Honorardebatte im Kulturbereich. Hier geht es um eine Diskussion darüber, welche Löhne und Honorare in diesem Bereich gezahlt werden. Es ist wichtig, das öffentlich zu machen, öffentlich auszurechnen, wie die konkreten Stundenlöhne aussehen, um bewusst zu machen, was unter dem Strich für die Kunstschaffenden rauskommt und was auch auf der Strecke bleibt, wie z.b. die soziale Sicherung. Die Kulturpolitik sollte sich wiederum fragen, ob die derzeitigen Etats für die freie Kulturarbeit und die Nutzenerwartungen, die sich damit verbinden, überhaupt faire Bedingungen von Arbeit ermöglichen können oder diese nicht sogar verhindern bzw. ein Lohndumping in diesem Bereich befördern.
Dann geht es natürlich auch immer wieder um die KSK. Das ist ein schwieriges Feld, da sie ursprünglich für eine kleinere Anzahl von Künstlern gegründet wurde und jetzt aber ganz andere Rahmenbedingungen

vorherrschen. Es ist sehr wichtig, dass dieses Instrument nicht einfach aufgegeben wird, dass man kräftig dagegen argumentiert, wenn jetzt von unterschiedlichen Seiten nach Abschaffung der KSK gerufen wird. Man darf nicht dabei stehen bleiben, die KSK als ein Haus zu betrachten, das irgendwann einfach zu voll geworden ist. Ich würde mir wünschen, dass man die KSK vielmehr als ein erfolgreiches Pilotprojekt sieht, dass man sich als Vorbild nimmt, wenn es darum geht, geeignete Instrumente der sozialen Absicherung für die neuen Bedingungen von Arbeit auf einer gesamtgesellschaftlichen Ebene zu entwickeln.

Wie sieht es konkret mit der Altersvorsorge von Kultur- und Kreativschaffenden aus?
Diejenigen, die in der KSK sind, haben Aussicht auf eine staatliche Rente, die aber wahrscheinlich eher niedrig ausfallen wird, da die Löhne natürlich nicht so hoch sind. Es gibt auch Ausnahmen, aber bei der überwiegenden Anzahl der Künstler ist das eher eine geringe Rente. Schwierig ist es für diejenigen, die nicht in der KSK sind. Die müssen ausschließlich privat vorsorgen, sonst winkt ihnen keine Rente bzw. Absicherung im Alter – es sei denn, sie werden eines Tages schlagartig berühmt. Eine andere Frage für Kreativschaffende ist aber auch: Wann beginnt eigentlich für sie das klassische Rentenleben? Die meisten Künstler sehen sich durchaus arbeitend im Alter. Schauspieler oder Regisseure, Autoren hören nicht einfach mit Punkt 65 Jahren auf zu arbeiten, schon gar nicht, wenn sie weiterhin spannende Aufträge bekommen, andererseits kann es sein, dass ein Tänzer bereits mit 40 Jahren in seinem Bereich als »alt« gilt.

Wie stark müssen Kultur- und Kreativschaffende umdenken?
Ein Umdenken bei den Künstlerinnen und Künstlern wäre tatsächlich hilfreich. Sowohl auf der politischen als auch der je eigenen wirtschaftlichen Ebene. Sie sollten ihre künstlerische Arbeit mehr im Rahmen einer Arbeitsbiografie denken und einbetten. Das, was in anderen Branchen vielleicht zu stark in den Fokus rückt – alles nur unter dem Aspekt Lohnarbeit zu sehen –, ist meiner Ansicht nach in der Kultur- und Kreativwirtschaft eher unterbelichtet. Es wird fast nur in Richtung Selbstverwirklichung geschaut. Wenn man seine Arbeit aber im Rahmen der eigenen Arbeitsbiografie versteht und einschätzt, also vor dem Hintergrund der Ausbildung, der Erfahrungen usw., dann entsteht damit auch eine andere Erwartungshaltung an die Entlohnung der eigenen Arbeit, an das zu erwartende Honorar. Den Wert der eigenen Arbeit zu erkennen, hat auch

damit zu tun, dass man sich über deren Nutzen für andere bewusst wird, dass man an den eigenen Fähigkeiten arbeitet und z.b. Weiterbildungen macht, dass man seine Arbeit entsprechend zu platzieren versteht. Diese andere Haltung würde vielleicht aus dieser Entwertung der Arbeit, die auch eine Selbstentwertung ist, herausführen. Zusätzlich könnten die Kreativschaffenden dann auch besser für ihre soziale Absicherung sorgen.

Mit dieser veränderten Haltung müssen aber auch veränderte Strukturen einhergehen. Die Basis ist enorm wichtig, also dass Freiberuflichkeit gesamtgesellschaftlich endlich als eine normale Erwerbsform anerkannt wird – »normal« im Sinne von Normalität und nicht im Sinne einer überraschend hohen Ausnahmeerscheinung.

Welche Rolle spielt der Staat aktuell bei der sozialen Absicherung und welche Rolle sollte er spielen?
Natürlich sollte der Staat eine wichtige Rolle spielen, er sollte »ermöglichen« können. Soziale Absicherung ist ja auch immer eng an soziale Gerechtigkeit gebunden. Aber im Moment tritt er eher als ein großes Fragezeichen auf. Das kann man negativ oder positiv sehen. Es ist auch eine Chance, dass erst einmal viele Fragen entstehen. Dadurch kommt eine öffentliche Debatte in Gang. Eines ist inzwischen auf jeden Fall in der Gesellschaft angekommen, nämlich die Tatsache, dass es problematisch werden könnte mit den Renten. Das wird einer breiten Öffentlichkeit zunehmend bewusst. Der Staat ist kein verlässlicher Partner, sondern er ist das Fragezeichen. Und er wird es bleiben, wenn er sich mit Hilfe der vielen Fragen nicht bewegt. Was der Staat oder die Politik meiner Meinung nach tun müssten? Die Chance endlich ergreifen – und in Zusammenarbeit mit vielen Experten und Bürgern diese breite Diskussion nutzen, um Veränderungen zu schaffen, um Bewegungsspielräume zu schaffen, um gute Ideen zu entwickeln.

»JOHANNAS WELT«: JOHANNA UND DAS VORSORGEN

konferenz 2009, prater, berlin

Johanna war insgesamt zufrieden mit sich. Die größten Hürden ihrer Selbst-
ständigkeit hatte sie genommen – und in den letzten zwei Jahren war gefühlt
mehr passiert als in den zehn Jahren zuvor. Alles hat sich irgendwie schneller
entwickelt, als sie geglaubt hatte. Mehrere Umzüge hatte sie hinter sich ge-
bracht, die erste Angestellte kam. Mit dem Start-up für mobile Lernmedien
hatte sie vor wenigen Wochen nach langer Vorbereitungszeit die erste gro-
ße Marktpräsentation hinter sich gebracht – sie gehörte dort mittlerweile
fast schon zum Team, wollte aber weiterhin selbstständig und unabhängig
bleiben. Was in all der Zeit auf der Strecke geblieben war, war ihre eigene
private Finanzplanung. Zur Seite gelegt hat sie in der letzten Zeit nichts, erst
mal mussten die Anfangsinvestitionen bezahlt werden, dann kamen vor al-
lem mit Anne, ihrer Angestellten, und dem eigenen Büro echte Kostenblöcke
auf sie zu. Die Ausgaben waren alle gedeckt, aber: Was, wenn sie mal ein
schlechtes Jahr haben sollte in der Zukunft? Und: Wie würde es in 30 Jah-
ren bei ihr aussehen? Ihr Bankberater hatte schon mehrfach vorgeschlagen,
doch eine Rürup-Rente abzuschließen oder einen Sparplan zu besprechen.
Damit sprach er Johannas heimliche Leidenschaft an: Sicherheit. Die war
immer noch ein Thema für sie und sie konnte es nicht einfach ausblenden,
daran zu denken, wie sie sich selbst absichern konnte. Ein Versicherungs-

makler hatte ihr mal vorgerechnet, was alles passieren könnte und weshalb sie sich besser absichern müsste: Altersarmut, Berufsunfähigkeit ... Johanna war sich nach dem Gespräch wie ein lebendes Risiko vorgekommen, spürte die Angst vor der biologischen Uhr in sich, sah Unfälle und Krankheiten auf sich zukommen. Aber schlimmer als Hartz IV kann es nie kommen, hatte sie sich beruhigt. Naja, gut, dachte sie: Etwas mehr als Hartz IV könnte es schon sein. Am Ende setzte sie sich doch hin und rechnete einmal aus, was ihr eigentlich für Rücklagen bleiben würde: 200 Euro im Monat – das wäre das absolute Maximum im Moment. Zwar war sie bei der Künstlersozialkasse sozialversichert und zahlte dort auch Rentenbeiträge, aber wie sicher war die staatliche Rente schon?

Nur – über Jahrzehnte noch extra privat irgendwelche Rücklagen zu planen, war für sie einfach nicht machbar. Die Einnahmen schwankten zu sehr. Und vor allem: Was machen, wenn sie einmal monatelang keine Einnahmen haben sollte? Ihr wurde klar, dass sie immer einen Überblick über Einnahmen und Ausgaben haben musste. Sie musste Ihren Kostenapparat in den Griff bekommen. Auch angesichts der Langfristplanung für ihre Finanzen bekam das Controlling eine neue Bedeutung für sie, auch wenn sie anfangs gedacht hatte, dass bei so einem kleinen Betrieb wie ihrem doch alles überschaubar bleibt.

→ Epilog: Vom Erfolg und Scheitern

Wenn Sie diesen Epilog lesen, haben Sie vielleicht unseren Ratgeber – hoffentlich mit Gewinn – durchgearbeitet, haben neue Impulse und Ideen für eine erfolgreiche Gründung und die Professionalisierung Ihrer Unternehmung bekommen. Aber vielleicht wird Ihnen auch erst einmal der Kopf qualmen. Wir kennen das Gefühl aus eigenen Gründer/-innentagen, dass einem alles unglaublich kompliziert vorkommen mag und man gar nicht weiß, wie man das komplette Programm von der Entscheidung zu gründen bis hin zu Controlling und Altersvorsorge abarbeiten kann, wo doch vielleicht bereits das Tagesgeschäft schon ausreichend aufregend und zeitintensiv ist.

Aber dieses Gefühl sollte Sie auf keinen Fall vom weiteren Weg in die Selbstständigkeit abhalten. Es gehört dazu. Gehen Sie kleine Schritte, stecken Sie sich erreichbare Ziele und halten Sie sich immer vor Augen: Irgendwann wird sich das Dickicht lichten und Sie werden vieles von dem, was wir beschreiben, nur noch als Routine wahrnehmen.

Die Vorstellungen davon, was eine erfolgreiche Gründung ist und was ein erfolgreiches Unternehmen ausmacht, unterscheiden sich von Gesprächspartner zu Gesprächspartner. Für einen privaten Geldgeber scheint es selbstverständlich, dass Sie innerhalb einer gewissen Zeit den Wert Ihrer Firma mindestens verdreifacht haben, damit die Anteile gewinnbringend verkauft werden können. Das heißt aber auch, dass Sie Werte schaffen müssen, die bares Geld einbringen. Ehemalige Kollegen sehen den Erfolg Ihres Vorhabens vielleicht darin, dass Sie Ihr ursprüngliches Gehalt verdoppelt haben, auf jeden Fall aber über Angestellte verfügen. Andere Unternehmer/-innen aus der gleichen Branche lesen Ihren Erfolg vielleicht daran ab, ob Sie konstant wachsen, mehr Projekte, mehr Umsatz, mehr Mitarbeiter/-innen bekommen. Sind das aber auch Ihre Vorstellungen von Erfolg?

Erfolg ist eine subjektive Definition, die sich von Gesellschaft zu Gesellschaft und von Mensch zu Mensch unterscheidet.[1]

In der Kultur- und Kreativwirtschaft ist das eine besondere Herausforderung. Durch die zunehmende Kommerzialisierung und Eigendynamik der Branche sind Sie, z.B. bei einer Gründung, damit konfrontiert, was Erfolg für Banken, für Fördergeldgeber etc. bedeutet. Es besteht hier die Gefahr, dass Sie ungewollt in eine Spirale des Erfolgsdrucks geraten. Wollen Sie aber wirklich ständig wachsen oder reicht Ihnen ein Büro mit drei Leuten und konstanten Aufträgen? Sind Sie vielleicht auch als Einzelunternehmer/-in in der Zusammenarbeit mit Ihrem Netzwerk zufrieden?

Wenn Sie die eigenen Vorstellungen zu einer erfolgreichen Gründung klar vor sich sehen, schaffen Sie sich eine Basis, auf deren Grundlage spätere Entscheidungen, z.B. zur Finanzierung oder der Unternehmensform, leichter gefällt werden können. Der Kombination von eigener Ideenverwirklichung mit Broterwerb bei hoher Zufriedenheit sind Sie dann ein großes Stück näher – ob als Firma oder als Einzelgründer/-in, mit hohem Wachstum oder auch ohne. Wachstum ist nicht die logische Konsequenz aus der Gründung oder das vordringlichste unternehmerische Ziel. Es ist legitim das abzulehnen, denn damit verändern sich auch Ihre persönlichen Arbeitsbedingungen. Wachstum bedeutet in der Regel mehr Administration. Für jeden Auftrag, den Sie abwickeln, müssen Sie einen gewissen Anteil an Verwaltung wie Buchhaltung, Rechnungsstellung, Controlling etc. einplanen. Je mehr Aufträge Sie bearbeiten, desto weniger sind Sie direkt mit dem Kunden selbst in Kontakt. Da stellt sich gerade bei projektbezogenen Kooperationen die Frage: Sind die administrativen Aufgaben gerecht im Projektteam verteilt oder trägt eine Person die Hauptlast, ohne dass dafür eine finanzielle Würdigung vereinbart wurde? Und Wachsen bedeutet auch Mehraufwand durch ständige Suche nach neuen Büros, Umzüge, neue IT-Infrastruktur, evtl. Gründung von Arbeitnehmervertretungen etc.

Größer zu sein, bedeutet für die Geschäftsführung auch mehr Druck und Verantwortung bei der Auftragsakquise: Die Zukunft der Mitarbeiter/-innen will gesichert sein. Andererseits: Größere Unternehmen sind stabiler als kleinere. Mit »größer« meinen wir keinesfalls gleich den Maßstab der Fortune 500 Unternehmen. Schon ab drei Personen haben Sie in der Regel mehr Standbeine, mehr Kontakte, mehr Kundenzugänge, unterschiedliche Kompetenzen etc. Das macht Sie weniger anfällig für wegbrechende Aufträge.

Unsere Botschaft: Lassen Sie sich nicht von Vorstellungen unter Druck setzen, die nicht Ihre eigenen sind. Sie wissen selbst am besten, was Sie bereit sind, an Energie zu investieren. Manchmal entscheidet die Entwicklungsdynamik Ihrer Idee auch für Sie. Denn eines ist sicher: Sie werden es merken, wenn die Zeit reif ist für die nächstgrößere Gesellschaftsform, die Aufnahme eines Kredites oder die Einstellung der ersten Mitarbeiter/-innen. Dann können Sie sich entscheiden, welchen Weg Sie einschlagen wollen.

So wie der Erfolg und das Wachsen, gehört aber auch das Scheitern zum Unternehmertum. Wenn man davon ausgeht, dass die Kompetenzen zur Unternehmensgründung lernbar sind[2] und in Fehlern das größte Lernpotenzial liegt, dann heißt das: Machen Sie Fehler! Lassen Sie bei Ihrer Gründung die Chance nicht an sich vorüberziehen, schwierige Erfahrungen auszuwerten und genau zu wissen, was Sie das nächste Mal anders machen müssen – selbst wenn sich herausstellen sollte, dass Sie Ihr gesamtes Geschäftsmodell auf den Kopf stellen und vielleicht die Unternehmung neu gründen müssen. Das Scheitern kann für Sie auch ein Erfolg sein – was diese Perspektive betrifft, sehen wir übrigens große Vorteile in der amerikanischen Unternehmerkultur: Wer scheitert, steht wieder auf und probiert es ein zweites oder drittes Mal. Ein Gesichtsverlust ist das nicht. Der amerikanische Ökonom David Pistrui vom Illinois Institute of Technology in Chicago forscht zu diesem Thema. Seine Ergebnisse: »Man muss das Scheitern umarmen. [...] Scheitern haftet etwas Ehrenvolles an. Es ist in Wahrheit Ehrensache, weil man es zumindest versucht und nicht aufgegeben hat.«[3] Außerdem hat er herausgefunden, dass in den USA Gründungen drei- bis viermal scheitern, bis sie zu erfolgreichen Unternehmen werden.[4] Also: Selbst wenn Sie scheitern, machen Sie weiter, wenn Sie gelernt haben, was die Gründe für Ihr Scheitern waren und wenn Sie daraus neues Wissen für eine erfolgreichere Gründung schöpfen können.

Wir wünschen Ihnen viel Erfolg.

→ Nützliche Literatur und Links für Ideenmacher/-innen

Grundlagen zu Unternehmertum und Entrepreneurship

Timmons, Jeffry A.: New Venture Creation. Entrepreneurship in the 21st Century, Chicago 2009 – ein umfangreiches Lehrbuch im amerikanischen Stil mit vielen Fallbeispielen und Übungen

www.existenzgruender.de – das Portal für Gründer des Bundesministeriums für Wirtschaft und Technologie mit umfangreichen Sammlungen für Checklisten, Adressen und Publikationen

www.foerderland.de – ein Forum für alle Fragen rund um Gründung

Marktrecherche

www.kultur-kreativ-wirtschaft.de – Kulturwirtschaftsbericht der Bundesregierung und Publikationen zu einzelnen Themen – enthält viele wichtige Zahlen und Klassifizierungen für die Kultur- und Kreativwirtschaft

www.destatis.de – die Webseite des Statistischen Bundesamtes mit Datenbankzugängen für Wirtschaftsdaten

www.cesifo-group.de – Link zum Ifo-Institut mit umfangreichen Sammlungen für Wirtschaftsdaten

www.kreativwirtschaft-deutschland.de, www.creativwirtschaft.at, www.kultur wirtschaft.ch – spezielle Webportale für die Kultur- und Kreativwirtschaft, u.a. mit umfangreichen Zahlenmaterial zu Branchenentwicklungen in diesem Bereich

Geschäftsmodell und Businessplanerstellung

Faltin, Günter: Kopf schlägt Kapital, München 2008 – ein Buch, das wertvolle Denkanstöße beim Entwickeln von Geschäftsmodellen gibt

Nagl, Anna: Der Businessplan. Geschäftspläne professionell erstellen. Mit Checklisten und Fallbeispielen, Wiesbaden 2006 – wissenschaftlich fundiertes Buch, mit klarer Sprache und praktischem Nutzen

www.existenzgruender.de – auf dieser Plattform finden sich u.a. Adresssammlungen zu verschiedensten Businessplanwettbewerben

www.b-p-w.de/2010/index.php?id=119 – zwei Beispiel-Businesspläne des Businessplanwettbewerbs Berlin-Brandenburg, speziell interessant: »Showcase« aus dem Bereich Design

Patent- und Markenschutz

www.dpma.de – Deutsches Patent- und Markenamt, DPMA, Zugang zu Anmeldeformularen, Preislisten, Datenbanken zur Recherche. Die DPMA gibt außerdem direkte Beratung zu Fragen des Patent- und Markenschutzes.

Finanzplanung und Finanzierung

www.softwarepaket.de – Download für eine Software des Bundesministeriums für Wirtschaft und Technologie für Liquiditätsplanung, GuV-Erstellung etc.

www.gruenderleitfaden.de – eine Plattform des VDI/VDE mit dem Schwerpunkt Multimedia mit Erklärungen und Materialien zu Finanzplanung und Finanzierung

www.business-angels.de – das Webportal des Businessangel Netzwerks Deutschland e.V. (BAND)

www.bvkap.de – das Webportal des Bundesverbandes Deutscher Kapitalbeteiligungsgesellschaften

www.kfw-mittelstandsbank.de – die Webseite der KfW Mittelstandsbank bietet einen Überblick über staatliche Fördermittel bei der Existenzgründung

www.mikrofinanz.net – Webseite des Deutschen Mikrofinanz Instituts (DMI), interessant für Kleinunternehmer/-innen

Rechtsform

www.freie-berufe.de – das Portal für Freiberufler/-innen des Bundesverband der Freien Berufe (BFB) mit vielen Hinweisen zu rechtlichen Fragen

Marketing

Munzinger, Uwe/Musiol, Karl Georg: Markenkommunikation. Wie Marken Zielgruppen erreichen und Begehren auslösen, München 2008 – eine fundierte und praxisorientierte Auseinandersetzung mit Markenkommunikation

Pepels, Werner: Pricing leicht gemacht. Höhere Gewinne durch optimale Preisgestaltung, München 2006 – das Buch gibt einen guten Überblick über die Möglichkeiten der Preisgestaltung

Yaverbaum, Eric/Bly, Robert W./Benun, Ilise: PR für Dummies. Der richtige Umgang mit der Presse, Weinheim 2006 – mit vielen praktischen Tipps für die Öffentlichkeitsarbeit für Einsteiger

Organisation und Zeitmanagement

Nussbaum, Cordula: Organisieren Sie noch oder Leben Sie schon? Zeitmanagement für kreative Chaoten, Frankfurt/Main 2007 – ein Buch zur Anwendung in der Praxis

Seiwert, Lothar J.: Das neue 1x1 des Zeitmanagement: Zeit im Griff, Ziele in Balance. Kompaktes Know-how für die Praxis, München 2007 – ein Taschenbuch vom deutschen Papst des Zeitmanagements

www.the-hub.net – ein weltweites Netzwerk von Unternehmer/-innenzentren, die kostengünstig Arbeitsplätze an Selbständige vermieten

www.coworking-news.de – eine Sammlung von Bürogemeinschaften im deutschsprachigen Raum und Antworten, die sich um das Thema der Arbeitsplatzgestaltung drehen

Führung und Konfliktmanagement
Fisher, Roger/Ury, William/Patton, Bruce: Das Harvard-Konzept. Der Klassiker der Verhandlungstechnik, Frankfurt/Main 2004 – eine gute und praxistaugliche Einführung in Verhandlungstechniken und Gesprächsführung
Schulz von Thun, Friedemann: Miteinander reden. 3 Bände, Reinbek 2008 – anschauliche Einführung in zwischenmenschliche Kommunikation

Buchhaltung und Vorsorge
Thomsen, Iris: Schnelleinstieg Einnahmen-Überschuss-Rechnung für Freiberufler und Selbstständige (mit CD-ROM), Freiburg 2008 – eine Anleitung für Einsteiger
Griga, Michael/Krauleidis, Raymund: Buchführung und Bilanzierung für Dummies, Weinheim 2007 – für diejenigen, die sich mit doppelter Buchhaltung auseinandersetzen wollen und müssen

DANKSAGUNG

Wir danken einer ganzen Reihe von Menschen, die uns beim Schreiben dieses Ratgebers inspiriert und auf unterschiedliche Weise geholfen haben – sei es durch konstruktive Anregungen und Kritik: Fabian Russmeyer, Daniel Kling und Volker Hofmann (Humboldt-Innovation GmbH), Mischa Wetzel (Creative Venture Capital Fund der IBB Beteiligungsgesellschaft mbH), Martina Lehnigk (Vergangenheitsagentur), Steffi Kühnel (Vergangenheitsagentur), Annett Bagdassarov, Dorothea Hermann (synexa consult), Urs Balke (Bator Industrietore AG), Hanna Pistorius, Dagmar Stübel (IMTB Consulting GmbH), Peggy Mädler (Labor für kontrafaktisches Denken).

Dank auch an das Center for Entrepreneurship der Europa-Universität Viadrina sowie den zahlreichen Interviewpartnern, die in diesem Buch zu Wort kommen.

→ ANMERKUNGEN

EINLEITUNG

1 Der erste deutschsprachige Kulturwirtschaftsbericht erschien im deutschen Bundesland Nordrhein-Westfalen 1992.

2 Zusammenfassend zur Entstehung der Kulturwirtschaftsberichte und deren Wirkung vgl. Olaf Zimmermann/Gabriele Schulz/Stefanie Ernst: Zukunft Kulturwirtschaft. Zwischen Künstlertum und Kreativwirtschaft, Essen: Klartext Verlag 2009, S. 21-26.

3 Def. nach: O. Zimmermann/G. Schulz/S. Ernst: Zukunft Kulturwirtschaft, S. 28f.

4 Vgl. Forschungsbericht Nr. 577. Gesamtwirtschaftliche Perspektiven der Kultur-und Kreativwirtschaft in Deutschland. Kurzfassung eines Forschungsgutachtens im Auftrag des Bundesministeriums für Wirtschaft und Technologie, hg. durch das Bundesministerium für Wirtschaft und Technologie, Berlin: 2009, S. 4.

5 Vgl. Johann Peter Eckermann: Gespräche mit Goethe in den letzten Jahren seines Lebens, hg. von Regine Otto/Peter Wersig, Berlin/Weimar: Aufbau Verlag 1982, S. 139.

6 Vgl. Schlussbericht der Enquete-Kommission »Kultur in Deutschland«, Hg. Deutscher Bundestag 16. Wahlperiode, Berlin: 2007, S. 339.

7 Vgl. Enquete-Bericht, S. 238.

8 Vgl. Enquete-Bericht, S. 240.

9 Vgl. Saskia Reither: Selbstmanagement im Kulturbetrieb. Kulturunternehmer zwischen Unabhängigkeit und Prekariat, in: Verena Lewinski-Reuter/Stefan Lüddemann (Hg.), Kulturmanagement der Zukunft. Perspektiven aus Theorie und Praxis, Wiesbaden: VS Verlag für Sozialwissenschaften 2008, S. 172.

10 Vgl. Reither: Selbstmanagement, S. 178.

KAPITEL 1

1 Vgl. www.kfw-mittelstandsbank.de/DE_Home/Gruenderzentrum/Eignungstest/U Eignungstest.jsp vom 10. März 2010.

2 Vgl. Liv Kirsten Jacobsen: Erfolgsfaktoren bei der Unternehmensgründung. Entrepreneurship in Theorie und Praxis, Diss. Berlin: Gabler Edition Wissenschaft 2006.

3 Vgl. Jeffry A. Timmons: New Venture Creation: Entrepreneurship in the 21st Century, Chicago: Irwin Professional Publishing 2009, S. 118.

4 Vgl. Herbert Grüner/Helene Kleine/Dieter Puchta/Klaus-P. Schulze (Hg.): Kreative gründen anders! Existenzgründungen in der Kulturwirtschaft. Ein Handbuch, Bielefeld: transcript 2009, S.26 ff.

5 Vgl. J. A. Timmons: New Venture Creation, S. 109.

6 Vgl. Anja Förster/Peter Kreuz: Alles, außer gewöhnlich. Provokative Ideen für Manager, Märkte, Mitarbeiter, Berlin: Ullstein Buchverlage GmbH 2007, S. 154.

7   Vgl. IAB Kurzbericht 15/2009; Total Early-Stage Entrepreneurship 2008 im Länder-vergleich, hg. vom Institut für Arbeitsmarkt und Berufsforschung, Bielefeld: Bertels-mann Verlag 2009, S. 2.

8   Vgl. Holm Friebe/Sascha Lobo: Wir nennen es Arbeit. Die digitale Boheme oder: Intel-ligentes Leben jenseits der Festanstellung, München: Heyne Verlag 2006, S. 154ff.

9   Vgl. J. A. Timmons: New Venture Creation.

10 Vgl. H. Grüner/H. Kleine/D. Puchta/K-P. Schulze: Kreativwirtschaft und ihre Perspek-tiven, in: H. Grüner/H. Kleine/D. Puchta/K-P. Schulze (Hg.), Kreative gründen anders! S. 221/222.

11 Vgl. ebd., S. 223.

12 Vgl. Senatsverwaltung für Wirtschaft, Technologie und Frauen (Hg.): Kulturwirt-schaft in Berlin. Entwicklungen und Potenziale, Berlin 2008, S. 99.

13 Vgl. L. Jacobsen: Erfolgsfaktoren Unternehmensgründung, S. 5.

14 Vgl. Forschungsbericht Nr. 577. Gesamtwirtschaftliche Perspektiven der Kultur-und Kreativwirtschaft in Deutschland, BMWi, S. 5.

15 Vgl. www.existenzgruender.de/selbstaendigkeit/entscheidung/qualifikation/05988 /index.php vom 10.03.2010.

16 Originalergebnisse einer erfolgreichen Gründerin, acht Jahre nach der Gründung, aus: vgl. www.existenzgruender.de/gruendungswerkstatt/lernprogramme/existenz /HTML/kapitel_2/kapitel_2_1/index.html vom 10.03.2010.

KAPITEL 2

1   Vgl. S. Schumpeter: Verbindung von Idee mit Unternehmergeist. Zitiert in: Rainer Willmanns/Walter Hehl: Paradoxa und Praxis im Innovationsmanagement: Wie ver-hindert man, zugrunde zu gehen, weil man das Richtige zu lange macht?, München: Hanser Verlag 2009, S. 10.

2   Vgl. Richard Schwedtberg: Joseph A. Schumpeter. Eine Biografie, Stuttgart: Klett-Cotta 1991, S. 215.

3   Vgl. Chris Anderson: The Long Tail: Nischenprodukte statt Massenmarkt. Das Ge-schäft der Zukunft, München: dtv 2009.

4   Vgl. Anja Förster/Peter Kreuz: Alles, außer gewöhnlich, S. 139.

5   Vgl. Forschungsbericht Nr. 577. Gesamtwirtschaftliche Perspektiven der Kultur- und Kreativwirtschaft in Deutschland, BMWi, S. 18-21.

6   Moore'sches Gesetz, vgl.: R. Willmanns/W. Hehl: Paradoxa und Praxis im Innova-tionsmanagement. Wie verhindert man, zugrunde zu gehen, weil man das Richtige zu lange macht?, S. 8/9.

7   Vgl. J. A.Timmons: New Venture Creation, S. 127.

8   Zum USP vgl. S. 59.

KAPITEL 3

1 Vgl. Philipp Willer: Businessplan und Markterfolg eines Geschäftskonzepts, Wiesbaden: Deutscher Universitäts Verlag 2007.

2 Vgl. Günter Faltin: Kopf schlägt Kapital, München: Hanser Verlag 2008, S. 42.

3 Vgl. Günter Faltin: Kopf schlägt Kapital, S. 43.

4 www.erfolgreiche-firmengruendung.de/firma/selbstaendig-machen/businessplananleitung/businessplan-sinn-zweck.html vom 10.1.2010.

5 Vgl. Simone Janson: 8 Schritte zur erfolgreichen Existenzgründung (Erfolgreich Selbstständig), München: Redline Verlag 2008, S. 16.

6 Vgl. Joachim S. Tanski/Andreas Schreier/Steffen Thoma: Existenzgründung, München: Haufe Verlag 2009, S. 31.

7 Vgl. Anna Nagl: Der Businessplan. Geschäftspläne professionell erstellen. Mit Checklisten und Fallbeispielen, Wiesbaden: Gabler Verlag 2006, S. 19.

8 Vgl. Anna Nagl: Der Businessplan, S. 21.

9 Vgl. Axel Singler: Businessplan, Planegg: Haufe Verlag 2006, S. 47.

10 Vgl. Molitor, Andreas (2010): »Denkt ihr eigentlich, wir sind gänzlich vor die Pumpe gerasselt?«, in: brand eins 01/2010, S. 84ff.

11 Top-Level-Domains enden auf: .de, .com, .net, .info etc.

12 S. www.dpma.de, Merkblatt zur Geschmacksmusteranmeldung, S. 8.

KAPITEL 4

1 S. Interviews mit Gründern in Grüner, H. (2009): Kreative gründen anders!

3 Vgl. Miroslaw Malek/Peter K. Ibach: Entrepreneurship. Prinzipien, Ideen und Geschäftsmodelle zur Unternehmensgründung im Informationszeitalter, Heidelberg: dpunkt.verlag 2004, S. 368.

4 Vgl. www.gruenderleitfaden.de/service/dokumente/bwl-planung.html vom 11.03. 2010.

5 Vgl. Bundesministerium für Bildung und Forschung: Polygamie erwünscht. Mehrere Partner erleichtern den Weg in die Selbstständigkeit.»Unternehmen Region« Spezial 2009, S. 14-17.

KAPITEL 5

1 Vgl. Bundesverband der freien Berufe (BfB), 2009, www.freie-berufe.de/Freie-Berufe.210.0.html vom 11.03.2010.

2 Vgl. Forschungsbericht Nr. 577. Gesamtwirtschaftliche Perspektiven der Kultur-und Kreativwirtschaft in Deutschland, BMWi, S. 24.

3 Vgl. M. Malek/P. K. Ibach: Entrepreneurship, S. 426.

4 Zu Fragen zur Wahl der Rechtsform vgl. die informative Kurzübersicht auf www.rhein-

neckar.ihk24.de/produktmarken/recht/gesellschaftsrecht/Gesellschaftsformen/
RechtsformUnternehmen.jsp vom 11.03.2010.

KAPITEL 6

1   Vgl. Thomas Mellewigt/Folkert Schmidt/Ingo Weller: Stuck in the Middle – eine empirische Untersuchung zu Barrieren im Vorgründungsprozess, in: Sascha Kraus/Mat-
thias Fink (Hg.), Entrepreneurship, Theorie und Fallstudien zu Gründungs-, Wachs-
tums- und KMU-Management, Wien: facultas.wuv 2008, S. 93-116.
2   Vgl. Wolfgang Ullrich: Was will die Wirtschaft von der Kunst?, in: Jan Verwoert (Hg.)
Die Ich-Ressource. Zur Kultur der Selbstverwertung, München: Volk Verlag 2003, S.
89.
3   Vgl. Katrin Alisch/Eggert Winter/Ute Arentzen (Hg.): Gabler Wirtschaftslexikon,
Wiesbaden: Gabler Verlag 2010, Stichwort: Marketing. Online im Internet: http://wirt
schaftslexikon.gabler.de/ vom 11.03.2010.
4   Vgl. Uwe Munzinger/Karl Georg Musiol: Markenkommunikation. Wie Marken Zielgruppen erreichen und Begehren auslösen, München: mi-Fachverlag 2008, S. 36.
5   Vgl. C. Anderson: The Long Tail. Nischenprodukte statt Massenmarkt. Das Geschäft
der Zukunft, S. 61/62.

KAPITEL 7

1   Vgl. Sascha Lobo/Holm Friebe: Wir nennen es Arbeit. Die digitale Bohème – oder in-
telligentes Leben jenseits der Festanstellung, München: Heyne 2006.
2   Vgl. Interview mit Dr. Jörg Peter Schröder, Arzt und Coach im Gesundheitsmanage-
ment: www.gulp.de/kb/org/berufumfeld/interview_burnout_f.html vom 11.03.
2010.
3   Vgl. Florian Sarodnick: Arbeitsorganisation in virtuellen Kleinunternehmen. Analyse und Bewertung von Gestaltungsoptionen im Spannungsfeld zwischen kollektiver
Selbstorganisation und zentraler Koordination. Schriften zur Arbeits-, Betriebs- und
Organisationspsychologie, Bd. 28, Hamburg: Verlag Dr. Kovač 2007, S. 13.
4   Vgl. www.wiwo.de/karriere/warum-buero-wgs-telearbeiter-kreativer-machen-416
609/2/ vom 11.03.2010.
5   Vgl. www.baua.de/nn_5846/de/Publikationen/Broschueren/A49,xv=vt.pdf vom
11.3. 2010.

KAPITEL 8

1   Vgl. Paula Lotmar/Edmond Tondeur: Führen in sozialen Organisationen. Ein Buch
zum Nachdenken und Handeln, Bern: Haupt Verlag AG 1991.
2   Vgl. Bernhard Krusche/Bastian Lange: »Führung ist ein hoch kontextabhängiges so-

ziales Geschehen« (Interview), in: Kultur und Management im Dialog 37 (2009), S. 26-30.

3   Vgl. Dorothea Herrmann/Knut Hüneke/Andrea Rohrberg: Führung auf Distanz. Mit virtuellen Teams zum Erfolg, Wiesbaden: Gabler 2006, S. 79.

4   Vgl. Nicolas Combé: Der Knowing-Doing Gap im Innovationsprozess postindustrieller Gesellschaften. Eine entwicklungsdynamische und evolutionsstrategische Analyse, Diss. Marburg: Mafex Publikation, Bd. 16/2008, S. 164ff.

KAPITEL 9

1   Vgl. Olaf Zimmermann: »Kulturberufe und Kulturwirtschaft – Gegensatz oder Symbiose?«, in: Das Parlament vom 21.08.2006, S. 30.

2   Vgl. www.kulturrat.de/detail.php?detail=214&rubrik=4 vom 11.03.2010.

3   Vgl. Horst-Dieter Radke: Buchführung. Taschenguide, München: Haufe Verlag 1998, S. 13.

EPILOG

1   Vgl. L. K. Jacobsen: Erfolgsfaktoren, S. 36/37.

2   Vgl. J. A. Timmons: New Venture Creation, S. 118.

3   Vgl. Heidi Aichinger: »Scheitern ist in Wahrheit Ehrensache«, in: Der Standard vom 17.07. 2009, siehe: http://derstandard.at/1246542426731/Scheitern-ist-in-Wahrheit-Ehrensache vom 7.2.2010.

4   Vgl. ebd.

Schriften zum Kultur- und Museumsmanagement

Barbara Alder, Barbara den Brok
Die perfekte Ausstellung
Ein Praxisleitfaden
zum Projektmanagement
von Ausstellungen

Juli 2011, ca. 200 Seiten, kart., ca. 24,80 €,
ISBN 978-3-8376-1489-3

Patrick S. Föhl, Patrick Glogner
Kulturmanagement als Wissenschaft
Überblick – Methoden – Arbeitsweisen.
Einführung für Studium und Praxis

Juli 2011, ca. 150 Seiten, kart., ca. 13,80 €,
ISBN 978-3-8376-1164-9

Patrick S. Föhl, Iken Neisener (Hg.)
Regionale Kooperationen
im Kulturbereich
Theoretische Grundlagen
und Praxisbeispiele

2009, 398 Seiten, kart., 29,80 €,
ISBN 978-3-8376-1050-5

Leseproben, weitere Informationen und Bestellmöglichkeiten
finden Sie unter www.transcript-verlag.de

Schriften zum Kultur- und Museumsmanagement

PETER LEIMGRUBER, HARTMUT JOHN
Museumsshop-Management
Einnahmen, Marketing
und kulturelle Vermittlung
wirkungsvoll steuern.
Ein Praxis-Guide

November 2010, ca. 196 Seiten,
kart., inkl. Begleit-CD-ROM, ca. 23,80 €,
ISBN 978-3-8376-1296-7

CARL CHRISTIAN MÜLLER,
MICHAEL TRUCKENBRODT
Handbuch Urheberrecht im Museum
Praxiswissen für Museen,
Ausstellungen, Sammlungen
und Archive

März 2011, ca. 200 Seiten, kart., ca. 25,80 €,
ISBN 978-3-8376-1291-2

HANS SCHEURER, RALF SPILLER (HG.)
Kultur 2.0
Neue Web-Strategien
für das Kulturmanagement
im Zeitalter von Social Media

Juli 2010, 320 Seiten, kart.,
zahlr. z.T. farb. Abb., 26,80 €,
ISBN 978-3-8376-1352-0

Leseproben, weitere Informationen und Bestellmöglichkeiten
finden Sie unter www.transcript-verlag.de

Schriften zum Kultur- und Museumsmanagement